Chinas Geschichte im Comic - China durch seine Geschichte verstehen - Band 4: Der Weg in die Moderne - Von der Ming-Dynastie bis zur Qing-Dynastie (1368 - 1912)
画说中国史 – 第四册: 文明的千年变局：明朝 – 清朝（1368年 – 1912年）
Understanding China through Comics - Volume 4: The Making of Modern China: The Ming Dynasty to the Qing Dynasty (1368 - 1912)

Autor: Jing Liu 刘京
Satz, Übersetzung aus dem Chinesischen und Englischen: Elisabeth Wolf
Lektorat: Yingqun Stille

Verlag der deutschsprachigen Ausgabe:
Chinabooks E. Wolf und E. Wu, Bühlstrasse 6, CH-8142 Uitikon-Waldegg
www.chinabooks.ch / www.manhua.ch / www.facebook.com/chinabooks.ch
Tel. 0041 (0)43 540 40 77 / 0041 (0)76 518 45 26
bestellen@chinabooks.ch
Vertrieb an den deutschen Buchhandel:
GVA Gemeinsame Verlagsauslieferung Göttingen GmbH & Co. KG
www.gva-verlage.de / Tel. +49 (0) 551 384200 -0 Fax. +49 (0) 551 384200 -10
Postfach 2021, D-37010 Göttingen
Vertrieb an den deutschen Comicfachhandel:
Comic Base Berlin
www.comic-base-berlin.de / Tel. +49 (0) 30 / 6 94 38 55
Baruther Str. 10, D-10961 Berlin

PPM Vertriebs GmbH & Co. KG
www.ppm-vertrieb.de / Tel. +49 - 5265 - 9 55 88 55
Industriestraße 18, D-32694 Dörentrup
Vertrieb an den österreichischen Buchhandel:
Mohr Morawa Buchvertrieb GmbH
Sulzengasse 2, A-1230 Wien
Mail: momo@mohrmorawa.at / Telefon: +43 (1) 680 14-0 / Fax: +43 (1) 688 71 30

Erstauflage Mai 2020
Printed in Germany

ISBN: 978-3-905816-81-5

Chinas Geschichte im Comic –
China durch seine Geschichte verstehen
Band 4:

Der Weg in die Moderne

Von der Ming-Dynastie bis zur Qing-Dynastie
(1368 – 1912)

Jing Liu

华瑞图书网
chinabooks.ch

Inhaltsverzeichnis

orwort

ie Gründe dafür, dass sich Diskussionen über das gegenwärtige China oft auf wirtschaftliche Bereiche onzentrieren, sind sehr offenkundig: innerhalb von nur 30 Jahren hat das einst bitterarme, wirtschaftlich ie technologisch rückständige Land den Sprung zur zweitgrössten Wirtschaft der Welt geschafft, 600 illionen Menschen konnten dadurch der Armut entrinnen. Die Wirtschaftskraft der chinesischen Mittelhicht gleicht sich immer mehr dem Niveau entwickelter Länder an.

ie Wirtschaftsentwicklung in China erregt weltweites Aufsehen, bei neugierigen Lesern könnten viele agen aufkommen, darunter wäre eine Frage, wie China sich bis zum heutigen Tag entwickelt hat? bwohl es darauf keine einfachen Antworten gibt, schlage ich vor, dass ein Verständnis des heutigen hinas sich aus dem Verständnis von Chinas Vergangenheit ergibt.
ie Geschichte gleicht einem zusammenhängenden Band, die Ursachen für die heutige Situation lassen ch auf gestern, vorgestern, letztes Jahr, vorletztes Jahr ... und immer weiter zurückverfolgen, je weiter an in der Zeit zurückgeht, desto klarer wird das Gesamtbild. Ausserdem blickt China auf eine lange nd alte Geschichte zurück, das Land verfügt über eine vielfältige Anzahl historischer Dokumente, wie ll es möglich sein, diese Informationsflut auf klare und leicht verständliche Weise darzustellen?

ie Reihe *Chinas Geschichte im Comic* versucht mittels einfacher Bilder, prägnanter Texte und unter nem rationalen Blickwinkel die grossen Entwicklungslinien der chinesischen Geschichte zu skizzieren. urch diese Entwicklungslinien können die Leser Gebiete und Aspekte wie Geographie, Klima, Wirthaft, Philosophie, Persönlichkeiten und Ereignisse zu einer Linie verbinden und dann unter dem Blickinkel moderner Menschen in den grossen Entwicklungslinien wiederholt auftauchende Tendenzen und intergründige logische Zusammenhänge erkennen. Nur wenn wir auf diese Weise den eigenen Blickinkel erweitern, kann es uns gelingen, ein Verständnis für die zeitgeschichtlichen Hintergründe und die erausforderungen zu erhalten, mit denen die Zeitgenossen in jeder geschichtlichen Periode konfrontiert aren, und die Konsequenzen und Resultate geschichtlicher Entwicklungen zu sehen, die den damaligen eitgenossen nicht ersichtlich waren, sowie Bedeutungen zu erkennen, die den damaligen Zeitgenossen erschlossen blieben.

Vie ist es gekommen, dass sich China zum gegenwärtigen Zustand hin entwickelt hat?
uf diese Frage gibt es keine einfachen Antworten, aber durch das Studium der Geschichte können die eser erkennen, dass unter den geographischen und geschichtlichen Voraussetzungen Chinas sich die hinesische Kultur und Zivilisation über lange Zeiträume hinweg akkumuliert und herausgebildet hat, nd dass dies die Lebensumstände und Denkweisen der Chinesen geformt hat, und dies wiederum den ntwicklungsweg Chinas beeinflusst hat.
h hoffe, dass die Leser dieses Buch als Ausgangspunkt nehmen werden, um sich auf noch mehr Wege er Erforschung zu begeben, die Welt um uns herum noch gründlicher zu verstehen, die Bedeutung eines eden Ereignisses zu sehen. Doch schliesslich liegt die Motivation zum Streben nach Wissen in jedem von ns selbst.

ing Liu
eijing im Jahr 2017

Zeittafel

1368 n. Chr.	Zhu Yuanzhang begründet die Ming-Dynastie.
1405 n. Chr.	Zheng He sticht zu seiner ersten von insgesamt sieben Expeditionsreisen in See, die ihn über den indischen Ozean gegen Westen führen wird.
1421 n. Chr.	Kaiser Yongle verlegt die Hauptstadt der Ming-Dynastie nach Beijing.
1529 n. Chr.	Der Philosoph Wang Yangming, Begründer der „Lehre des Herzens", verstirbt.
1592 n. Chr.	Die Ming-Dynastie zieht in Korea gegen Japan in den Krieg.
1618 n. Chr.	Volksstämme aus dem Nordosten Asiens (später bekannt als Mandschuren) beginnen damit, Invasionen in Territorien der Ming-Dynastie zu starten
1644 n. Chr.	Li Zicheng befehligt seine Armee zum Angriff auf Beijing, Untergang der Ming-Dynastie Die Mandschuren überschreiten die chinesische Mauer, besiegen Li Zicheng und begründen die Qing-Dynastie
1683 n. Chr.	Die Qing-Truppen nehmen Taiwan ein und beenden damit den letzten Widerstand der Ming.
1795 n. Chr.	Die Bevölkerung der Qing-Dynastie erreicht 300 Millionen, ein Anteil von ein Drittel an der damaligen Weltbevölkerung.
1839 n. Chr.	Beginn des Ersten Opiumkrieges
1842 n. Chr.	Die Qing-Dynastie führt mit Grossbritannien Friedensverhandlungen, Unterzeichnung des „Vertrages von Nanking (Nanjing)"
1850 n. Chr.	Ausbruch der Taiping-Rebellion (Taiping tianguo: „Das Himmelreich des ewigen Friedens")
1860 n. Chr.	Während des Zweiten Opiumkrieges fallen britische und französische Koalitionstruppen in Beijing ein und brennen den Alten Sommerpalast nieder.
1861 n. Chr.	Reformer am Qing-Kaiserhof starten eine Kampagne der Selbststärkung.
1864 n. Chr.	Die Qing-Armee schlägt die Taiping-Rebellion nieder.
1885 n. Chr.	Thilo McGiffin wird Ausbilder an der Akademie der Beiyang-Marine in Tianjin.
1894 n. Chr.	Der Erste Japanisch-Chinesische Krieg bricht aus.
1895 n. Chr.	Unterzeichnung des Vertrages von Shimonoseki
1899 n. Chr.	Die Boxer-Bewegung greift rasant im Nordosten Chinas um sich.
1900 n. Chr.	Die aus acht Nationen gebildeten Koalitionstruppen nehmen Beijing ein und schlagen den Boxeraufstand nieder.
1911 n. Chr.	Die chinesische Revolution bricht in Zentralchina aus, Auslöser ist der Wuchang-Aufstand
1912 n. Chr.	Fall der Qing-Dynastie

inführung

ie ersten drei Bände von Jing Lius *Chinas Geschichte im Comic* bringen einen roten Faden in die Ge-hichte Chinas, indem sie sie um herausragende und faszinierende Schlüsselfiguren herum organisie-n, seien dies Philosophen wie Konfuzius, radikale Reformer wie Wu Zetian oder einfache Bauern, die en Reisanbau entwickelten. Dieser Band setzt diese Tradition fort, wobei zwei sehr komplexe Zeitepo-hen behandelt werden. Die erste ist die späte Kaiserzeit der Ming und Qing, als die Herrschaftsform urch einen Kaiser ihren Höhepunkt erreicht hatte und damit an ihre Entwicklungsgrenzen stiess und die esellschaftliche Entwicklung in eine Sackgasse geriet. Die zweite Hälfte des Buches behandelt die rasche usbreitung der ausländischen Einflussnahme in der späten Qing-Periode, vom ersten Opiumkrieg bis um Ende des kaiserlichen Chinas im Jahr 1912.

ie erste Zeitepoche wird vom ersten Ming-Kaiser Zhu Yuanzhang beherrscht, der durch seinen Einfluss er ganzen Ära seinen Stempel eingeprägt hat, wie auf nur wenigen Seiten geschildert wird. Zhu, hinas einziger Bauernkaiser, war ein Produkt der schrecklichen Armut, die Millionen ums tägliche Über-ben kämpfende und dabei von den Eliten ignorierte einfache Leuten plagte. In dieser einen klassischen igur entwirft Jing den starken Archetyp eines revolutionären Autokraten, der die Grundlagen für die rosse Macht der späteren Ming- und Qing-Kaiser legte

er Abschnitt über den westlichen Imperialismus ist oft einer der am schwierigsten zu behandelnden bschnitte in der chinesischen Geschichte. Der Autor verwendet mehrere Handlungsstränge, um ein grarimperium darzustellen, das von ausländischen Industriemächten in die Enge getrieben wird, und ine Bevölkerung, die völlig verwirrt darüber ist, wie sie darauf reagieren soll.
 diesem Abschnitt erzählt Jing die Geschichte von Philo McGiffin, dem amerikanischen Militärberater er Beiyang-Flotte, um die verschiedenen Probleme aufzuzeigen, mit denen China konfrontiert war, und ie Entschlossenheit zumindest einiger mutiger Individuen zu illustrieren, diese Probleme anzugehen.

ieser Band und seine Figuren führen den Leser durch einige der komplexesten und schwierigsten Teile er chinesischen Geschichte.

Alan Baumler,
Professor für Geschichte an der Indiana University of Pennsylvania

Was bisher in *Chinas Geschichte im Comic* geschah:

Band 1
Die Fundamente der chinesischen Zivilisation:
Vom Gelben Kaiser bis zur Han-Dynastie
(circa 2697 v. Chr. – 220 n. Chr.)

Band 2
Von der Epoche der langen Spaltung
bis ins goldene Zeitalter:
Von den Drei Reichen bis zur Tang-Dynastie
(220 – 907)

Band 3

Eindringende Barbaren und die Geburtsstunde der chinesischen Identität: Von den Fünf Dynastien und Zehn Reichen bis zur Yuan-Dynastie (907 – 1368)

Während der letzten zweitausend Jahre belegte China hinsichtlich der Grösse seiner Bevölkerung und Wirtschaft die meiste Zeit über den ersten Platz in der Welt.

1. Jahrhundert v. Chr.:
Han-Dynastie

7. Jahrhundert:
Tang-Dynastie

11. Jahrhundert:
Song-Dynastie

13. Jahrhundert:
Yuan-Dynastie

15. Jahrhundert:
Ming-Dynastie

18. Jahrhundert:
Qing-Dynastie

Zwischen diesen Dynastien war China zumeist zersplittert. In diesen Zeiten flammten überall kriegerische Auseinandersetzungen auf.
Mit dem Wechsel aus dem Aufstieg und Niedergang von Dynastien bildete sich ein wiederkehrendes Muster heraus:
Eine Herrscherdynastie wurde errichtet und begann zu prosperieren, später setzten Verfallserscheinungen ein, die schliesslich im Zusammenbruch endeten.
Traditionelle Historiker gaben diesem Phänomen den Namen „dynastischer Zyklus“.

Wie kann man den dynastischen Zyklus durchbrechen und eine Gesellschaft aufbauen, die 10'000 Jahre lang überdauern kann?
Eine gute Gesellschaft muss gute Menschen als Ausgangspunkt haben. Die Menschen müssen dazu inspiriert werden, nach dem Guten zu streben, nicht dazu gezwungen werden.
孔子 Kongzi (Konfuzius)
Eine Regierung kann nicht allein auf die Gutwilligkeit seiner Bürger vertrauen, sie bedarf eines praktischen Systems, um drängende Probleme zu handhaben.
China wird häufig von Naturkatastrophen und Invasionen nomadischer Volksstämme heimgesucht. Um unser Überleben im Ernstfall zu sichern, müssen wir so viele Ressourcen mobilisieren können, wie nur möglich.
Der Handel spielt eine entscheidende Rolle für unsere Existenzsicherung!
Vermehrter Handel führt zu gesteigerten Steuereinnahmen. Wir können damit höhere Ausgaben für die Katastrophenhilfe wie für die Landesverteidigung schultern.
管子 Guanzi

In den Frühstadien der chinesischen Geschichte betrieben die Menschen Tauschgeschäfte bzw. Handel in Naturalien, um an Güter zu gelangen.
Aber Tauschgeschäfte waren unpraktisch, da diese vorraussetzten, dass man genau die Güter bereitstellen musste, die andere benötigten und gleichzeitig genau die Güter benötigen musste, die andere anboten.

Während der Östlichen Zhou-Zeit (770 – 256 v. Chr.) kamen die ersten Währungen in Umlauf. Dies erlaubte es den Händlern, Güter gegen Geld einzutauschen. Sie konnten anschliessend das Geld verwenden, um einzukaufen, was sie auch immer benötigten.

Die Qin-Dynastie (221 – 206 v. Chr.) vereinheitlichte das Währungssystem, sodass eine Einheitswährung im ganzen Reich zirkulierte.

Um das Jahr 1120 n. Chr. wurde unter der Song-Dynastie (960 – 1279 n. Chr.) Papiergeld eingeführt. Es war weltweit das erste Mal, dass eine Regierung im grossen Massstab Geldscheine emittierte.

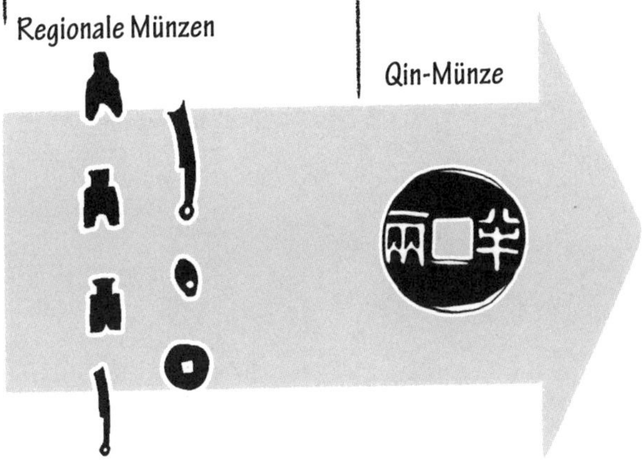

Eine zentralisierte Währung ermöglichte der Regierung das Management der Wirtschaft auf nationaler Ebene. Papiergeld senkte die Kosten für den Transport grosser Geldmengen über weite Entfernungen, was den Handel weiter beförderte.

Die Song-Dynastie erzielte grosse wirtschaftliche und technologische Fortschritte. Zu nennen sind unter anderem Erfindungen wie das Schiesspulver, der Buchdruck und der Kompass.

Jedoch bevor Handel und Urbanisierung einen dauerhaften Wandel über China hätten bringen können, schloss sich ein nomadisches Stammesvolk der zentralasiatischen Hochebene zum Mongolischen Reich zusammen und fiel in die Song-Dynastie ein in der Absicht, ihren unglaublichen Reichtum unter die eigene Kontrolle zu bringen.

Die Mongolen eroberten ganz China und errichteten die Yuan-Dynastie. Dieser sollte jedoch nur ein kurzes Leben beschieden sein. Es kam unentwegt zu Kämpfen zwischen regionalen mongolischen Fraktionen, die sich um die kaiserliche Thronfolge drehten. Die Yuan-Dynastie ging infolgedessen rapide ihrem Untergang entgegen.
元
YUAN
Um die gigantischen Militärausgaben bewältigen zu können, liess die kaiserliche Regierung in grossem Umfang Banknoten drucken. Die Inflation geriet dadurch gegen Ende der Yuan-Dynastie dermassen ausser Kontrolle, dass in den letzten Jahren der Yuan-Dynastie allein der Preis von Reis gegenüber ihren frühen Jahren um mehr als das Tausendfache anstieg. Der Währungskollaps führte zu gesellschaftlichen Unruhen, im Süden Chinas brachen Rebellionen aus.

Chinas Geschichte im Comic

Band

4

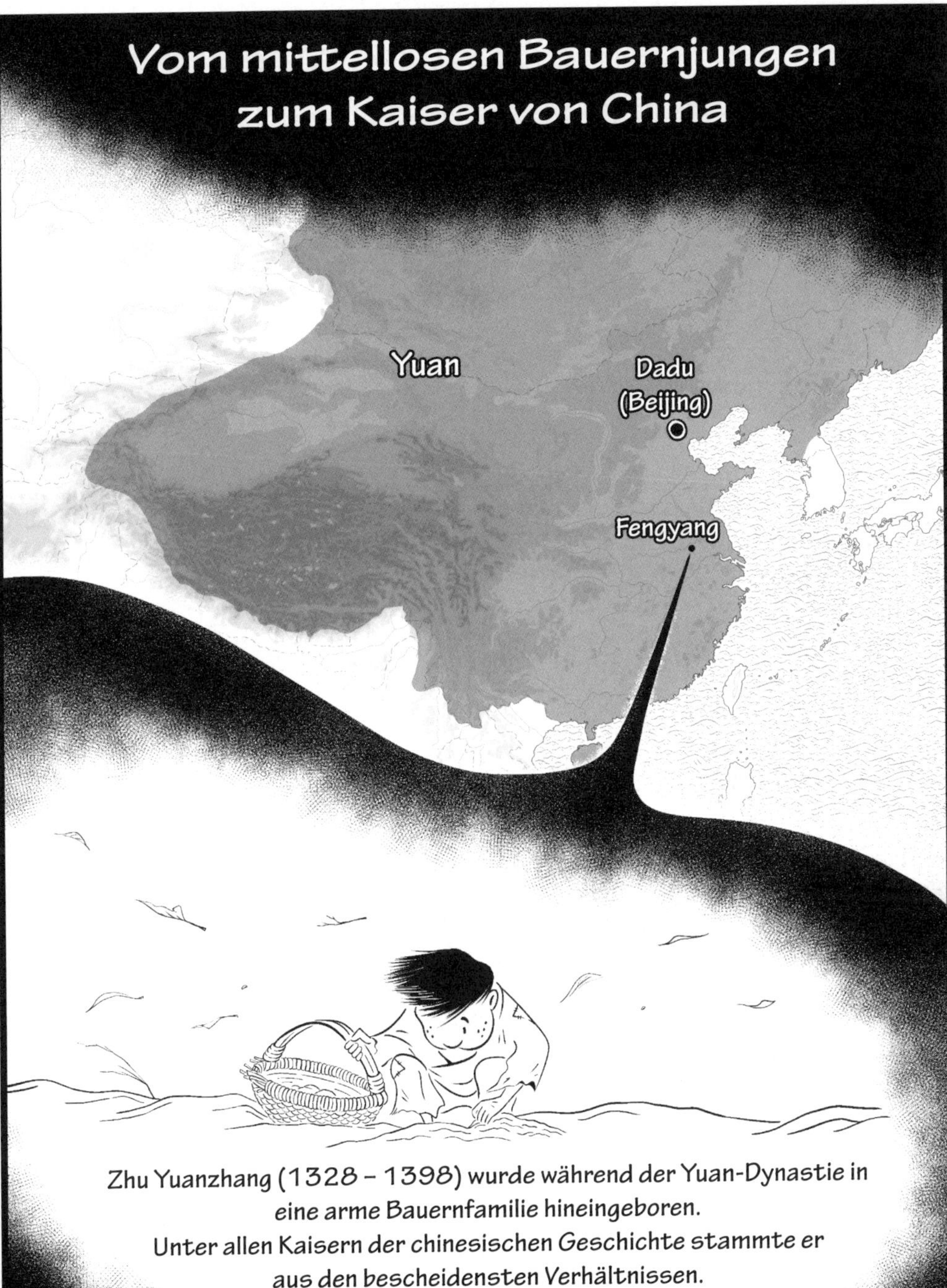
Vom mittellosen Bauernjungen zum Kaiser von China
Yuan
Dadu (Beijing)
Fengyang
Zhu Yuanzhang (1328 – 1398) wurde während der Yuan-Dynastie in eine arme Bauernfamilie hineingeboren.
Unter allen Kaisern der chinesischen Geschichte stammte er aus den bescheidensten Verhältnissen.

Ich bin in eine mittellose Familie hineingeboren worden. Meine Eltern zogen oft umher, um sich bei Grundbesitzern als Pachtbauern zu verdingen, oftmals mussten sie sich verstecken, um ihren Gläubigern zu entrinnen.
Weil wir nichts zum Essen hatten, wurden einige meiner Brüder und Schwestern in die Obhut Fremder gegeben.
Als ich 16 Jahre alt war, raubten eine grosse Dürre und eine gleichzeitig auftretende Epidemie das Leben vieler Menschen.
Auch meine Eltern blieben nicht verschont.
Ich flehte die Nachbarn um einen Flecken Erde für ein Grab an, um meine Eltern beerdigen zu können.

Dann fand ich Unter-
schlupf in einem
buddhistischen
Tempel in meiner Region.
Zwei Monate später.
佛
Wir haben bald nichts
mehr zu essen,
du musst gehen.
Ich zog umher und
bettelte um
Nahrungsmittelreste.
Vier Jahre später.
Ich bin wieder zum gleichen
Tempel zurückgekehrt,
immer noch auf der Suche
nach einer Bleibe.

Dieses Mal war der Tempel in der Lage, Zhu Yuanzhang für einige Jahre bei sich aufzunehmen, bis im Jahr 1352 ....
Öffnet die Türe!
Einige Mönche haben sich Rebellengruppen im Widerstand gegen die Yuan-Dynastie angeschlossen. Zur Vergeltung werden wir diesen Tempel niederbrennen!

Nachdem der Tempel zerstört war, hatte Zhu einmal mehr keine Bleibe mehr.
Die Rebellengruppe in deiner Region braucht dich!

Nachdem Zhu Yuanzhang einer Rebellenarmee beigetreten war, zahlten sich für ihn die Überlebenstechniken aus, die er in frühen Jahren erworben hatte.
Ich habe nichts zu verlieren und alles zu gewinnen!
Seine Tapferkeit brachte ihm schnelle Beförderungen ein.
Später habe ich die Tochter eines Anführers einer Rebellenarmee geheiratet und konnte so seine Truppe erben, dies war der Wendepunkt in meinem Leben!

In den frühen 50er Jahren des 14. Jahrhunderts verfolgte Zhu Yuanzhang ganz ähnliche Strategien wie andere regionale Rebellengruppen.
Verelendete Bauern als Soldaten rekrutieren.
Mit der Armee eine Stadt einnehmen und dann um die Stadt herum eine Verteidigungsmauer errichten.
Verwendung der Stadt als Basis, um Nahrungsmittel aus den umliegenden ländlichen Gebieten einzusammeln.
Rekrutierung von noch mehr Soldaten zur Einnahme einer weiteren Stadt.
Zhu Yuanzhang schöpfte das Potential dieser Strategie voll aus.

Nanjing

Nachdem Zhu Yuanzhang im Jahr 1356 Nanjing eingenommen hatte, traf er die Entscheidung, die längste Stadtmauer der damaligen Welt zu bauen.

Zhu liess Nahrungsvorräte in der Stadt einlagern und rekrutierte zu ihrer Verteidigung eine grosse Armee.

Vor dem Hintergrund einer von Kriegswirren heimgesuchten Epoche blieb die öffentliche Ordnung in der Stadt Nanjing intakt, wodurch die Stadt zum Anziehungspunkt für viele Menschen wurde. Die Bevölkerung stieg auf einige Hunderttausend Einwohner an, Nanjing wurde damit zur bevölkerungsreichsten Stadt in der damaligen Welt.

Die Wiedervereinigung Chinas

Zhu verbrachte 16 Jahre damit, seine Machtbasis abzusichern, indem er Rivalen in seinem Umkreis eliminierte.

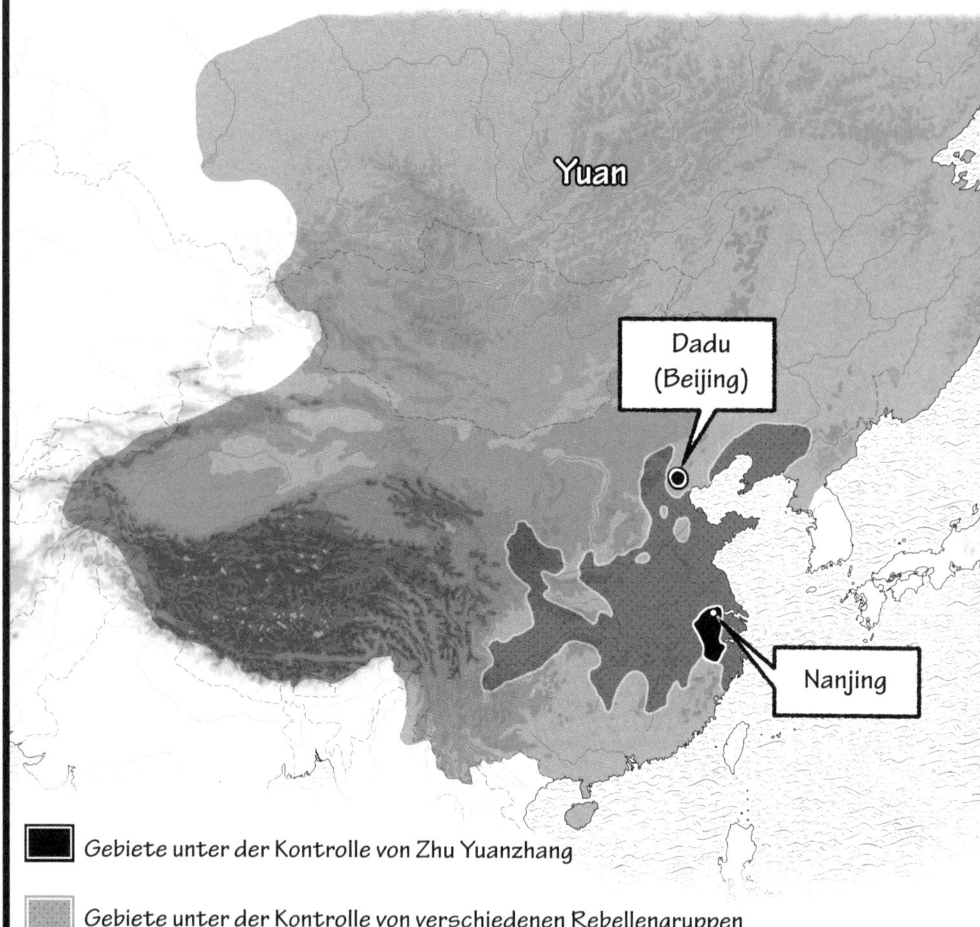

Nachdem er den Süden Chinas wiedervereint hatte, errichtete Zhu Yuanzhang im Jahr 1368 die Ming-Dynastie und erklärte sich selbst zum Kaiser.
明
MING
In der Zwischenzeit hatten interne Machtkämpfe als auch Angriffe durch Rebellen aus dem Norden die Yuan-Armee massiv geschwächt.
Marschieren wir zum Angriff auf die Yuan-Hauptstadt!
Der letzte Kaiser der Yuan-Dynastie gab die Hauptstadt auf und floh nach Norden, damit endete die Herrschaft der Mongolen über China.
Toghon Temür
(1320 – 1370)

Die Ming-Dynastie

(1368 – 1644)

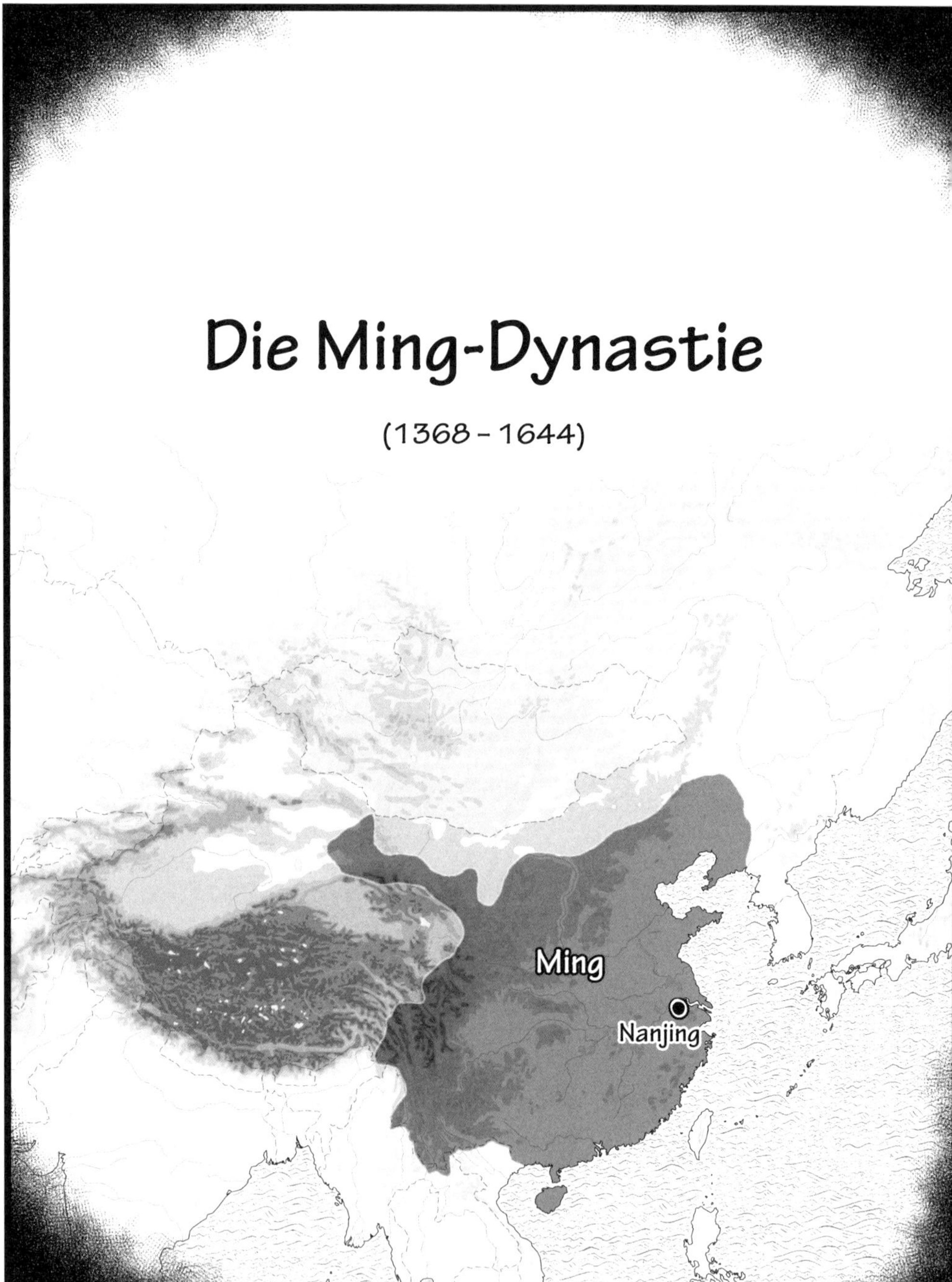

Der Beschützer der Armen

Da er selbst in ärmlichen Verhältnissen aufgewachsen war, sah sich Zhu Yuanzhang, aus dem nun der Kaiser Hongwu geworden war, in der Rolle des Beschützers der Armen.

Kaiser Hongwu war entschlossen, gemäss seinen Idealen zu handeln.

Er ergriff Massnahmen, um die Interessen der Bevölkerung zu schützen.

Tiefe Steuern

Als erste Massnahme senkte er die Steuerrate auf das tiefste Niveau in der chinesischen Geschichte. Diese Steuerrate blieb durch die Ming-Dynastie hindurch grundsätzlich unangetastet.

* Dan: eine traditionelle chinesische Volumeneinheit, 1 Dan entspricht ungefähr 100 Litern

** 1 Mu = 666,67 m^2

Ihr könnt eure Steuern in Gütern und Naturalien anstatt in Geld entrichten.
Jedes Dorf ist selbstständig dafür verantwortlich, die Steuern einzuziehen und sie an die nächstgelegene Regierungsstelle abzuliefern.

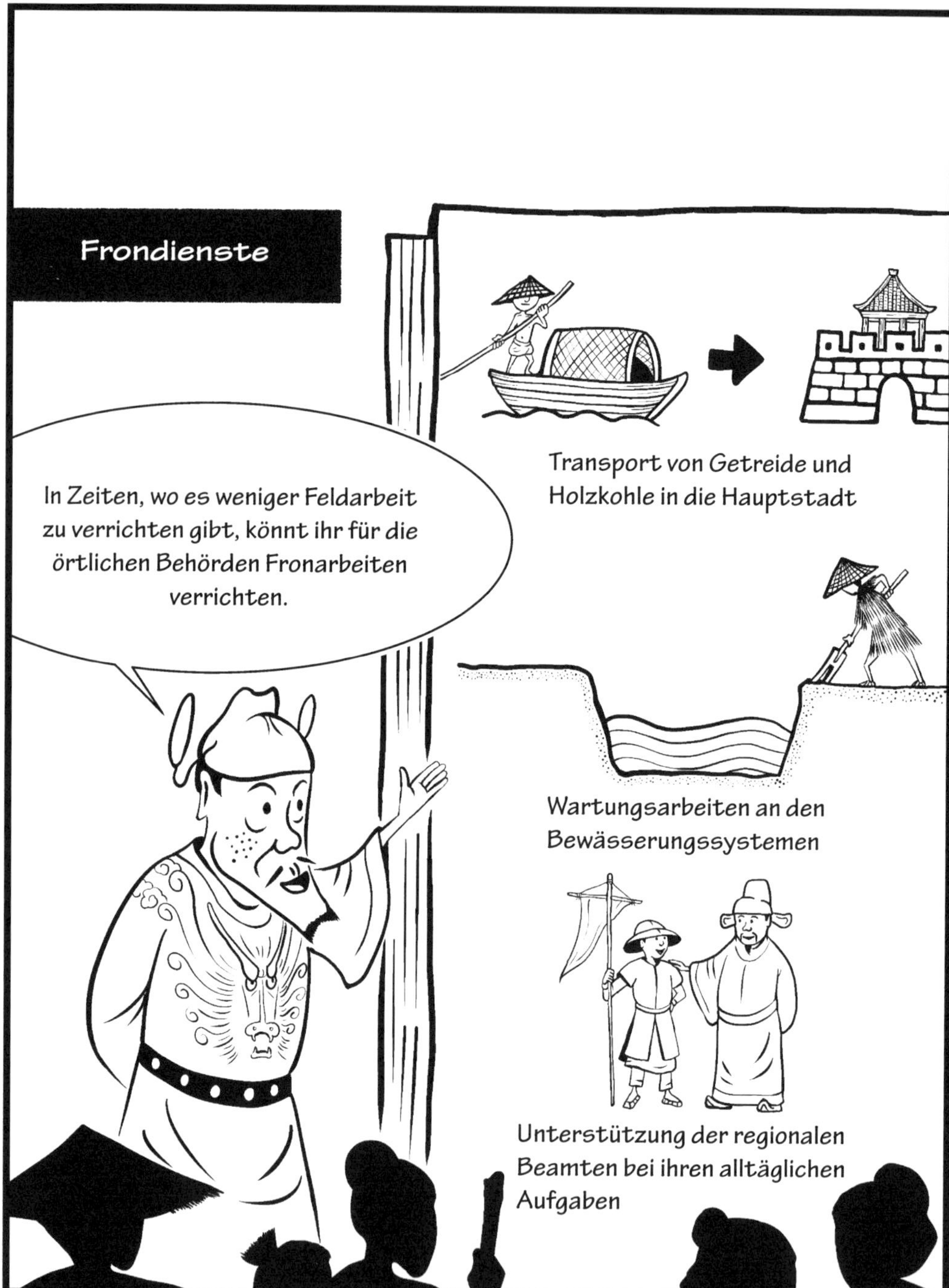
Frondienste
In Zeiten, wo es weniger Feldarbeit zu verrichten gibt, könnt ihr für die örtlichen Behörden Fronarbeiten verrichten.
Transport von Getreide und Holzkohle in die Hauptstadt
Wartungsarbeiten an den Bewässerungssystemen
Unterstützung der regionalen Beamten bei ihren alltäglichen Aufgaben

Es existieren 1040 amtliche Poststationen, die zur Unterbringung für Beamte auf Dienstreise und als Raststationen für Postkutschen dienen.
Poststation
Ihr alle seid dafür verantwortlich, die Poststationen mit Nahrungsmitteln zu versorgen und regionale Transportmittel bereitzustellen.
Nur keine Sorge.
Ich besitze eine Liste der 14'000 landesweit reichsten Grossgrundbesitzer.
Ich werde persönlich dafür sorgen, dass diese die Kosten für den Unterhalt der Poststationen tragen werden.

Lasst die Bevölkerung in Ruhe!
Solange die Menschen ihre Verpflichtungen gegenüber der Regierung erfüllen, sollen sich die Behörden nicht weiter in ihr Leben einmischen.
Beamte, die ohne Erlaubnis die Dörfer besuchen, werden hingerichtet.

Wenn sich Beamte gegenüber der Landbevölkerung wie Tyrannen aufführen, könnt ihr gegen sie bei höheren Instanzen Beschwerde einlegen, mein Buch soll euch hierfür als Zugangsberechtigung dienen.
Grosse Warnungen
大诰
Ein Strafrecht, das hauptsächlich auf von Staatsdienern begangene Vergehen abzielt.

Druckt mehrere Millionen Exemplare davon, damit jede Familie ein Exemplar zu Hause aufbewahren kann.
Unter der Aufsicht von Kaiser Hongwu hielten sich die 8000 Regierungsbeamten der Ming-Dynastie weitestgehend aus dem Alltagsleben der 60 Millionen Menschen umfassenden Bevölkerung heraus.

Tiefe Beamtengehälter führen zu mehr Korruption
Um die Bevölkerung noch mehr zu entlasten, bezahlte Kaiser Hongwu seinen Beamten die tiefsten Gehälter in der chinesischen Geschichte.
Wie soll ich damit meine Familie durchbringen können? Ich benötige zusätzliche Einkommensquellen!
Rang 1
höchste Amtsposition
1044 Dan Getreide pro Jahr
Amtsgehälter
Rang 9
niedrigste Amtsposition
60 Dan Getreide pro Jahr

Ich zweige einen Teil der Steuern für mich ab und setze staatliche Arbeitskräfte für private Zwecke ein.
Lokalbeamter
Regionalbeamte kommen alle drei Jahre einmal in die Hauptstadt, um Rechenschaft über ihre Arbeit abzulegen. Jeder von ihnen bringt mir Geschenke mit, die dem zehnfachen Wert meines Jahreseinkommens entsprechen.
Beamter der Zentralregierung
Um meine Inspektion zu bestehen, muss jeder, der zu versteuernde Güter abliefert, mich bezahlen.
Lagerhausverwalter
Meine Familie hat so viele Opfer gebracht, damit ich die kaiserliche Beamtenprüfung bestehen kann. Wie soll ich es ihr nur jemals vergelten?
Der Kaiserhof entsendet mich zum Amtsantrtitt in eine abgelegene Provinz. Aber ich kann es mir nicht leisten, meine Familienmitglieder gemeinsam mit mir übersiedeln zu lassen.
Ich bin ein Geschäftsmann, ich kann dir helfen. Wir werden später einmal gemeinsam ein Vermögen verdienen.
Student

Kaiser Hongwu wollte es jedoch nicht tolerieren, wenn seine Beamten ihre niedrigen Gehälter auf illegalen Wegen aufstockten.
Er führte mehrere Säuberungskampagnen durch, bei denen er über 100'000 Menschen hinrichten liess, darunter viele Kanzler und Generäle mitsamt ihrer Familien und Freunde.
Ich bestrafe einige am frühen Morgen, jedoch abends gibt es noch mehr, die das gleiche Verbrechen begangen haben.
Ich bestrafe jene am Abend, jedoch gibt es am nächsten Morgen nochmals mehr Gesetzesübertreter.
Die Leichen der zum Tode Verurteilten konnten noch nicht entfernt werden, und schon folgen bereits die nächsten Todeskandidaten ihrem Pfad.
Wenn ich harte Strafen anwende, halten mich manche für einen Tyrannen. Wenn ich jedoch Nachsicht walten lasse und milde Strafen erteile, halten mich andere wiederum für einen unfähigen Herrscher.
Was ist das nur für eine Zwickmühle, in der ich stecke!
Ich finde weder tagsüber noch nachts Schlaf.
Im Jahr 1398 starb Kaiser Hongwu an Erschöpfung.

Kurzfristige Massnahmen mit langfristigen Nachwirkungen

Die Herrschaft durch Kaiser Hongwu hatte für China weitreichende Folgen.

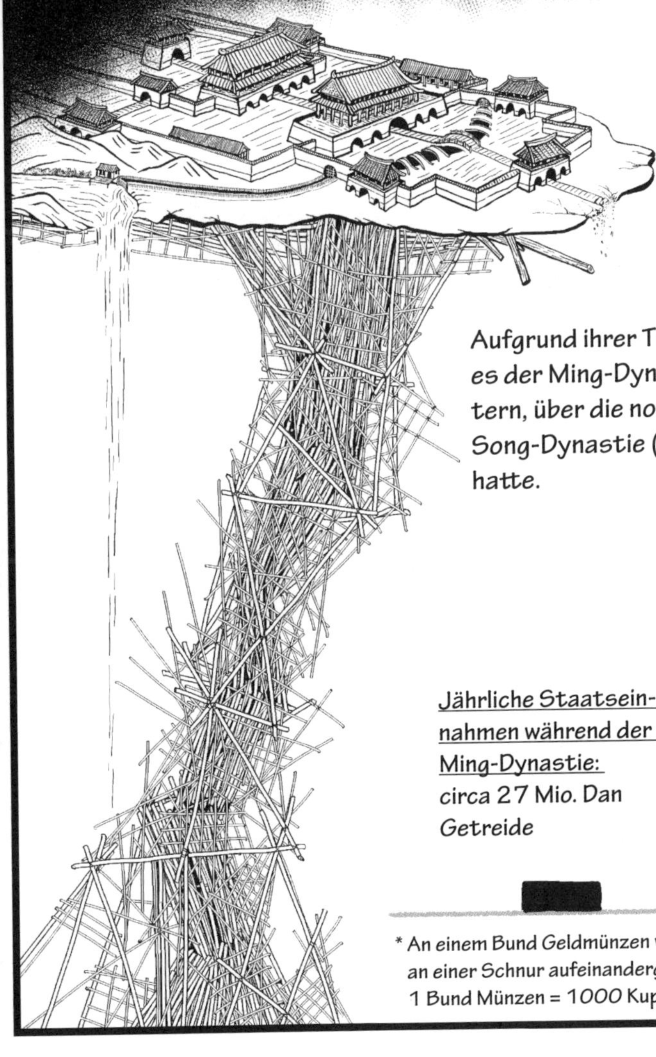

Aufgrund ihrer Tiefsteuerpolitik mangelte es der Ming-Dynastie an den Finanzpolstern, über die noch die vorangegangene Song-Dynastie (960 – 1279) verfügt hatte.

<u>Jährliche Staatseinnahmen während der Ming-Dynastie:</u> circa 27 Mio. Dan Getreide

<u>Jährliche Staatseinnahmen während der Song-Dynastie:</u> circa 126 Mio. Bünde Geldmünzen*

* An einem Bund Geldmünzen waren jeweils 1000 Kupfermünzen an einer Schnur aufeinandergereiht.
1 Bund Münzen = 1000 Kupfermünzen = 1 Dan Getreide

Die tiefen Steuereinnahmen schwächten die Regierung massiv in ihren Möglichkeiten, ihre Aufgaben in Bereichen wie der öffentlichen Sicherheit, der Wirtschaft, dem Transportwesen, dem Bildungswesen, den öffentlichen Bauvorhaben und der Katastrophenhilfe zu bewältigen.

Das kaiserliche China vollzog einen Wandel weg von einer aktiven Rolle hin zu einer passiven Rolle.

AKTIV

Die Song-Dynastie unterstützte aktiv die wirtschaftliche Entwicklung, indem mittels Kreditvergaben die Produktion stimuliert wurde, neue Technologien zur Steigerung der Effizienz eingesetzt wurden und die Wirtschaft durch intensiven Handel diversifiziert wurde.

PASSIV

Geschichtliche Umstände trieben die Ming-Dynastie in die gegensätzliche Richtung. Die Regierung nahm eine passive Position ein, bei der sie der Bevölkerung weder Lasten auferlegte noch diese unterstützte. Dies führte dazu, dass eine durch Kleinbauern geprägte Agrarwirtschaft die Gesellschaft dominieren sollte.

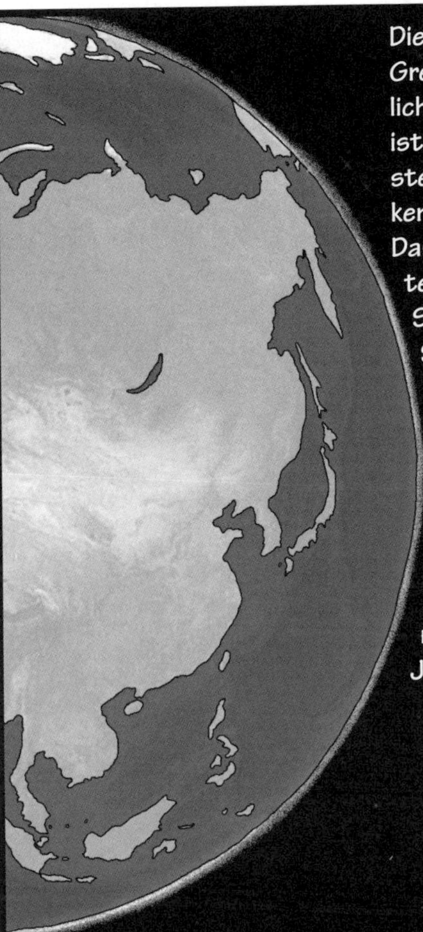

Die Ming-Dynastie stiess sehr schnell an die Grenzen im Wachstum, das einer auf kleinbäuerlichen Strukturen basierten Wirtschaft möglich ist. In den vielen Dörfern nahm die Bevölkerung stetig zu, die Einkommen der bäuerlichen Bevölkerung stagnierten dagegen.
Das Steuerwesen wurde zudem immer komplizierter und damit ineffizienter. Das Finanzwesen des Staates steckte langfristig in einer Krise, der Staat konnte dringend benötigte Investitionen nicht tätigen.
Dies verhinderte, dass die Gesellschaft in einen modernen Industrialisierungsprozess hätte eintreten können.

Das Problem blieb durch die ganze Ming-Dynastie und auch die nachfolgende Qing-Dynastie hindurch bis weit in die Mitte des 20. Jahrhunderts bestehen.

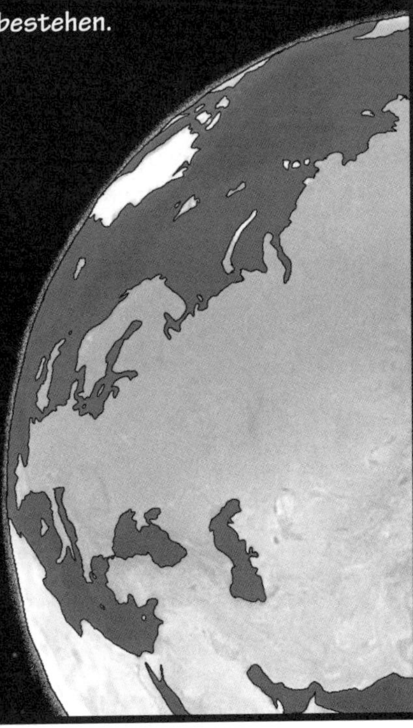

Als die Ming-Dynastie im Endstadium ihrer wirtschaftlichen Entwicklungsmöglichkeiten stand, traten die Länder Europas gerade in das Zeitalter der Renaissance ein. Damit begann für sie eine 300 Jahre währende Epoche, während der eine Transformation von auf Landwirtschaft basierenden Königreichen hin zu industrialisierten Nationalstaaten vollzogen wurde.

Währungsprobleme

Die Ming-Dynastie schlitterte bald in eine tiefe Währungskrise.

Ein Mangel an Kupfermünzen

Um Lehren aus der vorangegangenen Yuan-Dynastie zu ziehen, hatte Kaiser Hongwu anfänglich als Zahlungsmittel Kupfermünzen ausgeben lassen.

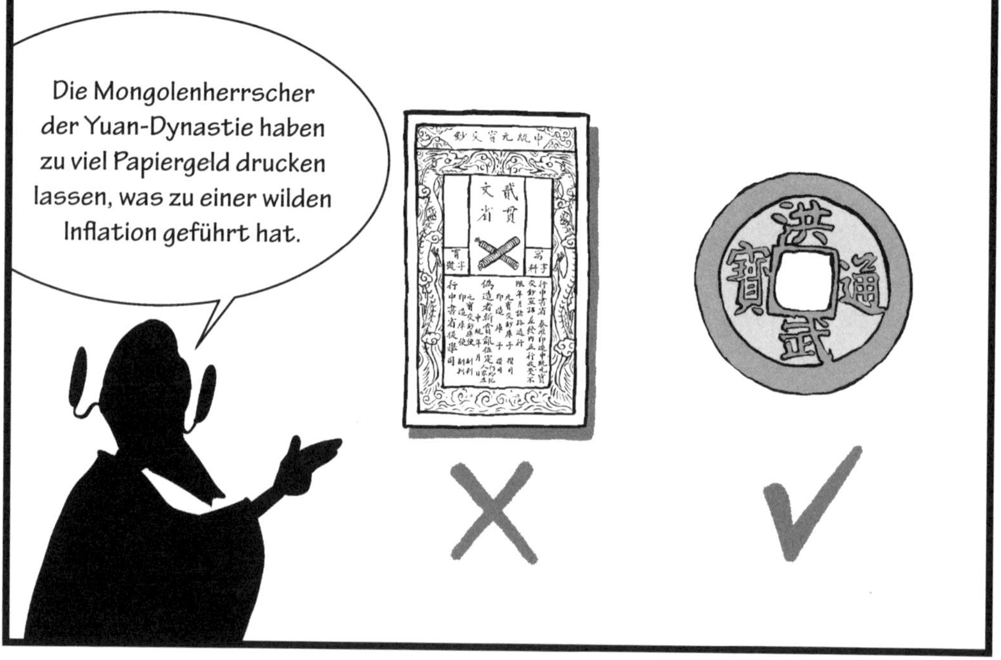

Aber weil unsere Lagerstätten an Kupfer begrenzt sind, können wir jährlich nur 200 Millionen Kupfermünzen prägen lassen.
Ming
200 Millionen Münzen
Song
3 Milliarden Münzen
Erfahrungen aus der Song-Dynastie zeigen, dass wir landesweit jedes Jahr 2 bis 3 Milliarden Kupfermünzen benötigen, das macht durchschnittlich pro Kopf und Jahr 50 neue Münzen.
Die Ming-Regierung war gezwungen, Kupfermünzen als Zahlungsmittel aufzugeben und auf die Verwendung von Banknoten umzustellen.
洪武通寶
大明通行寶鈔
壹貫

Zu viele Banknoten

Der nachfolgende Ming-Kaiser ging dazu über, Banknoten in grossen Mengen drucken zu lassen, um die explodierenden Regierungsausgaben decken zu können.

Kaiser Yongle
(1360 – 1424)

☑ 5 Feldzüge zur Verfolgung der Mongolen in ihren Restgebieten

☑ Ein 20 Jahre andauernder Krieg mit Vietnam

☑ 7 Expeditionsreisen über den indischen Ozean zur Etablierung von internationalen Handelsrouten unter der Leitung von Zheng He (1371 – 1433), einem berühmten Marinekommandanten und Eunuchen

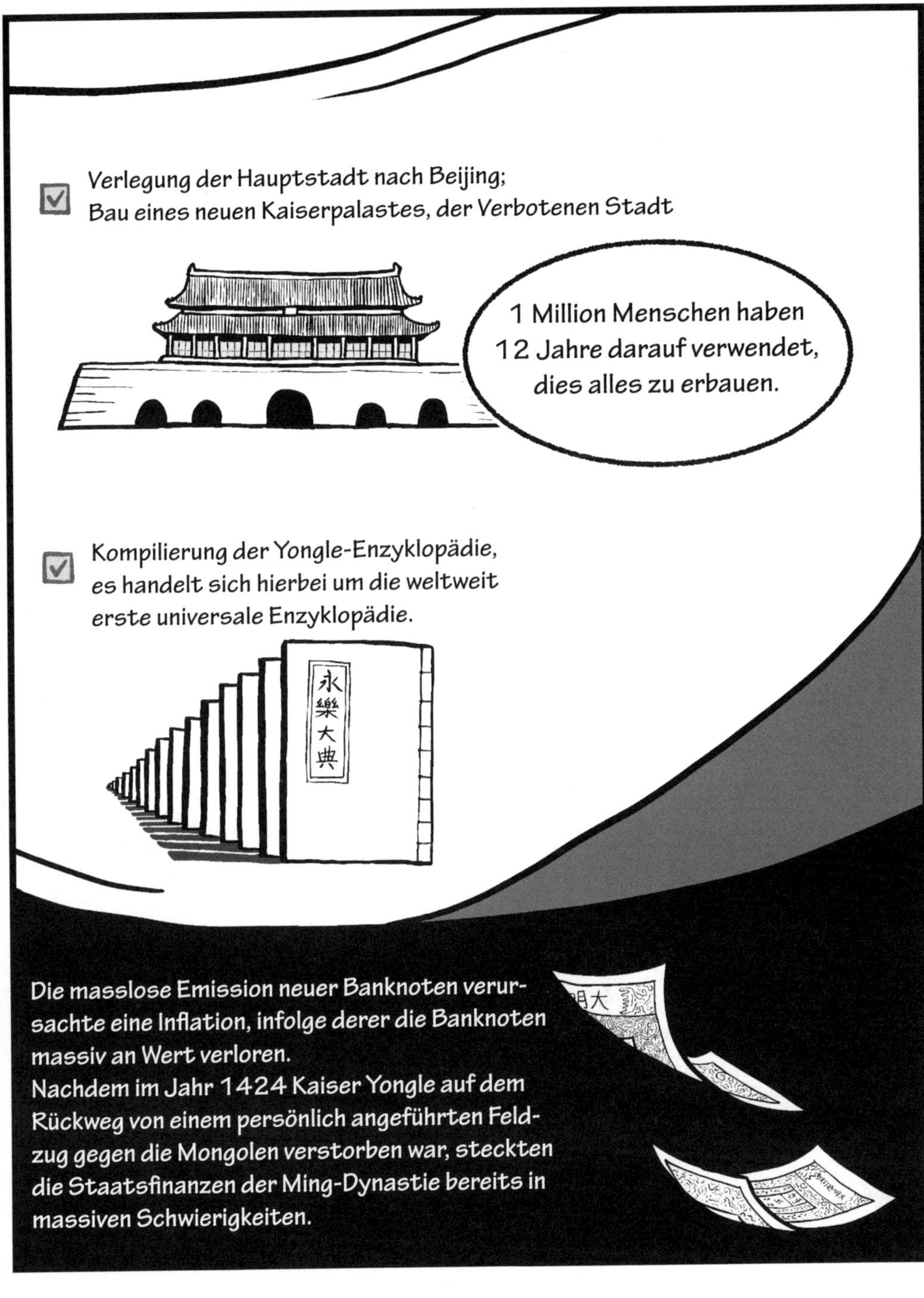
Verlegung der Hauptstadt nach Beijing;
Bau eines neuen Kaiserpalastes, der Verbotenen Stadt
1 Million Menschen haben 12 Jahre darauf verwendet, dies alles zu erbauen.
Kompilierung der Yongle-Enzyklopädie, es handelt sich hierbei um die weltweit erste universale Enzyklopädie.
永樂大典
Die masslose Emission neuer Banknoten verursachte eine Inflation, infolge derer die Banknoten massiv an Wert verloren.
Nachdem im Jahr 1424 Kaiser Yongle auf dem Rückweg von einem persönlich angeführten Feldzug gegen die Mongolen verstorben war, steckten die Staatsfinanzen der Ming-Dynastie bereits in massiven Schwierigkeiten.

Ein Rückzug auf ganzer Ebene
Die Kosten für territoriale Expansionen sind untragbar geworden.
Kaiser Xuande (1399 – 1435)
Wir ziehen unsere Truppen aus Vietnam zurück.
Wir stellen die Schifffahrtsexpeditionen in ferne Weltmeere ein.
Wir müssen den Wert unserer Währung wiederherstellen!
大明通行寶鈔
壹貫

Umstellung auf Silber

Trotz all dieser Bemühungen des Kaiserhofes, die Ausgaben in den Griff zu bekommen, erlitten die Banknoten einen totalen Wertverlust.

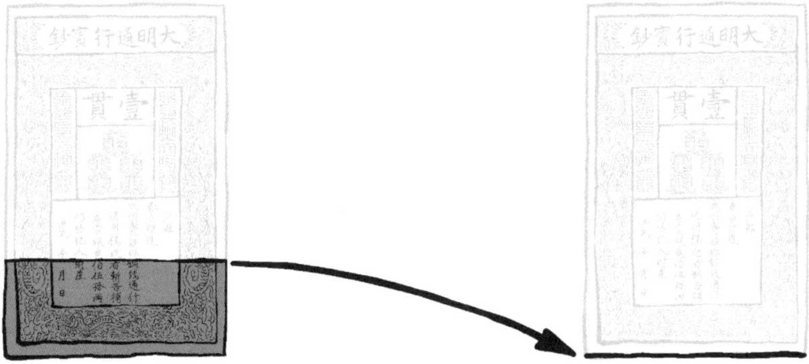

Im Jahr 1425 fielen die Banknoten auf unter ein Viertel ihres ursprünglichen Wertes.

Im 1445 schrumpfte der Wert der Währung auf ein Tausendstel.

Zu Beginn des 15. Jahrhunderts ging die Ming-Regierung schrittweise dazu über, Silber als offizielle Währung zu verwenden.
Wir benötigen Silber, um unsere Militärausgaben zu bezahlen, insbesondere die Kosten für die Erweiterung der Chinesischen Mauer, da die Bedrohung durch die Mongolen im Norden wieder wächst.
Mongolische Stammesgebiete
Beijing
Japan
Ming
Kaiser Zhengtong (1427 – 1464)
Allerdings verfügt China über keine reichen Silbervorkommen, die abgebaut werden könnten. Wir beziehen den Grossteil unseres Silbers aus Japan.

Japanische Piraten

Die japanischen Piraten kontrollierten den Silberhandel zwischen Japan und China. Das Piratenproblem hatte seinen Ursprung noch in der Yuan-Dynastie. Als die Mongolen ihre Invasion auf Japan starteten, kam der offizielle Handel zwischen den beiden Ländern zum Abbruch. Auf nichtstaatlicher Ebene kam es zu illegalem Handel zwischen der Bevölkerung beider Seiten. Einige Schmuggler bewaffneten sich und wurden dadurch als Piraten bekannt.

Die Ming-Regierung erklärte den japanischen Piraten den Krieg, die Militärausgaben stiegen infolge rasant an. Um dafür aufkommen zu können, legte die kaiserliche Regierung mehrere Steuerarten, die in Form von Nahrungsmitteln, Stoffen und Frondiensten zu entrichten waren, zu einer Einheitssteuer zusammen, die in Silber zu entrichten war.

Ab dem Jahr 1531 mussten immer mehr Bauern ihre landwirtschaftlichen Erzeugnisse verkaufen, um zur Bezahlung der Steuern Silber zu erhalten. Dadurch stieg der Bedarf an Silber in der Gesellschaft.

Die Ming-Regierung schlitterte rasch in eine paradoxe Situation.
Wir gehen streng gegen das Schmuggelwesen vor und erschweren den Handel der japanischen Piraten mit Silber. Die Versorgung des Marktes mit Silber nimmt dadurch aber ab und gleichzeitig sinken die Steuereinnahmen des Herrscherhofes in Silber. Wenn wir nicht über genügend Silber verfügen, wie sollen wir dann unsere Truppen im Kampf gegen die japanischen Piraten unterhalten?
Warum sollen wir überhaupt diejenigen bekämpfen, die uns mit Geld versorgen?
Kaiser Longqing (1537 – 1572)

Die Ming-Regierung hob schlussendlich im Jahre 1567 das Verbot des privatgewerblichen Seehandels auf. Chinesische und japanische Händler konnten fortan auf legalem Wege ihre Geschäfte tätigen und das Problem mit japanischen Piraten löste sich damit von selbst. Die meisten der ehemaligen Piraten wechselten in legale Geschäftsbereiche.
Ungefähr im gleichen Zeitraum entdeckten chinesische Geschäftsleute die Möglichkeit, Silber aus Amerika zu importieren, das durch spanische Handelsschiffe in die Philippinen gebracht worden war.

Die spanischen Kolonien in Amerika

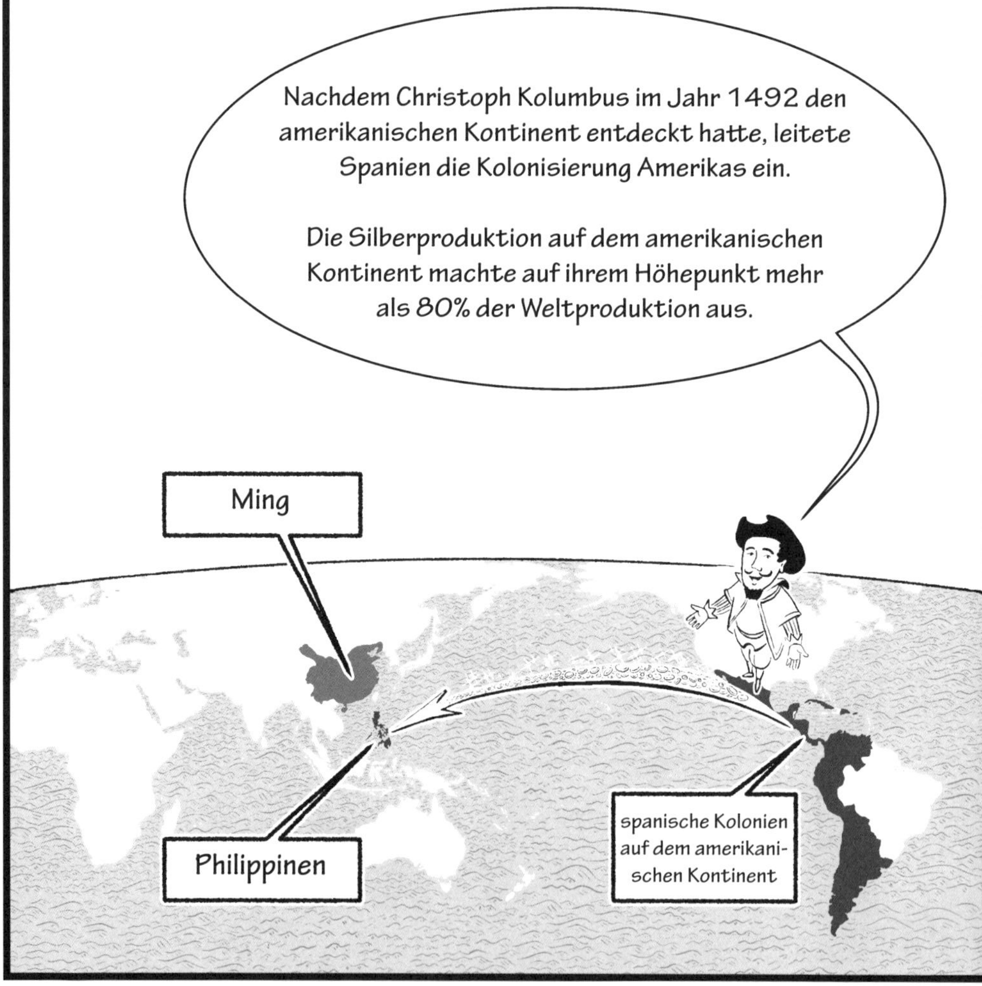

Seit den 70er Jahren des 16. Jahrhunderts floss mindestens ein Drittel des Silbers aus Amerika nach China.
Anfänglich brachte uns das importierte Silber Währungsstabilität. Aber sowohl der Handel mit Silber als auch seine Quellen stehen ausserhalb unserer Kontrolle.
Wenn das weltweite Angebot an Silber sinkt, steigt sein Preis in China, was zu einer Währungsdeflation führt.
Unsere Abhängigkeit von ausländischem Silber wird uns schliesslich noch das Genick brechen.
Wenn zu viel Silber nach China gelangt, fällt sein Preis, was zu einer Währungsinflation führt.

Das Leben in einem fehlerhaften System

Angesichts der vielen Krisen versuchten einige Beamte der Ming-Dynastie, das Ruder noch herumzureissen und das Land vor dem Zusammenbruch zu bewahren.

Wang Yangmings Lehre von den Prinzipien

Wang Yangming (1472 – 1529) wurde in eine Familie hineingeboren, aus der viele Beamte und Gelehrte hervorgegangen waren. Er hatte ehemals verschiedenste Regierungsposten bekleidet und zudem viele Feldzüge zur Niederschlagung von Bauernrebellionen geleitet.

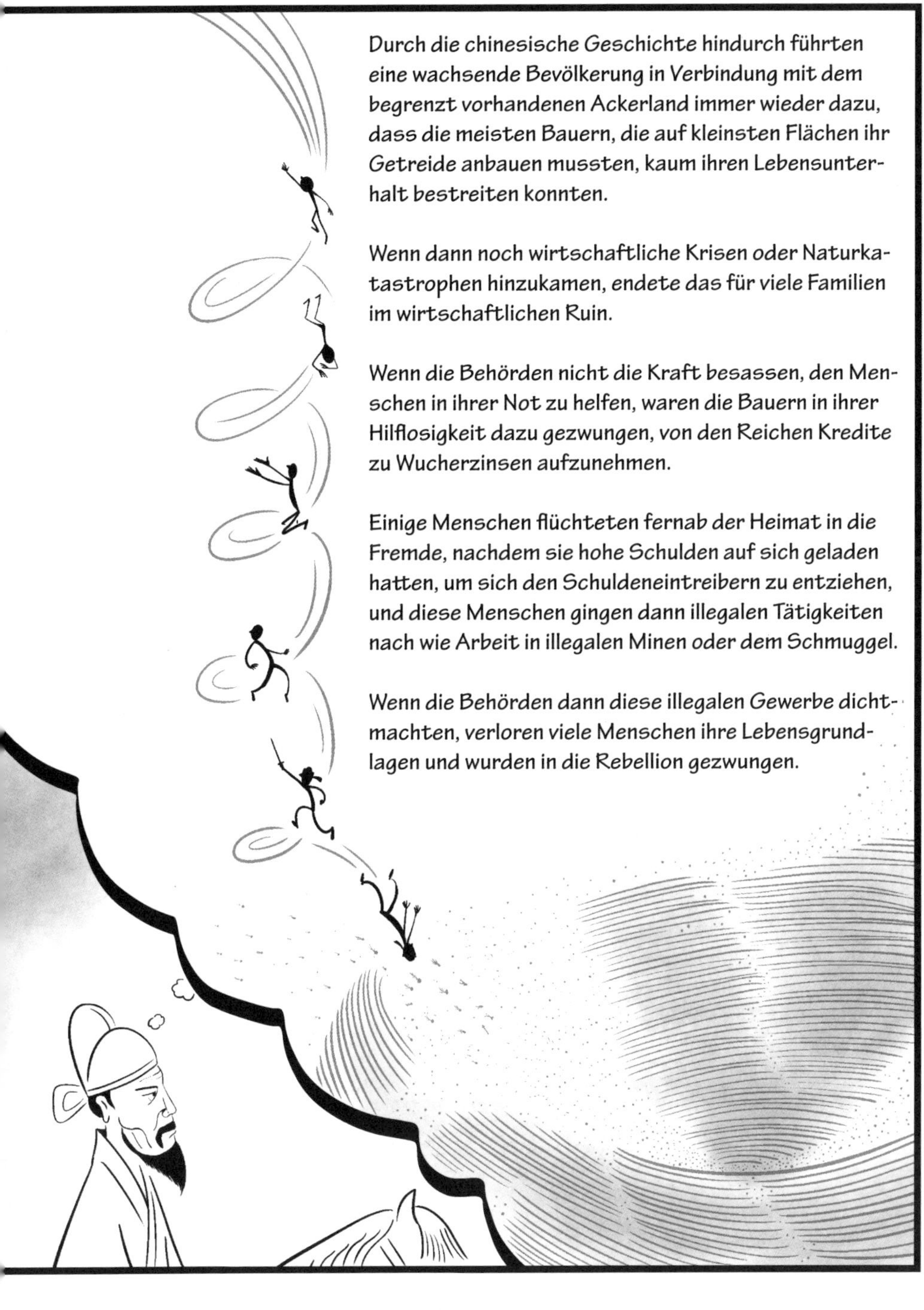
Durch die chinesische Geschichte hindurch führten eine wachsende Bevölkerung in Verbindung mit dem begrenzt vorhandenen Ackerland immer wieder dazu, dass die meisten Bauern, die auf kleinsten Flächen ihr Getreide anbauen mussten, kaum ihren Lebensunterhalt bestreiten konnten.
Wenn dann noch wirtschaftliche Krisen oder Naturkatastrophen hinzukamen, endete das für viele Familien im wirtschaftlichen Ruin.
Wenn die Behörden nicht die Kraft besassen, den Menschen in ihrer Not zu helfen, waren die Bauern in ihrer Hilflosigkeit dazu gezwungen, von den Reichen Kredite zu Wucherzinsen aufzunehmen.
Einige Menschen flüchteten fernab der Heimat in die Fremde, nachdem sie hohe Schulden auf sich geladen hatten, um sich den Schuldeneintreibern zu entziehen, und diese Menschen gingen dann illegalen Tätigkeiten nach wie Arbeit in illegalen Minen oder dem Schmuggel.
Wenn die Behörden dann diese illegalen Gewerbe dichtmachten, verloren viele Menschen ihre Lebensgrundlagen und wurden in die Rebellion gezwungen.

Wang Yangming versuchte diese Probleme in den Gebieten, die unter seiner Verwaltung standen, anzugehen.
In Zeiten der Not müssen die Menschen sich solidarisch verhalten. Die Reichen sollten den Armen helfen und diese nicht durch Darlehen zu hohen Wucherzinsen in die Verzweiflung treiben.
Jedes Dorf kann einige Personen mit einwandfreiem moralischem Leumund und hohem Ansehen dazu erwählen, Gemeinschaftsarbeiten zu leiten, zudem sind monatliche Versammlungen abzuhalten.
Lasst uns ein Herz und eine Seele werden, halten wir uns vom Bösen fern und streben wir gemeinsam nach dem Guten.
Versammlungsagenda
• Schwurzeremonie
• Gutes Verhalten des letzten Monats loben und an schlechtem Verhalten Kritik üben.
• Über Themen wie die Haushaltsplanung, Steuerangelegenheiten, Darlehen und die öffentliche Sicherheit diskutieren.
• Alle kommen zu einem Festessen zusammen, um das Gemeinschaftsgefühl zu stärken.

Wang Yangming formte aus seinen Erfahrungen in der Praxis eine neue philosophische Theorie – die „Lehre des Herzens" (心学 xinxue). Sowohl bei der „Lehre des Herzens" (心学 xinxue) als auch bei der „Lehre der Prinzipien" (理学 xinxue) handelt es sich um Erweiterungen des Konfuzianismus. Die Ideologie der „Lehre der Prinzipien" (auch als Neokonfuzianismus bekannt) hatte ihren Höhepunkt während der Song-Dynastie erreicht. Das staatliche Bildungswesen der Ming-Dynastie verwendete Lehrpläne, die von dem Philosophen Zhu Xi (1130 – 1200) aus der Song-Dynastie entworfen worden waren.
Ich stimme mit Zhu Xi darin überein, dass ein jeder Mensch mit dem Potenzial geboren wurde, sich zu einem rechtschaffenen Menschen zu entwickeln.
Aber wir sind uns uneinig darüber, wie das zu erreichen ist.
Laut Zhu Xis Theorie müssen die Menschen zuerst lesen, studieren und meditieren, um Wissen zu erwerben.
Dann können sie das Wissen dazu anwenden, ein an ethischen Massstäben orientiertes Leben zu führen.

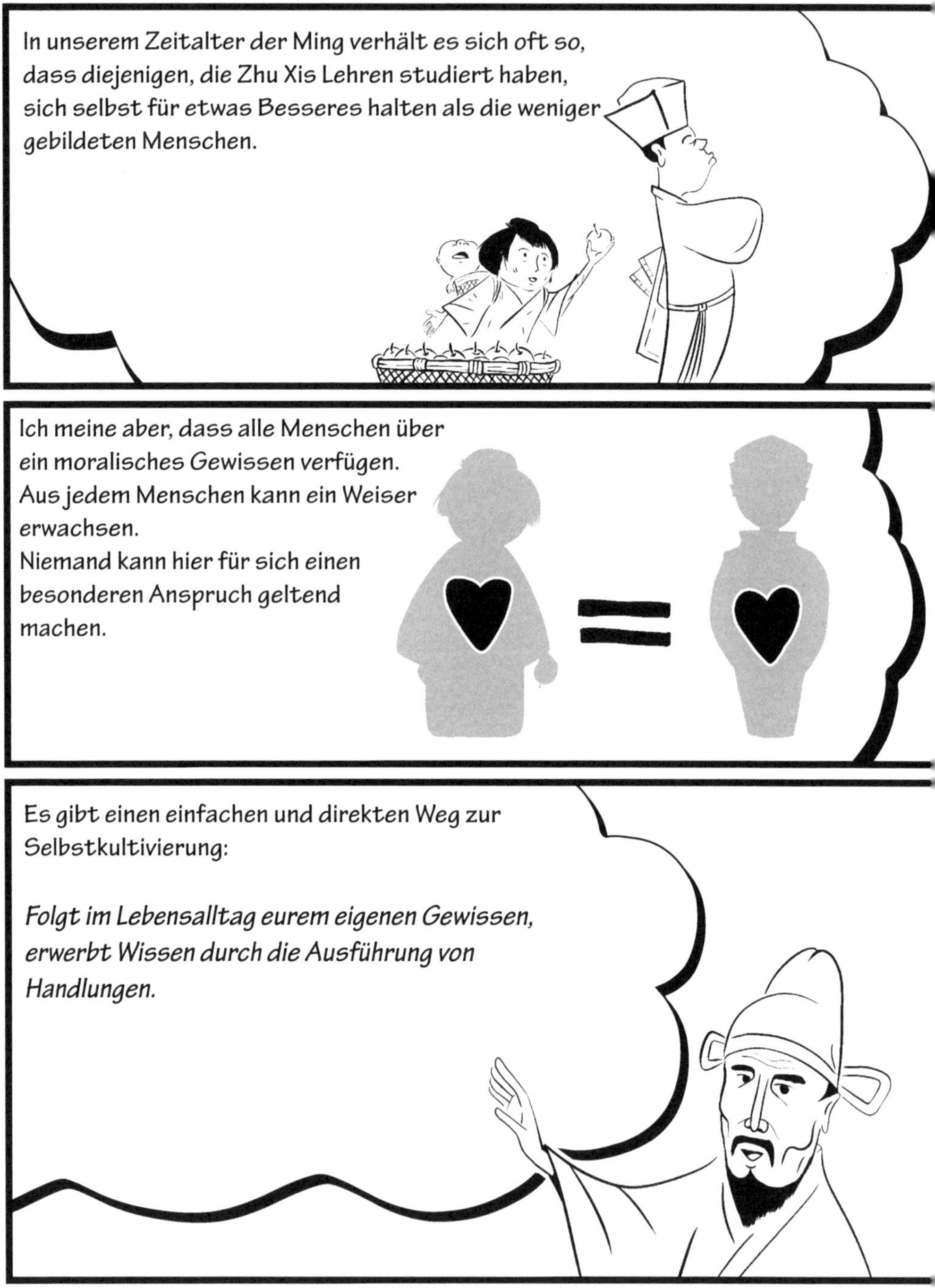
In unserem Zeitalter der Ming verhält es sich oft so, dass diejenigen, die Zhu Xis Lehren studiert haben, sich selbst für etwas Besseres halten als die weniger gebildeten Menschen.
Ich meine aber, dass alle Menschen über ein moralisches Gewissen verfügen. Aus jedem Menschen kann ein Weiser erwachsen. Niemand kann hier für sich einen besonderen Anspruch geltend machen.
Es gibt einen einfachen und direkten Weg zur Selbstkultivierung:
Folgt im Lebensalltag eurem eigenen Gewissen, erwerbt Wissen durch die Ausführung von Handlungen.

Die „Lehre des Herzens“ (心学 xinxue) entwickelte sich unter unabhängigen Denkern zu einer Alternative zum Status Quo der damaligen Zeit. Um die Ideen der Denkrichtung zu verbreiten, setzten sich diese Denker dafür ein, dass Bücher in der Umgangssprache der einfachen Bevölkerung geschrieben werden sollten, was von den etablierten gebildeten Eliten zumeist verpönt wurde. Unter diesen Büchern befinden sich drei der Vier Klassischen Romane der chinesischen Literatur**:

* Im deutschen Sprachraum bekannter unter dem Titel „Die Räuber vom Liang-Schan-Moor“

In diesen drei Klassikern wurden militärische Anführer, Rebellen und sagenhafte Heldengestalten heroisiert. Sie schlugen einen sehr anderen Ton an als die traditionellen konfuzianischen Klassiker, deren Schwerpunkt auf Themen wie der gesellschaftlichen Ordnung, der Erziehung und der bildenden Literatur gelegen hatte.

** Der Roman „Der Traum der roten Kammer“, der auch zu den Vier Klassischen Romanen gezählt wird, wurde erst später in der Qing-Dynastie verfasst.

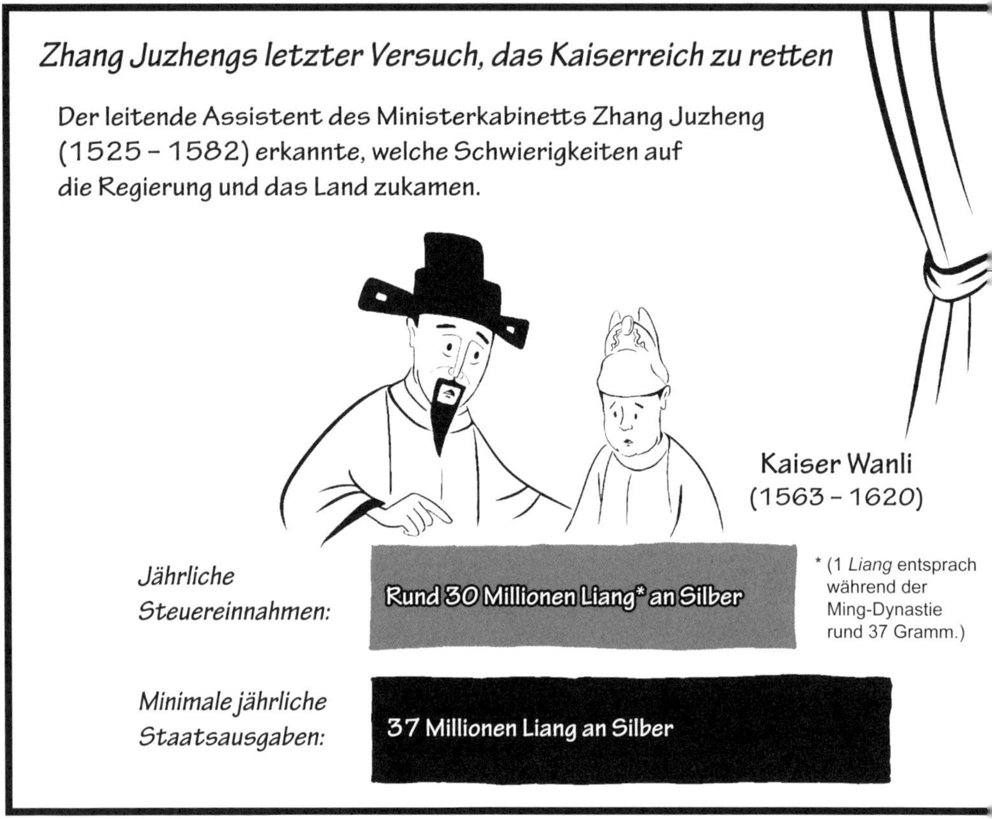
Zhang Juzhengs letzter Versuch, das Kaiserreich zu retten
Der leitende Assistent des Ministerkabinetts Zhang Juzheng (1525 – 1582) erkannte, welche Schwierigkeiten auf die Regierung und das Land zukamen.
Kaiser Wanli (1563 – 1620)
Jährliche Steuereinnahmen:
Rund 30 Millionen Liang* an Silber
* (1 Liang entsprach während der Ming-Dynastie rund 37 Gramm.)
Minimale jährliche Staatsausgaben:
37 Millionen Liang an Silber

Unsere aus 845'000 Soldaten bestehende Armee ist stark unterfinanziert. Viele Soldaten müssen Helme aus Bambus und Rüstungen aus Papier tragen.
Manche Soldaten haben ihren Sold seit Monaten oder sogar seit Jahren nicht mehr erhalten.

Wir brauchen mehr Geld!
Alle Regionalbeamten müssen die Steuerquoten ohne Säumnis erfüllen, ansonsten bekommen sie keine Beförderung.
Kürzt eure Finanzierungspläne und legt sie mir direkt zur Genehmigung vor, damit ich bestätigen kann, dass ihr nicht zu grosse Mengen an staatlichen Geldern ausgebt.
Innerhalb von 10 Jahren häufte Zhang Juzheng für die Staatskasse 12.5 Millionen Liang an Silber an. Durch seine Anstrengungen konnten zeitweilig die Staatsfinanzen saniert werden, aber dies sollte nicht ausreichen, um die in der Zukunft liegenden noch grösseren Krisen zu bewältigen.

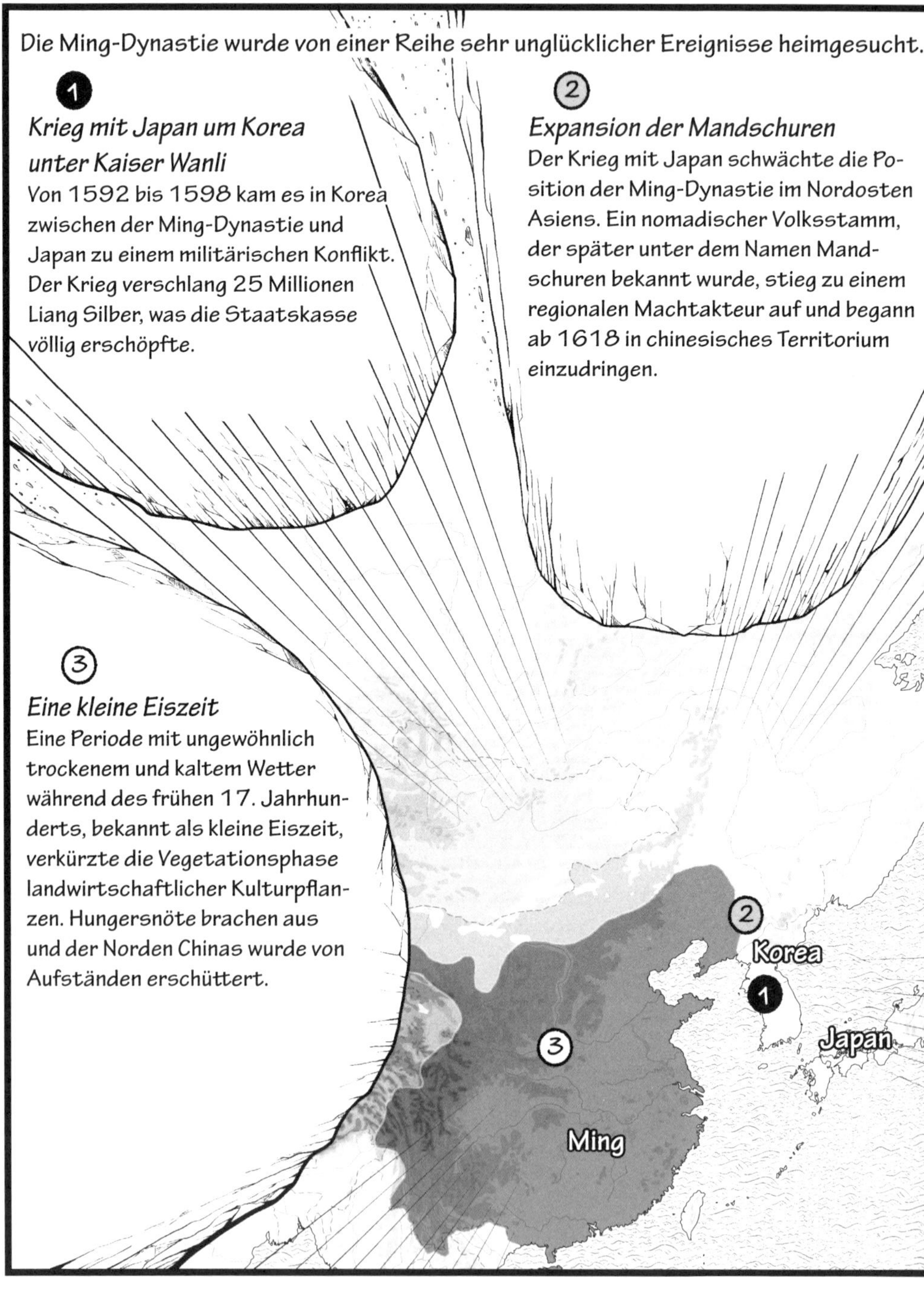
Die Ming-Dynastie wurde von einer Reihe sehr unglücklicher Ereignisse heimgesucht.
1
Krieg mit Japan um Korea unter Kaiser Wanli
Von 1592 bis 1598 kam es in Korea zwischen der Ming-Dynastie und Japan zu einem militärischen Konflikt. Der Krieg verschlang 25 Millionen Liang Silber, was die Staatskasse völlig erschöpfte.
2
Expansion der Mandschuren
Der Krieg mit Japan schwächte die Position der Ming-Dynastie im Nordosten Asiens. Ein nomadischer Volksstamm, der später unter dem Namen Mandschuren bekannt wurde, stieg zu einem regionalen Machtakteur auf und begann ab 1618 in chinesisches Territorium einzudringen.
3
Eine kleine Eiszeit
Eine Periode mit ungewöhnlich trockenem und kaltem Wetter während des frühen 17. Jahrhunderts, bekannt als kleine Eiszeit, verkürzte die Vegetationsphase landwirtschaftlicher Kulturpflanzen. Hungersnöte brachen aus und der Norden Chinas wurde von Aufständen erschüttert.
2
Korea
1
3
Japan
Ming

Diese Ereignisse fielen zeitlich damit zusammen, dass die Bevölkerung der Ming-Dynastie ihren höchsten Stand in der Geschichte erreichte, was die gesellschaftlichen Belastungen nochmals verschärfte.
Um das Jahr 1600 herum erreichte die Bevölkerungszahl einen Höchststand von **150 Millionen** Menschen.
Es fiel dem letzten Herrscher der Ming zu, diese Last zu schultern.
Er war der gewaltigen Aufgabe nicht gewachsen.
Kaiser Chongzhen
(1611 - 1644)

„Ihr Banditen mögt meine Leiche in Stücke reissen, aber bitte fügt meinem Volk kein Leid zu.“
Im Jahr 1644 rückte eine Rebellenarmee bedrohlich an Beijing heran.
Der Anführer der Rebellenarmee Li Zicheng hat während der Belagerung von Kaifeng durch einen Pfeilschuss das Augenlicht auf dem linken Auge verloren. Er hat wiederholt Kaifeng bestürmen lassen und unseren Truppen schwere Verluste zugefügt. Anschliessend brachen plötzlich die Deiche des Gelben Flusses*, die Wassermassen überfluteten die ganze Stadt, 300'000 Menschen fanden dabei den Tod.
Beordert die nächstgelegenen Grenztruppen zur Verteidigung von Beijing ab!
* Die Ursachen für die menschengemachten Deichbrüche am Gelben Fluss werden von Historikern immer noch debattiert. Nach unterschiedlichen Quellen waren es die Rebellen, die Ming-Armee, der Gouverneur der Stadt Kaifeng oder sogar mehrere Seiten zusammen, die an verschiedenen Stellen die Deiche im Zuge der Kampfhandlungen sprengen liessen.

Doch bevor die Verstärkungstruppen der Ming-Dynastie herbeieilen konnten, nahm Li Zichengs Armee am 26. Mai 1644 die Hauptstadt ein.
Li Zicheng (1604 – 1644)
Kaiser Chongzhen rief hastig seine Söhne zusammen.
Heute seid ihr noch die Söhne des Kaisers, morgen werdet ihr schon gewöhnliche Jungen sein.
Flieht um euer Leben. Macht euch um mich keine Sorgen …
Ich werde für mein Land sterben.

Seid von nun an sehr vorsichtig.
Wenn euch Regierungsbeamte begegnen, sprecht die Älteren mit „Euer Gnaden“ an, die Jüngeren mit „junger Edelmann“.
Wenn ihr auf einfaches Volk trefft, sprecht die Älteren mit „Grossväterchen“ an, die Jüngeren mit „grosser Bruder“.
Kaiser Chongzhen enthauptete anschliessend seine eigenen Töchter.
Ich darf es nicht zulassen, dass ihr in die Hände der Rebellen fallt. Was würden die Banditen mit Mädchen wie euch wohl nur anstellen?
Warum seid ihr nur unter einem so unglücklichen Stern geboren, in die kaiserliche Familie hineingeboren worden zu sein?
In der Dunkelheit floh der Kaiser in die kaiserlichen Gärten ausserhalb der Verbotenen Stadt und kletterte auf einen Hügel. Er erhängte sich dort an einem Baum und setzte damit der Ming-Dynastie ein Ende.

Kaiser Chongzhen hinterliess seine letzten Worte auf einem Zettel.
Ich bin unfähig und schwach, deshalb bestraft mich der Himmel, indem er es den Banditen erlaubt, die Hauptstadt zu plündern.
Ich habe meine Kaiserkrone abgenommen und verberge mein Gesicht unter herabfallendem Haar, da ich mich zu sehr schäme, meinen Ahnen ins Angesicht zu blicken.
Ihr Banditen mögt meinen Körper in Stücke reissen, aber bitte fügt meinem Volk kein Leid zu.
Der Tod des Kaisers zog unerwartete Konsequenzen für Li Zicheng nach sich.
Die verbliebenen Reste der Ming-Armee ergaben sich nicht, wie Li erwartet hatte. Viele kämpften verbissen weiter, um den toten Kaiser zu rächen.
Der Ming-General Wu Sangui (1612 – 1678) ging mit den Mandschuren eine Allianz ein, um eine Gegenoffensive auf Li Zicheng zu starten.
Li Zicheng flüchtete, nachdem seine Armee geschlagen worden war, und wurde wenig später darauf getötet.

Die Mandschuren eroberten Beijing, stellten die Ordnung in der Hauptstadt wieder her und riefen im Jahr 1644 die Gründung der Qing-Dynastie aus.
Die Qing-Dynastie
(1644 - 1912)

„Wir sind gekommen, um die chinesische Tradition zu verteidigen"
Wir Mandschuren unterscheiden uns von anderen Nomadenstämmen, die früher über China geherrscht haben.
Bevor diese ihre Herrscherdynastie errichteten, kontrollierten sie bereits innerhalb der Chinesischen Mauer eine grosse Bevölkerung chinesischer Bauern, uns fehlen aber solche Erfahrungen.
鲜卑 Xianbei
契丹 Khitan (Qidan)
女真 Jurchen (Nüzhen)
蒙古 Mongolen (Menggu)
Kaiser Shunzhi (1638 – 1661)

Erst im Jahr 1599 wurde für unsere mandschurische Sprache ein Schriftsystem entwickelt.

Wir bezeichnen uns selbst erst seit dem Jahr 1635 als Mandschuren.

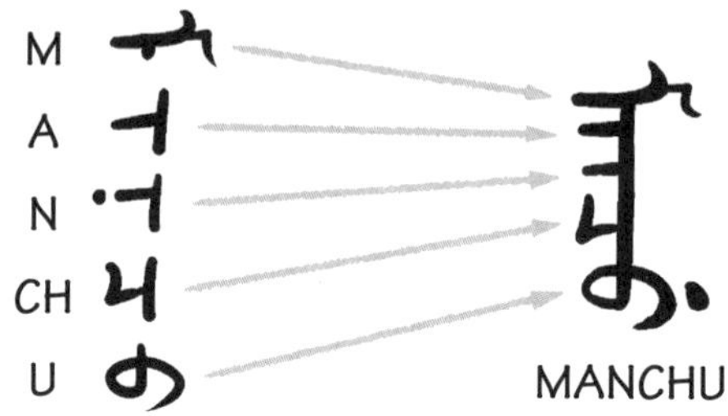

Wir haben vor 40 Jahren damit begonnen, unsere Stammesanhörigen unter dem System der Acht Banner zu organisieren, hierbei handelt es sich um ein System der Militärherrschaft, unter dem Haushalte in acht Divisionen eingeteilt sind.

Zudem ist die Widerstandsbewegung der Ming immer noch aktiv.
Mehrere Ming-Prinzen sind nach Südchina geflohen und haben eigene separatistische Regime errichtet. Sie beanspruchen jeweils für sich, der rechtmässige Erbe der Ming-Dynastie zu sein.
Viele han-chinesische Männer rebellieren gegen die Qing-Herrschaft, sobald wir ihnen befehlen, ihre Haare nach Art der Mandschuren zu tragen.
Allein in Yangzhou wurden hunderttausende Einwohner aufgrund ihres trotzigen Widerstandes hingerichtet.

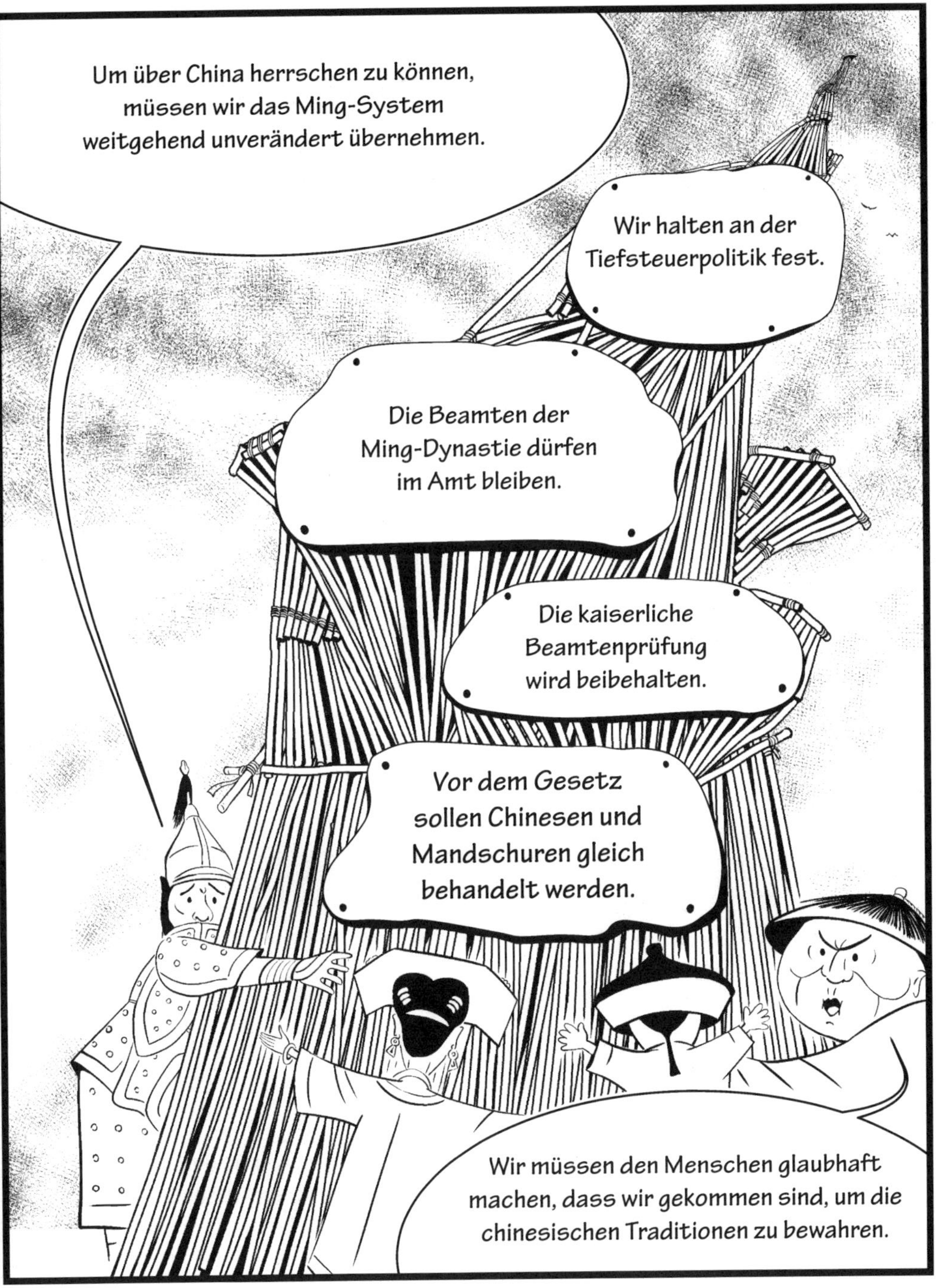
Um über China herrschen zu können, müssen wir das Ming-System weitgehend unverändert übernehmen.
Wir halten an der Tiefsteuerpolitik fest.
Die Beamten der Ming-Dynastie dürfen im Amt bleiben.
Die kaiserliche Beamtenprüfung wird beibehalten.
Vor dem Gesetz sollen Chinesen und Mandschuren gleich behandelt werden.
Wir müssen den Menschen glaubhaft machen, dass wir gekommen sind, um die chinesischen Traditionen zu bewahren.

Die letzten Widerstandskräfte gegen die Qing

Während der allgemeine Widerstand gegen die Mandschuren zunehmend abschwächte und isoliert wurde, entwickelte sich Zheng Chenggong (1624 – 1662) zum letzten Verteidiger des einst grossen Ming-Reiches.

* Im Jahr 1623 waren holländische Händler nach Taiwan gelangt und hatten dort einen Handelsstützpunkt sowie eine militärische Basis errichtet. Sie trieben sowohl mit China als auch mit Japan Handel.

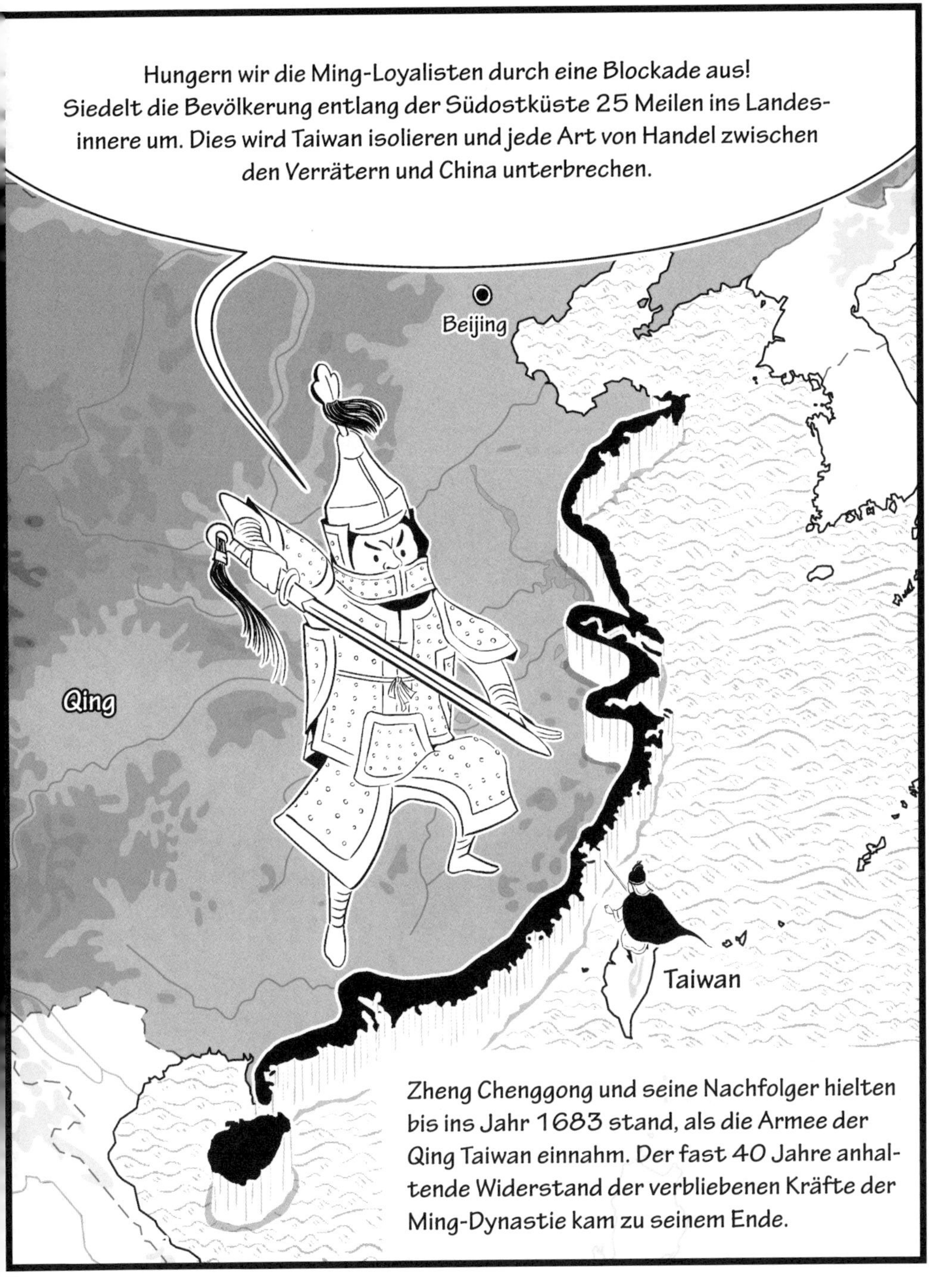

Hungern wir die Ming-Loyalisten durch eine Blockade aus! Siedelt die Bevölkerung entlang der Südostküste 25 Meilen ins Landesinnere um. Dies wird Taiwan isolieren und jede Art von Handel zwischen den Verrätern und China unterbrechen.
Beijing
Qing
Taiwan
Zheng Chenggong und seine Nachfolger hielten bis ins Jahr 1683 stand, als die Armee der Qing Taiwan einnahm. Der fast 40 Jahre anhaltende Widerstand der verbliebenen Kräfte der Ming-Dynastie kam zu seinem Ende.

Ein Jahrhundert des Friedens

Nachdem ein Preis von mehreren Millionen Menschenleben gezahlt worden war, kehrte in China endlich Frieden ein. Dieser Frieden sollte mehr als 100 Jahre halten und die Regierungszeiten dreier Kaiser überspannen.

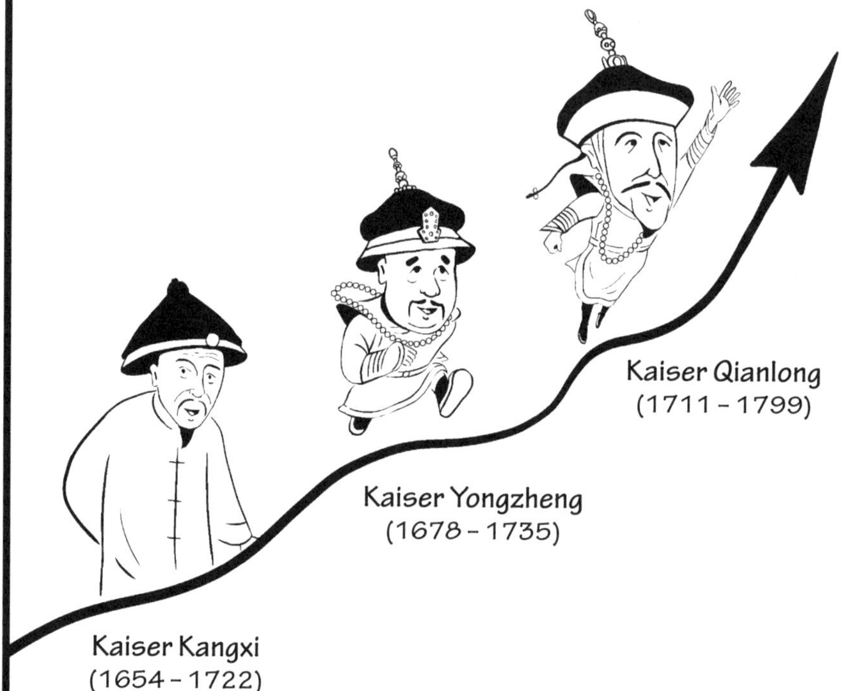

sass 61 Jahre lang auf dem Thron, er zählt damit zu den Herrschern mit der längsten Regierungszeit in der menschlichen Geschichte.

Die Wirtschaft erholte sich rasch.
Wie die Bürger der Ming-Dynastie entrichten wir unsere Steuern hauptsächlich mit Geld, nicht in Naturalien. Um Geld zu verdienen, müssen wir unsere Agrarprodukte auf den Märkten verkaufen.
Die meisten Menschen leben maximal eine Tagesreise von einer Ortschaft mit einem Markt entfernt. Das macht den Handelsaustausch einfach.
Wir stellen sicher, dass genügend Währung in Form von Kupfermünzen für alltägliche Handelstransaktionen in Umlauf ist. Während einer Dauer von 10 Jahren haben die Qing mehr Münzen prägen lassen als die Ming in 276 Jahren!
Für grosse Transaktionen und Steuerzahlungen wird immer noch Silber verwendet.
Kaiser Kangxi
1000 Kupfermünzen
1 Liang Silber

Die ständig wachsende Wirtschaft bringt dem Staat Vorteile. Die Silberbestände in der Staatskasse haben sich von den 15 Millionen Liang zu Beginn meiner Regentschaft auf 45 Millionen erhöht.
Da das Kaiserreich bereits so wohlhabend ist, besteht für die Regierung keine Notwendigkeit, der Bevölkerung weitere Lasten aufzuerlegen.
Im Jahr 1711 fror Kaiser Kangxi die Landsteuer und die Kopfsteuer auf ihrem damaligen Niveau ein.
Euer Steuerbetrag ist auf dem gegenwärtigen Stand eingefroren. Wenn eure Familien in Zukunft wachsen, werdet ihr keine weiteren Steuern zahlen müssen.

Territoriale Expansion

Durch den Rückhalt einer blühenden Wirtschaftslage konnte die Armee der Qing allmählich in die bestausgerüstete und schlagkräftigste Streitkraft Ostasiens transformiert werden.

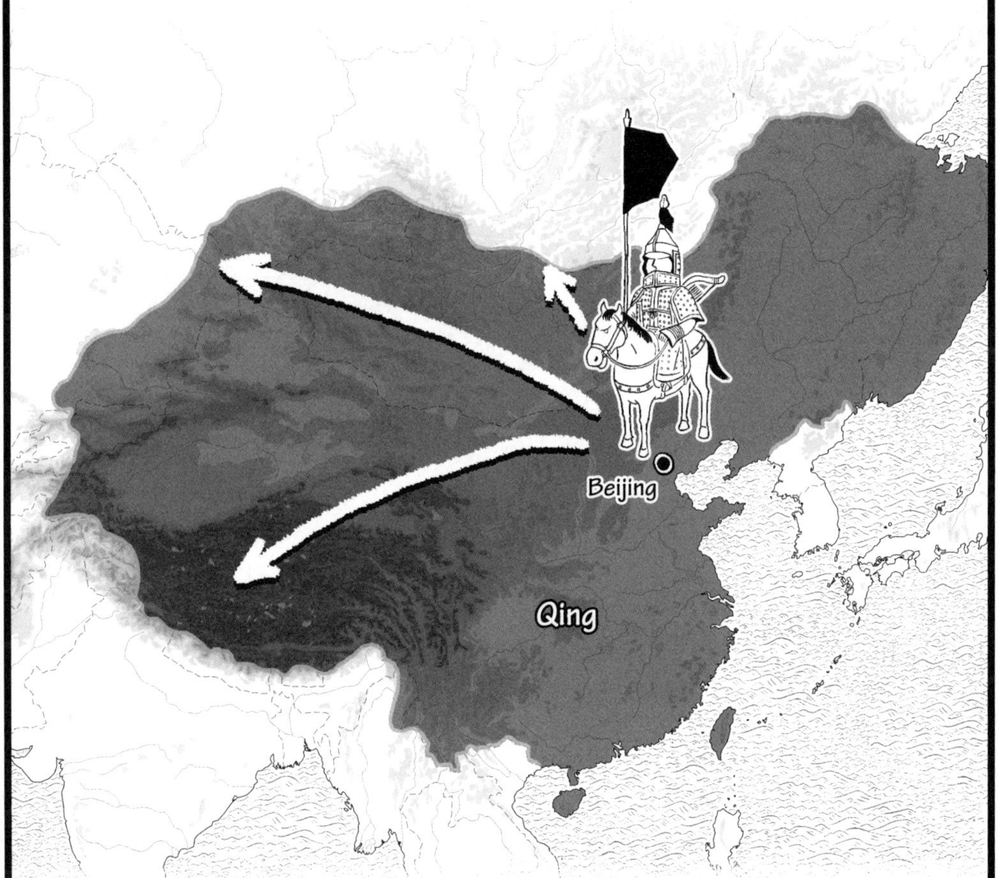

Bis zum Ende des 18. Jahrhunderts umfasste das Herrschaftsgebiet des Qing-Reiches bereits Tibet, die Mongolei und die Gebiete der heutigen Provinz Xinjiang.

Frühe Kontakte mit dem Westen

Nach der Einverleibung Taiwans liess die kaiserliche Regierung die Küstenbiete im Südosten wieder öffnen. Der Seehandel wurde wieder aufgenommen.

Landwirtschaftliche Kulturpflanzen aus Amerika

Durch den Handel gelangten landwirtschaftliche Erzeugnisse aus Amerika nach China.

Süsskartoffeln

Kartoffeln

Erdnüsse

Mais

Tabak

Chili

Ananas

Cashew-Nüsse

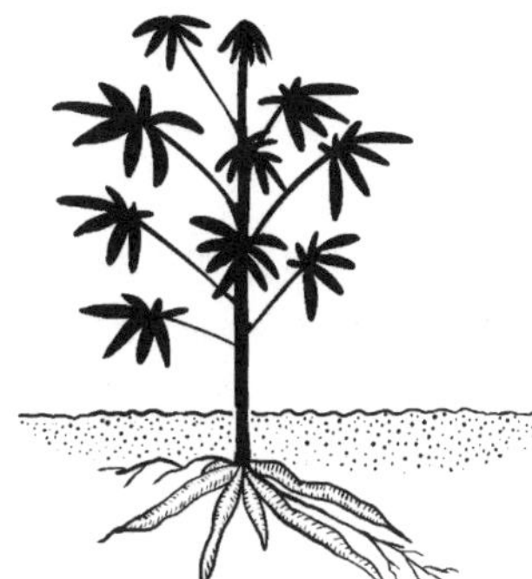

Maniok

In Gegenden, wo der Boden zu unfruchtbar für Weizen ist und der Anbau von Reis zu arbeitsintensiv wäre, können wir Mais anpflanzen.
Wenn der Boden sogar für den Anbau von Mais zu trocken oder unfruchtbar ist, können wir Süsskartoffeln anpflanzen.
Fördern wir energisch den Anbau amerikanischer Kulturpflanzen, um die landwirtschaftlichen Anbauflächen auszuweiten und die Nahrungsmittelproduktion zu steigern!

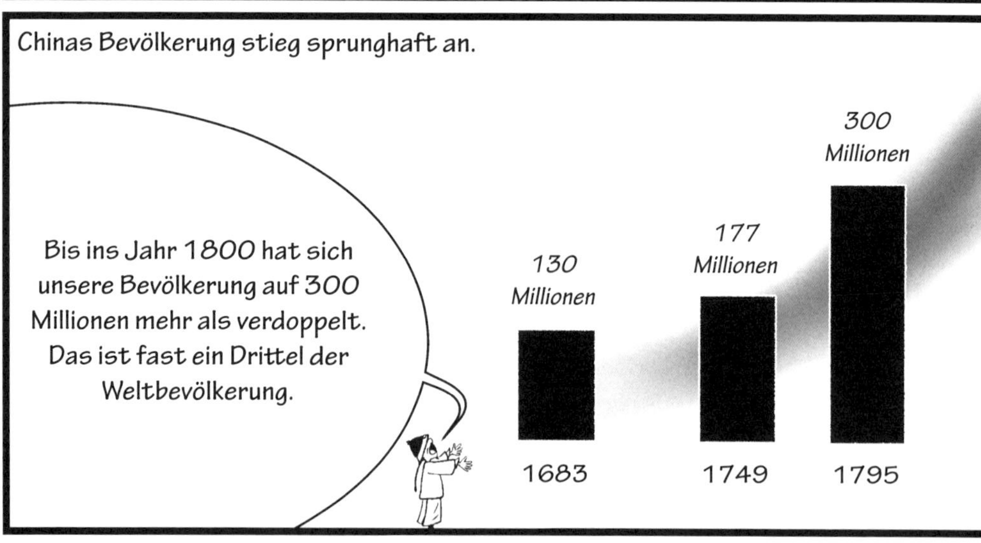
Chinas Bevölkerung stieg sprunghaft an.
Bis ins Jahr 1800 hat sich unsere Bevölkerung auf 300 Millionen mehr als verdoppelt. Das ist fast ein Drittel der Weltbevölkerung.
130 Millionen
177 Millionen
300 Millionen
1683
1749
1795

Die Jesuiten

Jesuiten, also Mitglieder der Gesellschaft Jesu (des Jesuitenordens), zählten zu den ersten Menschen aus dem Westen, die während der späten Ming-Dynastie China bereisten.

Nach dem Machtwechsel durch die Qing behielten die neuen Herrscher die Jesuiten aufgrund ihrer Kenntnisse der Wissenschaften, Mathematik und Astronomie und ihrer Bewanderung in den bildenden Künsten bei sich am Hof.

Der Wendepunkt

Trotz blühender wirtschaftlicher Entwicklung und einer wachsenden Bevölkerung war die Qing-Dynastie weiterhin mit grossen Schwierigkeiten konfrontiert, die schon vorangegangene Dynastien in Bedrängnis gebracht hatten. Ein ineffizientes Steuerwesen konnte die ständig steigenden Haushaltsbedürfnisse des Staates nicht mehr erfüllen. Dies führte zu grassierender Korruption.

Beim Kaiserhof kommen weniger als ein Drittel der Einnahmen aus den jährlich erhobenen Steuern an. Lokalregierungen behalten ein Drittel für sich ein, der Rest geht zwischen Schichten von gesetzlosen und eigennützigen Beamten verloren.

Was die Situation noch verschlimmert hat: Im Jahr 1796 ist eine Rebellion ausgebrochen, die von Wang Cong'er (1777 – 1798), einer 19jährigen Meisterin der Kampfkünste, angeführt wird. Der Hof hat 200 Millionen Liang an Silber ausgegeben, um die Rebellion niederzuschlagen. Viele Beamte haben das dabei entstandene Chaos für sich ausgenutzt, um privat Profit herauszuschlagen.

Die Industrielle Revolution in Grossbritannien und der Aufstieg Grossbritanniens als Weltmacht

Gerade als die Qing-Dynastie unter niedrigen Steuereinnahmen litt und die Staatskasse leer war, beschleunigte sich in Grossbritannien in den 80er Jahren des 18. Jahrhunderts die industrielle Revolution.

Bis um das Jahr 1830 herum gelang es Grossbritannien gestützt auf die Produktionslinien seiner Fabriken, einen grossen Wohlstand anzuhäufen. Grossbritannien liess damit die von der Landwirtschaft dominierte Qing-Dynastie weit hinter sich.

China

<u>Bevölkerung</u>

300 Millionen

<u>Jährliche Steuereinnahmen</u>

40 Millionen
Liang Silber

Grossbritannien

<u>Bevölkerung</u>

70 Millionen, inbegriffen der Kolonien

<u>Jährliche Steuereinnahmen</u>

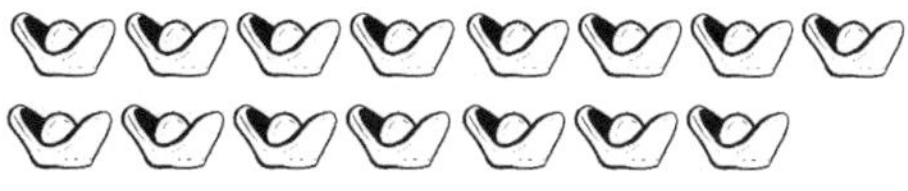

75 Millionen
Liang Silber

Britische Händler bereisten die ganze Welt auf der Suche nach Abnehmern ihrer Produkte. Ihre geschäftlichen Ambitionen, für die sie Rückendeckung durch das britische Militär erhielten, machten Grossbritannien zu der Weltmacht des 19. Jahrhunderts.
Auf dem Höhepunkt seiner Macht herrschte das britische Imperium über 20% der Weltbevölkerung und kontrollierte 25% der Landflächen der Erde.

Der Opiumhandel
Im späten 18. Jahrhundert begann die Britische Ostindien-Kompanie, die eine Handelsvertretung des britischen Weltreiches war, Opium nach China zu verkaufen.
Opium war schon während der Ming-Dynastie verbreitet und wurde damals für medizinische Behandlungen aber auch zur Zerstreuung in der Freizeit eingesetzt.
Jetzt bauen wir in Indien Opium an und verkaufen es zu tiefen Preisen nach China in die Qing-Dynastie. Wir verwenden den Gewinn daraus, um militärische Operationen der britischen Armee in Indien zu finanzieren.
Aber die Droge ist in China illegal. Wir müssen das Opium an chinesische Händler weitergeben, die über Wege verfügen, es am Zoll vorbeizuschmuggeln.
Qing
Beijing
Guangzhou

Die Opiumverkäufe stiegen drastisch an, was einen Abfluss von Silber aus China verursachte. Infolgedessen stiegen auch die Steuerlasten der Bauern an.
Wir verdienen Kupfergeld durch den Verkauf unserer Produkte und müssen anschliessend die Kupfermünzen in Silber umtauschen, um unsere Steuern zu zahlen.
1 Liang Silber
1000
1300
1600
2200
1820
1827
1838
1845
Die in Silber zu entrichtenden Steuern haben sich zwar nicht verändert, aber weil so viel Silber für den Kauf von Opium ins Ausland abfliesst, wird sein Preis immer teurer. Jetzt müssen wir mittlerweile für die gleiche Menge an Silber die doppelte Menge an Kupfermünzen bezahlen!

Der erste Opiumkrieg

Die Qing-Regierung versuchte, dem Handel mit Opium einen Riegel vorzuschieben.

Im Jahr 1839 beschlagnahmten chinesische Beamte Opium von britischen Händlern. Die britische Regierung reagierte darauf mit der Entsendung von Kriegsschiffen. Damit begann der Erste Opiumkrieg (1839 - 1842).

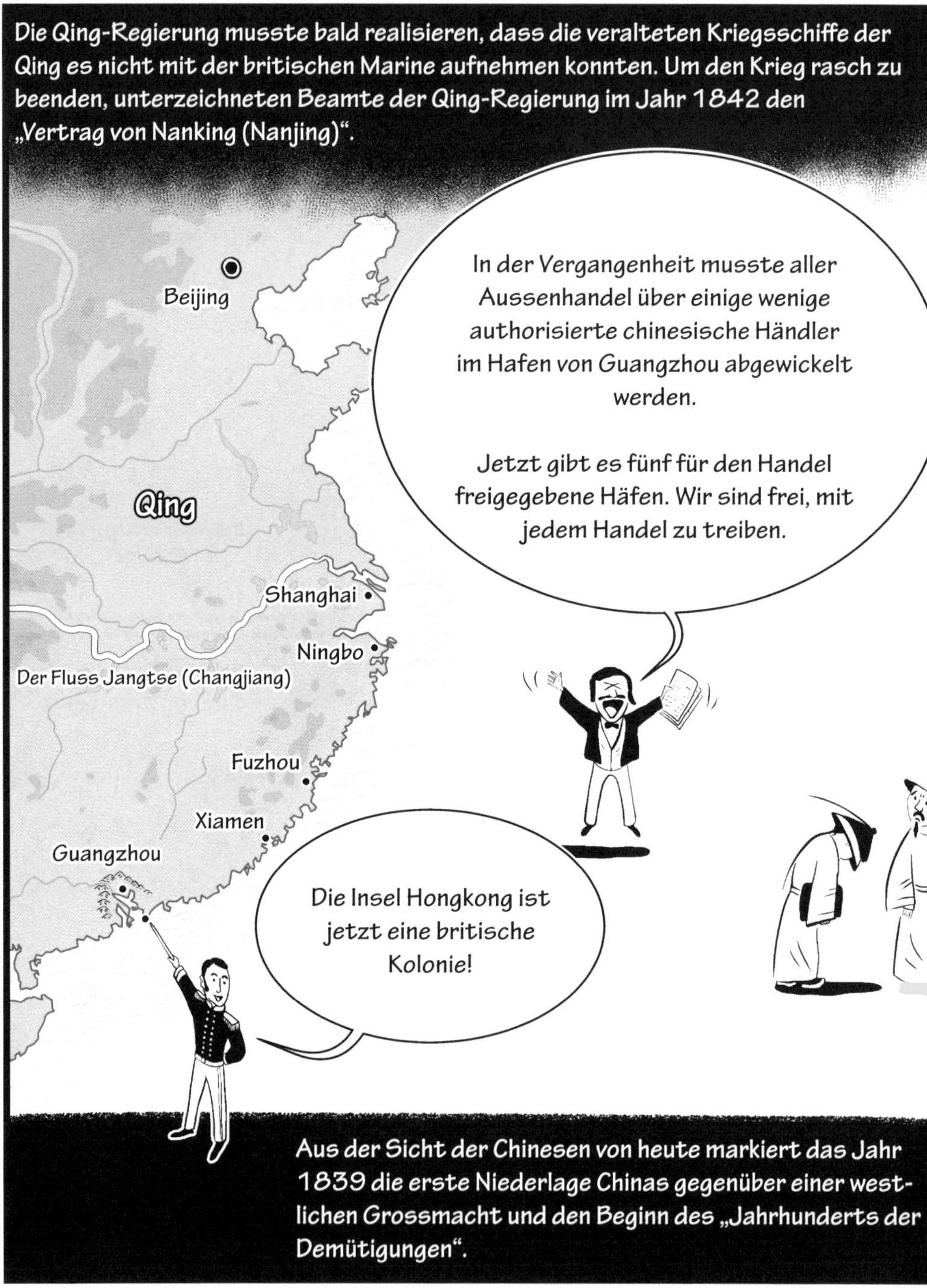
Die Qing-Regierung musste bald realisieren, dass die veralteten Kriegsschiffe der Qing es nicht mit der britischen Marine aufnehmen konnten. Um den Krieg rasch zu beenden, unterzeichneten Beamte der Qing-Regierung im Jahr 1842 den „Vertrag von Nanking (Nanjing)".
Beijing
Qing
Shanghai
Ningbo
Der Fluss Jangtse (Changjiang)
Fuzhou
Xiamen
Guangzhou
In der Vergangenheit musste aller Aussenhandel über einige wenige authorisierte chinesische Händler im Hafen von Guangzhou abgewickelt werden.
Jetzt gibt es fünf für den Handel freigegebene Häfen. Wir sind frei, mit jedem Handel zu treiben.
Die Insel Hongkong ist jetzt eine britische Kolonie!
Aus der Sicht der Chinesen von heute markiert das Jahr 1839 die erste Niederlage Chinas gegenüber einer westlichen Grossmacht und den Beginn des „Jahrhunderts der Demütigungen".

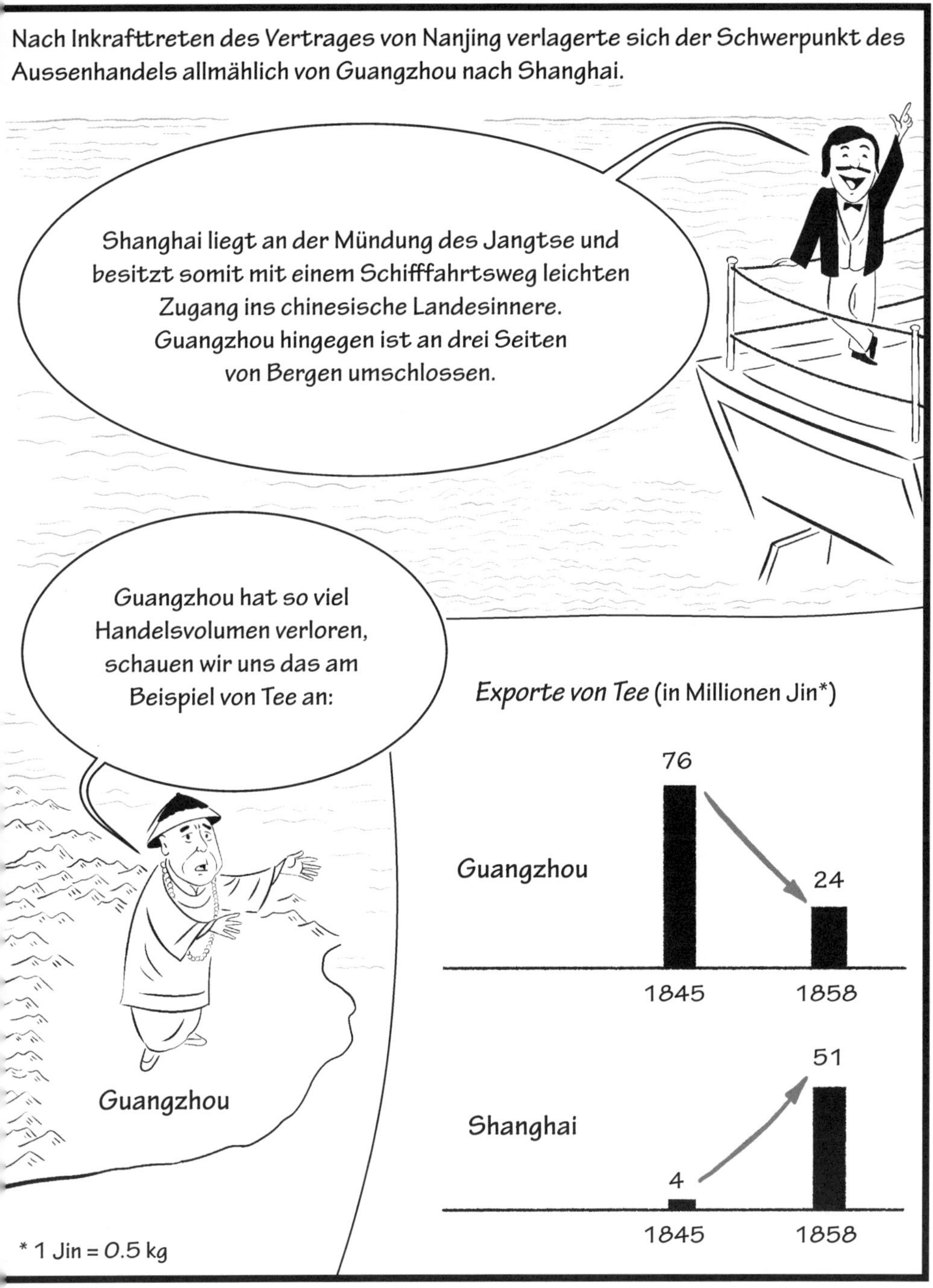
Nach Inkrafttreten des Vertrages von Nanjing verlagerte sich der Schwerpunkt des Aussenhandels allmählich von Guangzhou nach Shanghai.
Shanghai liegt an der Mündung des Jangtse und besitzt somit mit einem Schifffahrtsweg leichten Zugang ins chinesische Landesinnere. Guangzhou hingegen ist an drei Seiten von Bergen umschlossen.
Guangzhou hat so viel Handelsvolumen verloren, schauen wir uns das am Beispiel von Tee an:
Exporte von Tee (in Millionen Jin*)
Guangzhou
76
24
1845
1858
Shanghai
4
51
1845
1858
Guangzhou
* 1 Jin = 0.5 kg

Die Taiping-Rebellion

Für Millionen von Händlern und Arbeitskräften, die in Guangzhou ihren Lebensunterhalt verdienten, war die Verlagerung des Handels von Guangzhou nach Shanghai eine Katastrophe. Aus Verzweiflung schlossen sich zehntausende Menschen den „Gottesanbetern" an, einer von Hong Xiuquan (1814 – 1864) angeführten Sekte.

Dann habe ich einen christlichen Missionar in Guangzhou kennengelernt. Durch ihn habe ich zu Gott gefunden.
Jetzt verstehe ich endlich, wer ich bin. Gott ist mein Vater und Jesus ist mein Bruder!
Endlich habe ich meine Berufung erkannt!
Ich soll einen Heiligen Kreuzzug gegen die mandschurischen Teufel und ihr konfuzianisches System führen.
Das hast du sehr überzeugend vorgetragen! Glaubst du wirklich, wir haben eine Chance, die Massen auf unsere Seite zu bringen?

Überall im Land sind buddhistische, daoistische und muslimische Aufstände aufgeflammt.
Der Herrscherhof ist durch so viel Instabilität abgelenkt, er kommt bereits nicht mehr damit nach, mit den vielen Aufständen fertig zu werden. Wir müssen jetzt die Chance ergreifen, unsere Rebellion zu starten. Aber wir müssen zuerst diese Leute dazu überreden, all ihren Besitz zu verkaufen und uns den Erlös daraus zu spenden, nur so können wir eine Armee rekrutieren.
Gemeinsam werden wir das Himmlische Reich des Grossen Friedens errichten, in dem alle Menschen gleich sind und niemand sich über Essen oder ein Dach über dem Kopf Sorgen machen muss.
太平

Die Taiping-Rebellion (1851 – 1864) brach los. Der Zeitpunkt des Ausbruchs der Rebellion hätte für die Qing-Dynastie nicht ungünstiger kommen können.

Gerade als der Herrscherhof dabei war, Truppen zur Bekämpfung der Taiping in den Süden zu entsenden, brach im Norden Chinas die Nian-Rebellion (1851 – 1868) aus.

Doch eine Katastrophe kommt selten allein. Der Gelbe Fluss durchbrach mehrmals seine Dämme und überflutete Ackerland, was zu Hungersnöten führte. Die Bevölkerung der Qing-Dynastie erreichte zudem mit 430 Millionen einen Höchststand, was den Druck auf die Nahrungsmittelversorgung weiter verschärfte.

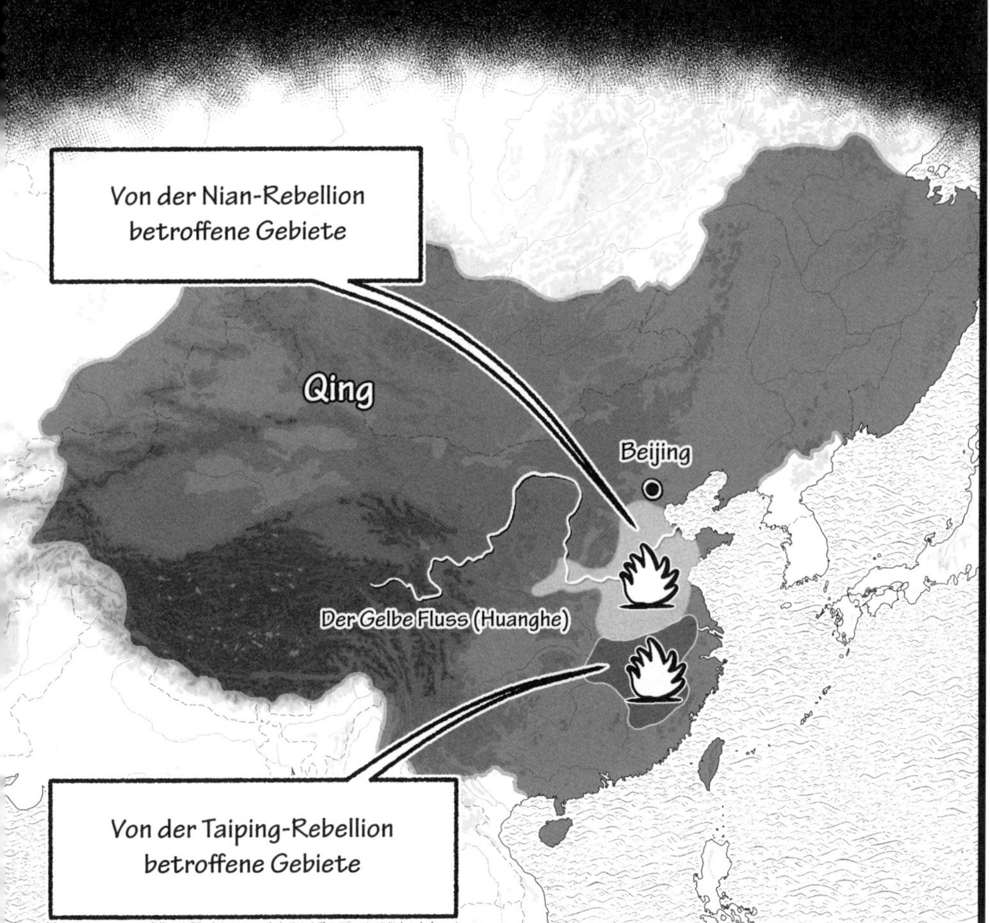

Die Taiping-Rebellen stellen die grösste Bedrohung für unser Reich dar. Wie können wir sie bezwingen, während es uns an Soldaten und Finanzen mangelt?
Wie wäre es, wenn wir es lokalen Machthabern gestatteten, Privatarmeen aufzustellen, um die Rebellen zu bekämpfen?
Kaiser Xianfeng (1831 – 1861)

Wird sich die Geschichte wiederholen?
Die Han-Dynastie wurde von der Rebellion der Gelben Turbane und die Tang-Dynastie von der Rebellion von Huang Chao heimgesucht. Beide Dynastien gingen nicht durch die Rebellen unter, aber durch diejenigen Leute, die von der Dynastie angeworben worden waren, um dabei zu helfen, die Rebellionen niederzuschlagen.
Besitzen wir eine Alternative?

Mit Zustimmung des Kaiserhofes begann der Landadel im Süden damit, sich zu bewaffnen, um seine Ländereien und seine Wertvorstellungen zu verteidigen.
Die Taiping-Rebellen wollen den Menschen Privatbesitz untersagen. Sie werden uns alles wegnehmen!
Sie erdreisten sich auch noch, für ihr Bildungs- und Prüfungssystem die konfuzianischen Klassiker durch die Bibel zu ersetzen.

Unter den Rängen der vielen regionalen Streitkräften traten einige wichtige Persönlichkeiten hervor, die während der späteren Qing-Dynastie eine wichtige Rolle spielen würden.
Zeng Guofan (1811 – 1872) war einst ein Gelehrter gewesen, bevor er zum Militärgeneral wurde.
Er kommandierte eine Armee von 130'000 Soldaten aus der Provinz Hunan, die im Kampf gegen die Taiping-Rebellen eine entscheidende Rolle spielte.
Li Hongzhang (1823 – 1901) wurde zum Nachfolger von Zeng Guofan.
Er war später für die Aussenpolitik der Qing-Dynastie verantwortlich und trieb unter grossen Anstrengungen die Modernisierung des Landes voran.

Der Zweite Opiumkrieg
Als die Qing-Dynastie mit dem Himmlischen Reich des Grossen Friedens militärisch zusammenstiess, nützten westliche Grossmächte dies als Gelegenheit, um ihre Einflusssphären auf chinesischem Territorium auszuweiten.
Als wir in Guangzhou ein britisches Konsulat einrichten wollten, hinderten uns zehntausende Menschen daran, an Land zu gehen.
Es ist an der Zeit, ihren Widerstand zu brechen!
Im Jahr 1856 griff die britische Armee Guangzhou an. Lokale Soldaten und Zivilisten brannten daraufhin als Vergeltung ausländische Handelshäuser nieder. Diese Entwicklungen entfachten den Zweiten Opiumkrieg (1856 – 1860).

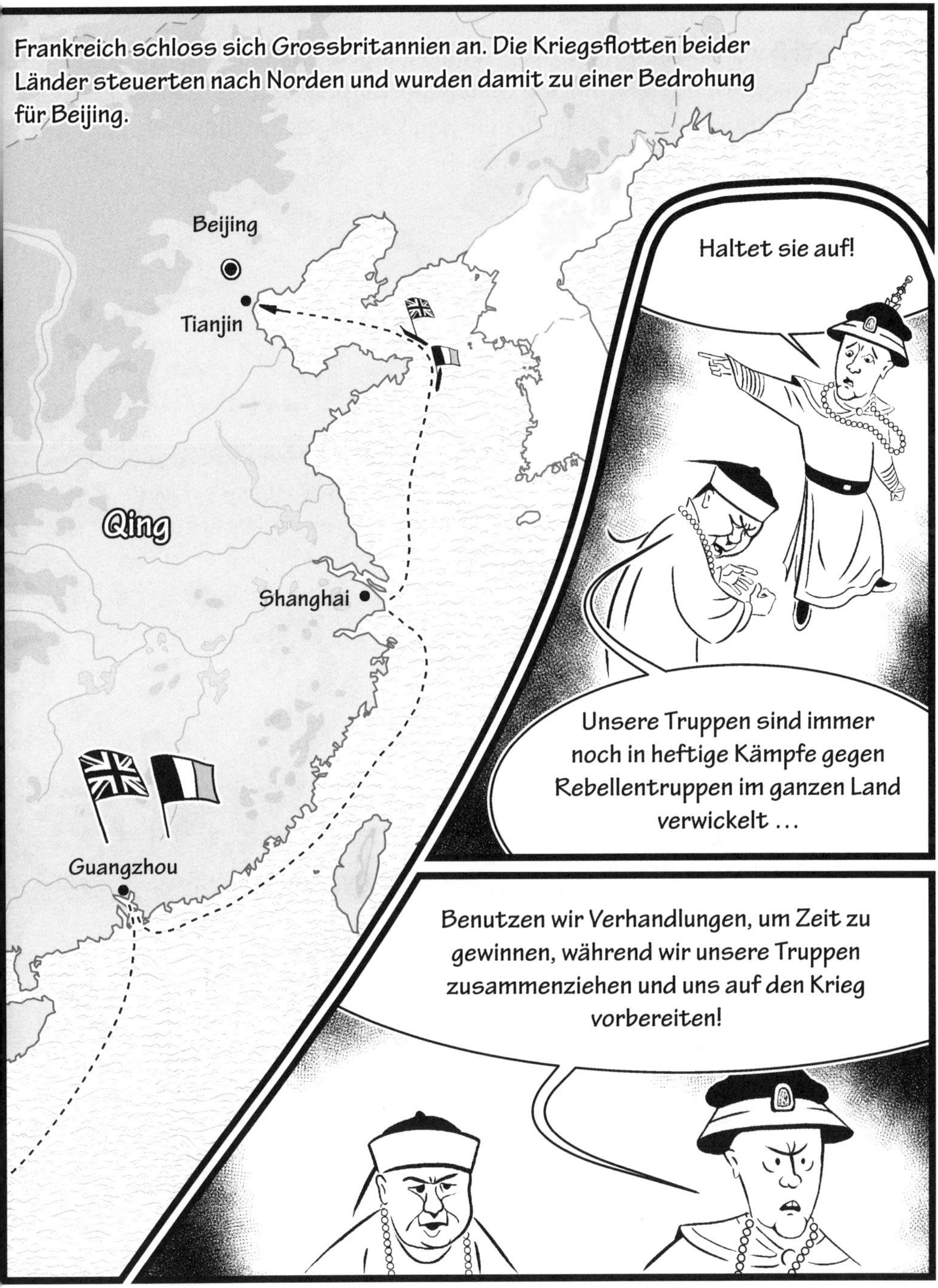
Frankreich schloss sich Grossbritannien an. Die Kriegsflotten beider Länder steuerten nach Norden und wurden damit zu einer Bedrohung für Beijing.
Beijing
Tianjin
Qing
Shanghai
Guangzhou
Haltet sie auf!
Unsere Truppen sind immer noch in heftige Kämpfe gegen Rebellentruppen im ganzen Land verwickelt …
Benutzen wir Verhandlungen, um Zeit zu gewinnen, während wir unsere Truppen zusammenziehen und uns auf den Krieg vorbereiten!

1858 wurde der Vertrag von Tianjin ausgearbeitet. Er verspricht uns mehr Handelshäfen und weniger Restriktionen. Jetzt machen wir uns nach Beijing auf, um den Vertrag zu ratifizieren.
Im Jahr 1859 wurden von einem chinesischen Fort aus Schüsse auf eine Schiffsflotte mit britischen Diplomaten an Bord abgefeuert, dabei starben 93 Menschen, darunter 12 Franzosen.
Im Jahr 1860 marschierten britisch-französische Koalitionstruppen in Beijing ein.

Friedensgespräche wurden erneut aufgenommen, jedoch rasch wieder verworfen. Die britischen Verhandlungsführer wurden verhaftet und viele von ihnen starben unter Folter.

In den darauffolgenden Kämpfen wurde die Elitekavallerie der Qing durch die technologisch überlegenen Waffen der britisch-französischen Streitkräfte vollständig aufgerieben. Die Hauptstadt war dadurch bar jeder Verteidigung.

Die Kaiserfamilie floh aus Beijing. Die britisch-französischen Koalitionstruppen stürmten die Stadt und brannten den Alten Sommerpalast (Yuanmingyuan) nieder.
Unterzeichne den Vertrag von Tianjin!
Im Chaos gelang es Russland, 600'000 Quadratmeter an chinesischem Territorium zu annektieren.
Das ist annähernd die Fläche von Frankreich!

Kampagne der Selbststärkung

Im Jahr 1864 warf die Qing-Dynastie endlich das „Himmlische Reich des Grossen Friedens“ (Taiping Tianguo) nieder. Der 14 Jahre andauernde Krieg hatte 20 Millionen Menschenleben gekostet. In der chinesischen Geschichte hatten Rebellionen in dieser Grössenordnung zumeist den Fall einer Herrscherdynastie herbeigeführt. Die von der Kaiserinwitwe Cixi (1835 – 1908) angeführte kaiserliche Regierung versuchte, den Niedergang der Qing-Dynastie noch abzuwenden.

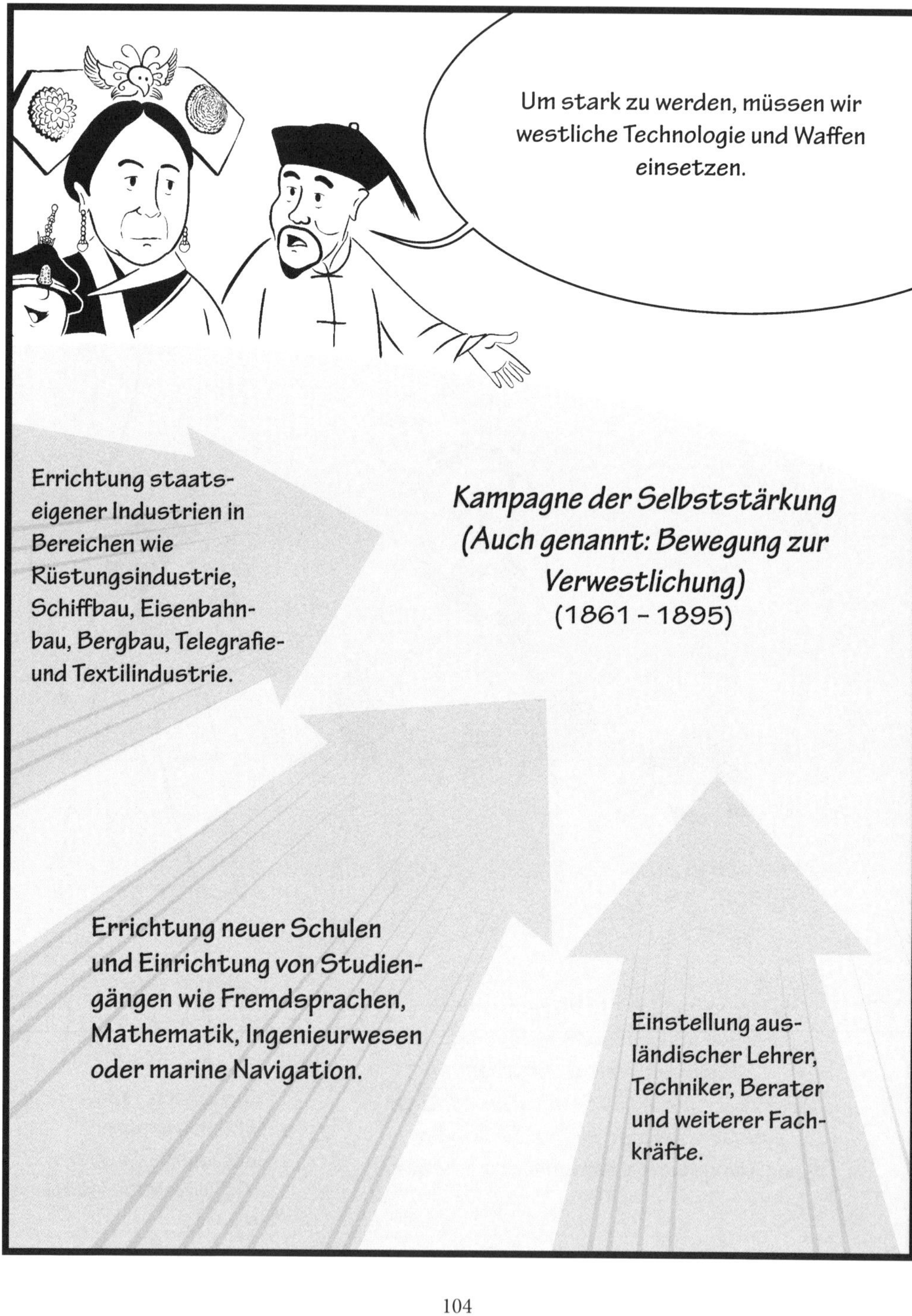

Um stark zu werden, müssen wir westliche Technologie und Waffen einsetzen.
Errichtung staatseigener Industrien in Bereichen wie Rüstungsindustrie, Schiffbau, Eisenbahnbau, Bergbau, Telegrafie- und Textilindustrie.
Kampagne der Selbststärkung (Auch genannt: Bewegung zur Verwestlichung) (1861 – 1895)
Errichtung neuer Schulen und Einrichtung von Studiengängen wie Fremdsprachen, Mathematik, Ingenieurwesen oder marine Navigation.
Einstellung ausländischer Lehrer, Techniker, Berater und weiterer Fachkräfte.

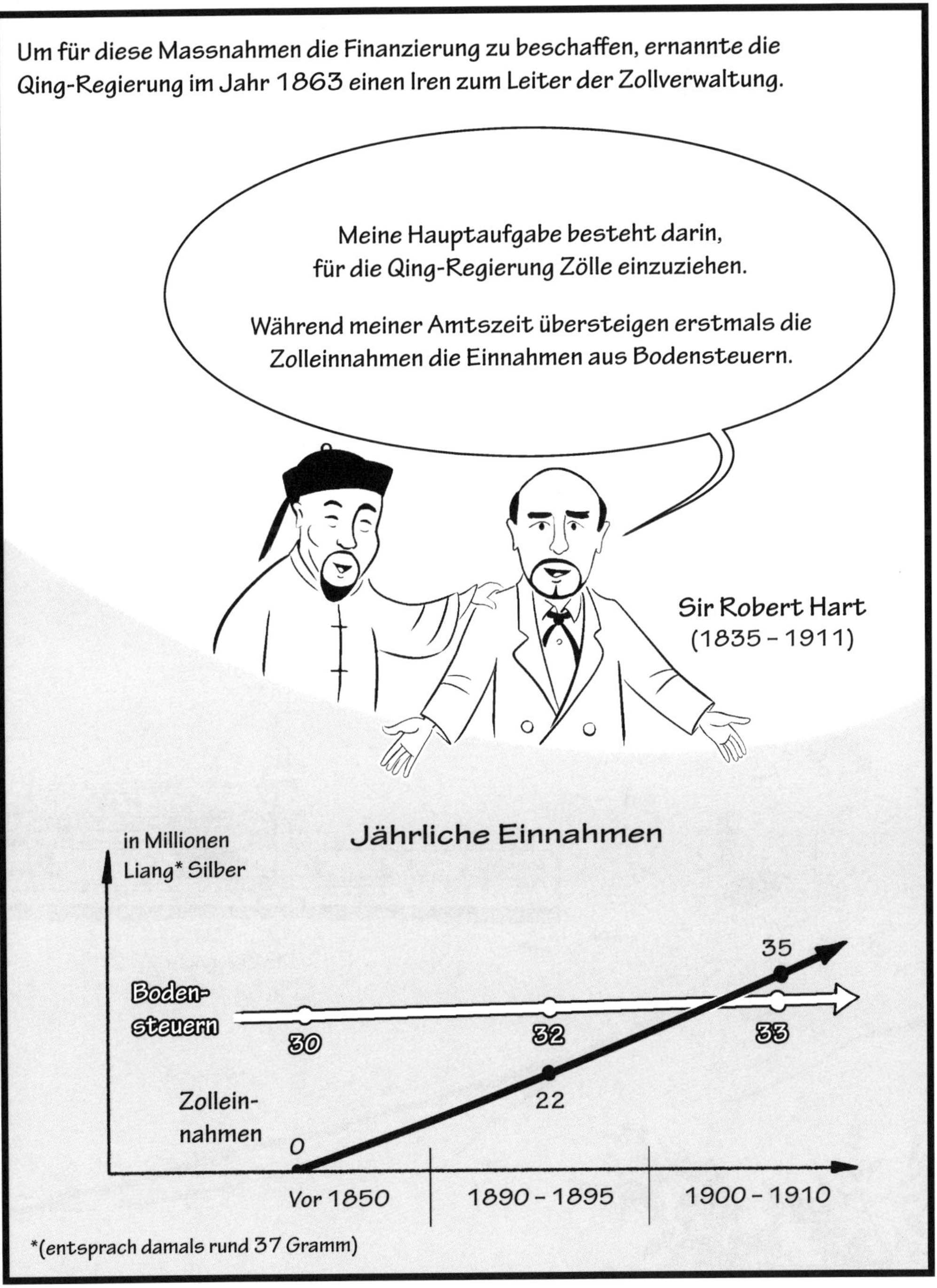
Um für diese Massnahmen die Finanzierung zu beschaffen, ernannte die Qing-Regierung im Jahr 1863 einen Iren zum Leiter der Zollverwaltung.
Meine Hauptaufgabe besteht darin, für die Qing-Regierung Zölle einzuziehen.
Während meiner Amtszeit übersteigen erstmals die Zolleinnahmen die Einnahmen aus Bodensteuern.
Sir Robert Hart (1835 - 1911)
Jährliche Einnahmen
in Millionen Liang* Silber
Boden-steuern
30
32
33
Zollein-nahmen
0
22
35
Vor 1850
1890 - 1895
1900 - 1910
*(entsprach damals rund 37 Gramm)

Eine neue Hoffnung: Die Beiyang-Flotte
Im Zentrum der Selbststärkungsbewegung stehen die Marine- und Landstreitkräfte der Beiyang-Armee (wörtlich: „Armee des nördlichen Meeres“).
Das Herzstück dieses Zentrums bilden zwei Schwesternschiffe.
Die Dingyuan 定远 („Die Ferne befrieden“)
Die Zhenyuan 镇远 („Die Ferne bewachen“)

Hergestellt in Deutschland, sind sie mit der dicksten Panzerung und den grössten Kanonen der heutigen Zeit ausgestattet.
Mit diese beiden Kriegsschiffen als unsere Hauptstreitkräfte, wozu noch weitere Schiffe kommen, die wir aus Grossbritannien eingekauft haben, zählt die Marine der Beiyang-Armee zu den bestausgerüsteten Kriegsflotten der Welt!

Philo McGiffin
Wir müssen eine Militärakademie aufbauen, um Offiziere auszubilden, aber noch dringender benötigen wir Ausbilder für die Marine, welche einen akademischen Hintergrund besitzen und über Kampfgeist verfügen.

Li Hongzhang und sein Freund Admiral Ding Ruchang (1836 – 1895), der Oberbefehlshaber der Marine, interviewten Kandidaten aus der ganzen Welt.

Wo haben Sie Ihren Studien-abschluss gemacht?
An der U.S. Naval Academy in Annapolis, Maryland.
Philo Norton McGiffin (1860 – 1897)
Warum sind Sie hierher gekommen?
Ich bin hergekommen, um der chinesischen Marine zu dienen.
Was würden Sie tun, wenn Sie der Kapitän eines Kriegsschiffes wären?
Ich würde sofort aufbrechen und ein Torpedoboot dazu kommandieren, die feindliche Flotte anzugreifen.

Im Jahr 1885 wurde der damals 25-jährige McGiffin Ausbilder an der Akademie der Beiyang-Marine in Tianjin. Er war verantwortlich für die Kurse in Mathematik und für die militärische Ausbildung.

Das ist eine schwierige Aufgabe. Die meisten Chinesen sind der Auffassung, dass es nur einen Weg zum Erfolg gäbe: Durch das Studium der konfuzianischen Klassiker die kaiserliche Beamtenprüfung zu bestehen und damit die Laufbahn eines Regierungsbeamten einzuschlagen. Sie glauben, dass man bei der Marine keinem anständigen und geregelten Beruf nachgehe und man dort keine Zukunft habe. Sie betrachten den Marinedienst als wenig prestigeträchtig und lohnend.

Unsere Studenten kommen nur in den Unterricht, weil sie von der Regierung dafür finanzielle Zuschüsse erhalten.
Von meinen mehr als hundert Studenten hat kein einziger jemals ein Schiff oder das Meer mit eigenen Augen gesehen.
Viele haben nicht den Wunsch, später einmal in der Marine zu dienen.
ZZZZ
Sie werden ausserdem ständig von anderen dafür verspottet, dass sie von den ausländischen Teufeln lernen und ihre eigenen Traditionen vergessen hätten.
ZZZZ

Wenn ich meine Anforderungen an die Studenten nur ein wenig höherschraube, suchen schon einige nach Vorwänden, um sich beurlauben zu lassen und nach Hause zurückzukehren.
Glücklicherweise unterstützt mich Oberbefehlshaber Admiral Ding Ruchang in meinen Bemühungen.
Ich war früher Kavallerieoffizier, heute bin ich der Kommandant der Marine der Beiyang-Armee.
Tue ich so, als würde ich irgendetwas von der Marine verstehen? Natürlich nicht!
Nehmt euch ein Beispiel an mir, und verstellt euch nicht mehr. Seid bescheiden und lernt von euren Lehrern!

Studenten der Abschlussklasse, hört alle auf mein Kommando! Macht euch dazu bereit, an Bord des Ausbildungsschiffes zu gehen, wir stechen in See!
10 Jahre später
Es gibt bereits erste Studenten, die dabei sind, ihren Abschluss zu machen und ihren Dienst in der Beiyang-Marine anzutreten. Unsere neue Schiffsmannschaft wird sich bald ihrer ersten realen Prüfung stellen müssen.

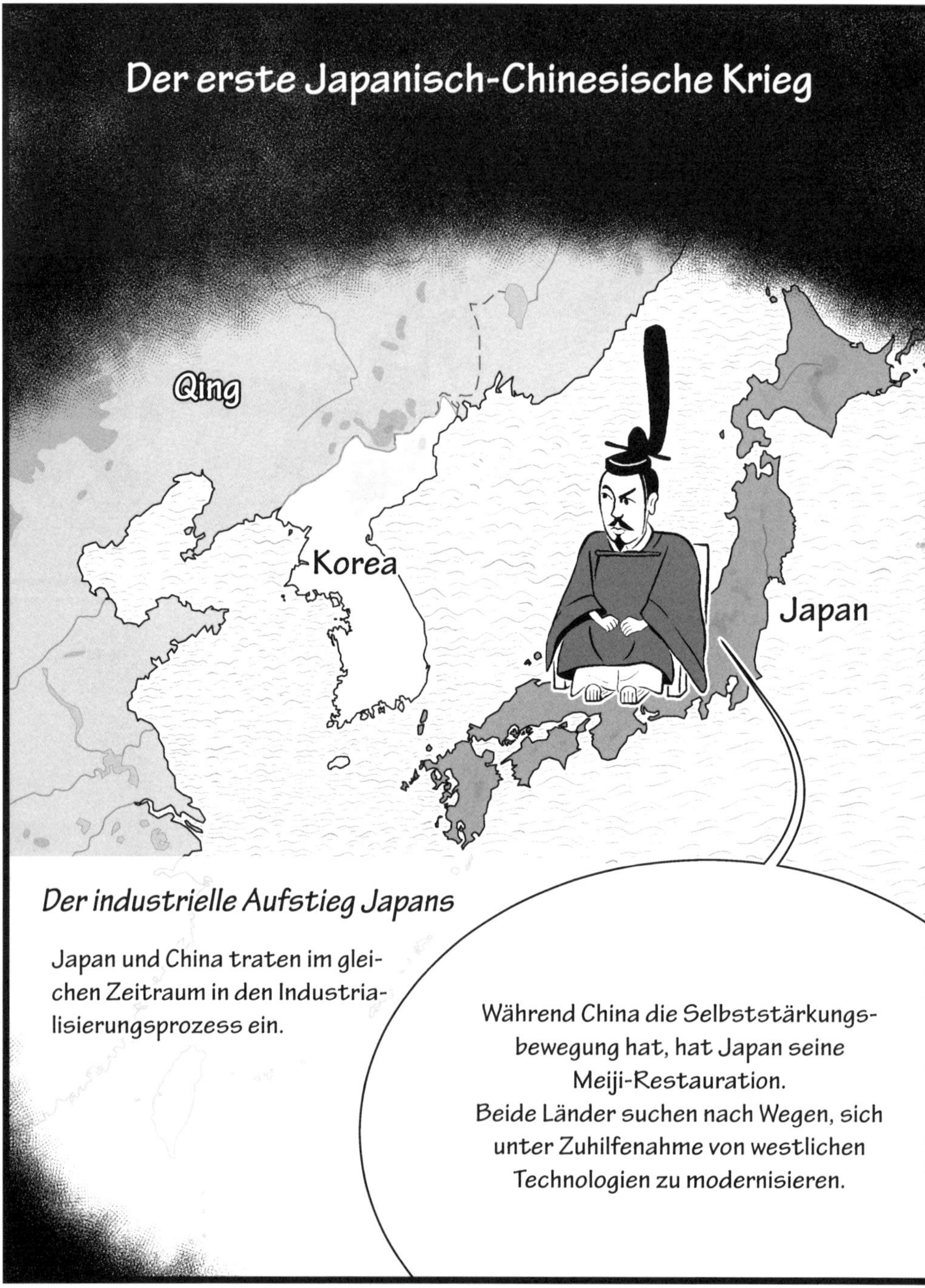
Der erste Japanisch-Chinesische Krieg
Qing
Korea
Japan
Der industrielle Aufstieg Japans
Japan und China traten im gleichen Zeitraum in den Industrialisierungsprozess ein.
Während China die Selbststärkungsbewegung hat, hat Japan seine Meiji-Restauration. Beide Länder suchen nach Wegen, sich unter Zuhilfenahme von westlichen Technologien zu modernisieren.

Allerdings ist die landwirtschaftliche Tradition in China tief verwurzelt, was einen direkten Übergang in eine industrialisierte Wirtschaft erschwert. Die Modernisierungsbemühungen der Qing-Regierung sind begrenzt, die Massnahmen ineffizient. Die Industrialisierung verläuft langsam und in beschränktem Umfang, es fehlen die wirtschaftlichen Voraussetzungen und es mangelt an qualifizierten Arbeitskräften.
Der industrielle Umwandlungsprozess ist dagegen in Japan relativ zügig und reibungslos verlaufen. Innerhalb der zurückliegenden 250 Jahre gab es in Japan unter der Herrschaft des Kaisers und seiner Generäle, die die reale Macht in den Händen hielten, Hunderte von Lehensherren, die ihre Lehensgebiete selbstständig verwalteten. Zwischen den Lehensgebieten entwickelte sich ein reger Handel. Unsere Bevölkerung ist an die Marktwirtschaft gewöhnt. Unsere Beamten sind mit Finanzdienstleistungen wie dem Bankwesen und Termingeschäften vertraut.

Genauso wie Chinas besteht Japans gegenwärtig wichtigste Herausforderung darin, ausländische Aggressionen abzuwehren.
Die Mehrheit der Gebiete Asiens sind zu Kolonien der westlichen Grossmächte herabgesunken. Japan wird als nächstes an die Reihe kommen!
Wir müssen die Initiative ergreifen, zum Angriff übergehen und unser Territorium weit über die japanischen Inseln hinaus erweitern, nur so wird es für alle japanischen Inseln Sicherheit geben!
Japan

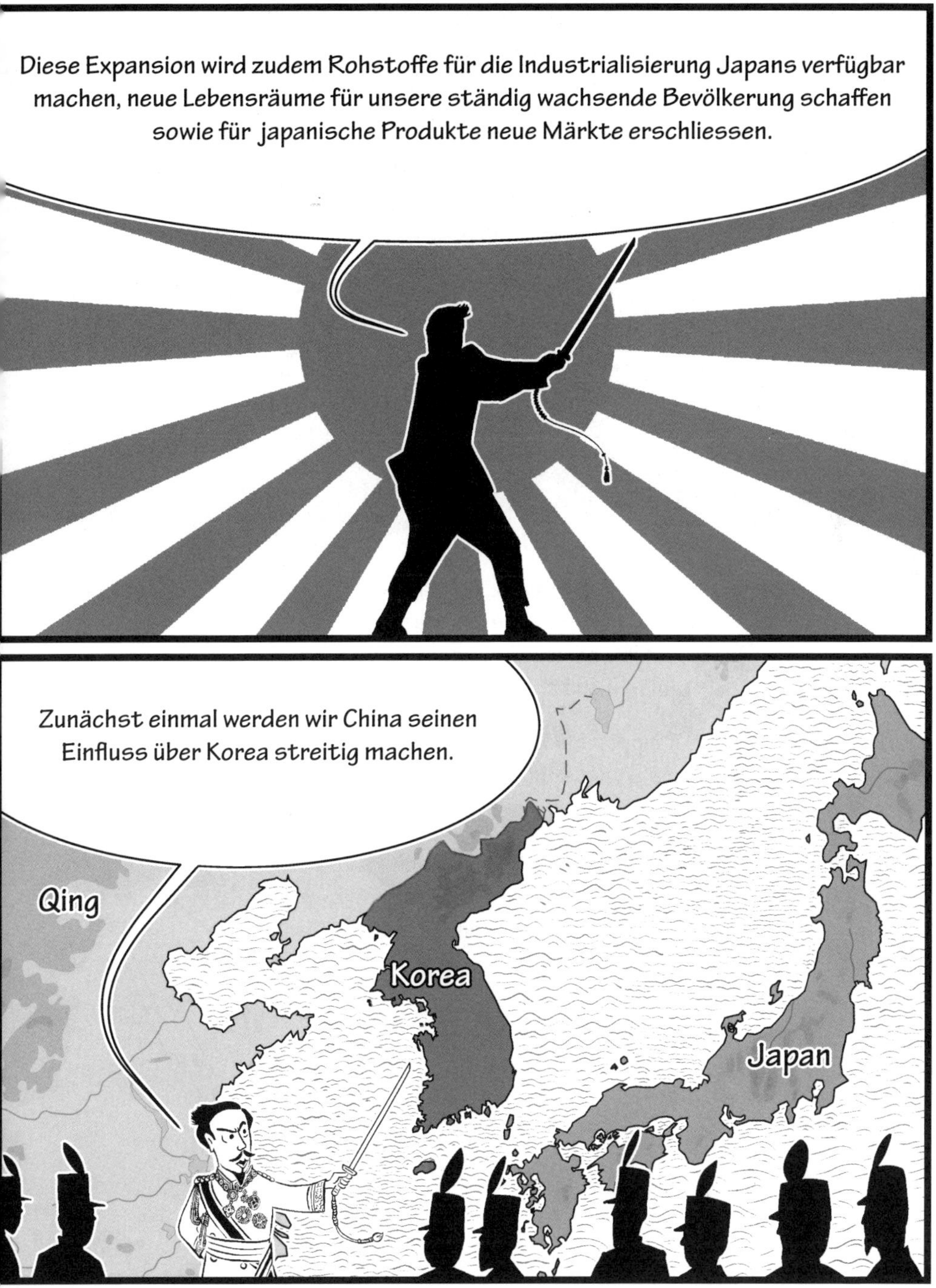
Diese Expansion wird zudem Rohstoffe für die Industrialisierung Japans verfügbar machen, neue Lebensräume für unsere ständig wachsende Bevölkerung schaffen sowie für japanische Produkte neue Märkte erschliessen.
Zunächst einmal werden wir China seinen Einfluss über Korea streitig machen.
Qing
Korea
Japan

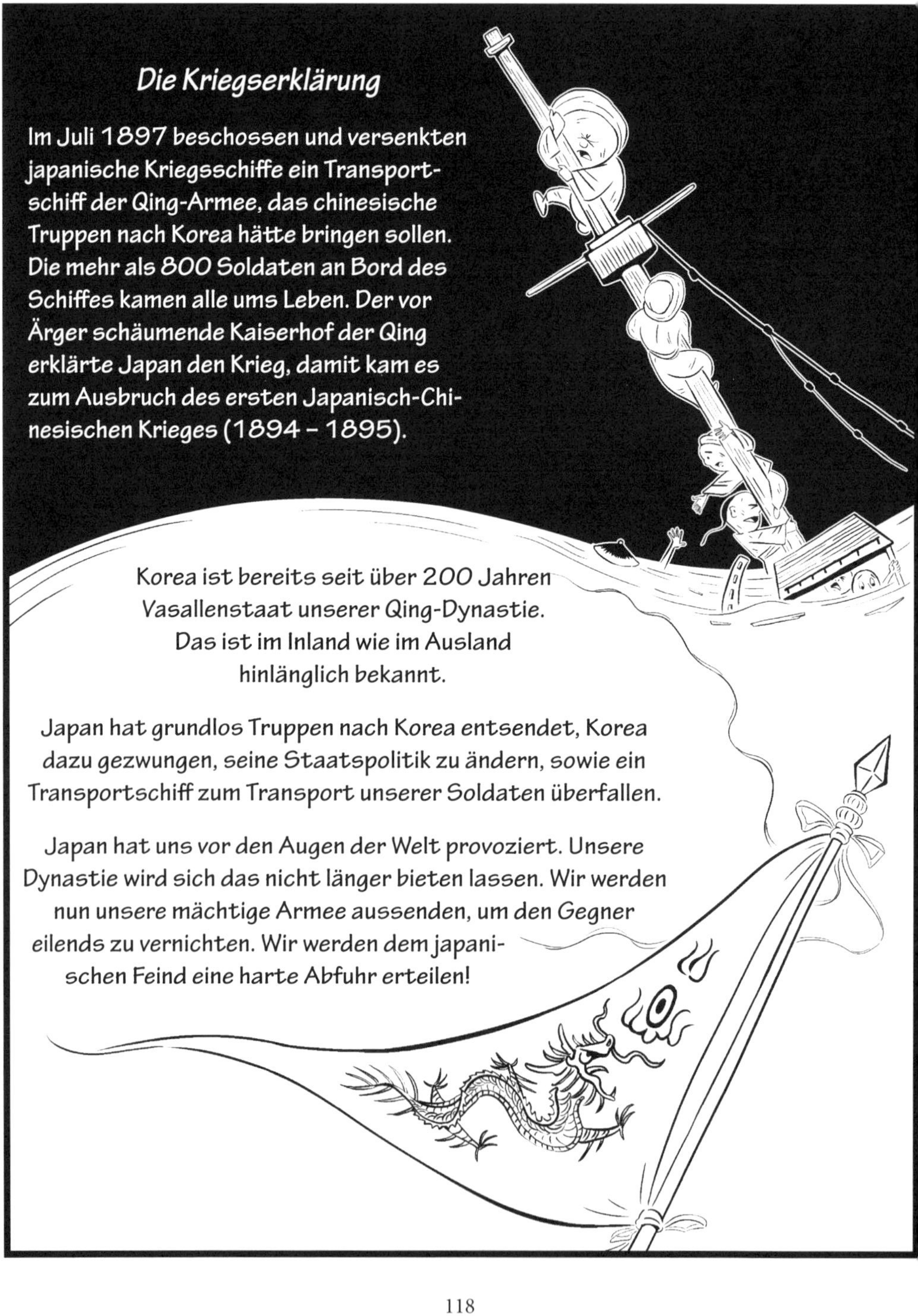
Die Kriegserklärung
Im Juli 1897 beschossen und versenkten japanische Kriegsschiffe ein Transportschiff der Qing-Armee, das chinesische Truppen nach Korea hätte bringen sollen. Die mehr als 800 Soldaten an Bord des Schiffes kamen alle ums Leben. Der vor Ärger schäumende Kaiserhof der Qing erklärte Japan den Krieg, damit kam es zum Ausbruch des ersten Japanisch-Chinesischen Krieges (1894 – 1895).
Korea ist bereits seit über 200 Jahren Vasallenstaat unserer Qing-Dynastie. Das ist im Inland wie im Ausland hinlänglich bekannt.
Japan hat grundlos Truppen nach Korea entsendet, Korea dazu gezwungen, seine Staatspolitik zu ändern, sowie ein Transportschiff zum Transport unserer Soldaten überfallen.
Japan hat uns vor den Augen der Welt provoziert. Unsere Dynastie wird sich das nicht länger bieten lassen. Wir werden nun unsere mächtige Armee aussenden, um den Gegner eilends zu vernichten. Wir werden dem japanischen Feind eine harte Abfuhr erteilen!

Japan war entschlossen, die Qing-Dynastie in die Knie zu zwingen.

Die Mandschuren der Qing-Dynastie waren ursprünglich nur ein wilder Barbarenstamm aus den Gebieten nördlich der chinesischen Mauer. Sie haben durch List und unter Ausnutzung des Chaos während der Endphase der Ming-Dynastie die Herrschaft in China an sich gerissen. Die Kräfte des Widerstandes waren zu schwach und unterlagen. Die Menschen hegen bis heute gegenüber der Herrschaft der Mandschuren einen Groll.

Die Mandschuren der Qing-Dynastie behandeln uns wie Idioten, sogar wie Tiere! Japan wird sich das nicht mehr länger gefallen lassen! Die Armeen Japans werden sie solange jagen, bis der mandschurische Kaiser der Qing darum fleht, kapitulieren zu dürfen.

Unser Feind ist nur der Herrscherhof der Mandschuren, nicht aber das chinesische Volk. Erhebt euch, chinesische Helden und Revolutionäre! Bringt euer Getreide und eure Waffen mit und schliesst euch uns dabei an, die Mandschuren aus China zu vertreiben! Lasst die vom Himmel dargebotene Chance nicht ungenutzt verstreichen, womit ihr Spott und Schande über eure Vorfahren der Ming-Dynastie bringen würdet!

Als die Nachricht von der Kriegserklärung die Beiyang-Marine erreichte, bereitete sich McGiffin gerade auf einen Krankenurlaub in den USA vor.

Er entschied sich jedoch freiwillig dazu, in China zu bleiben, und schrieb folgenden Brief an seinen Vater:
China befindet sich mit Japan im Krieg. Vielleicht werden wir uns nie wieder sehen. Wenn es so kommen sollte, so erinnere dich bitte daran, dass ich aus Gründen der Ehre hiergeblieben bin. Ich habe in der Beiyang-Marine 10 Jahre lang gedient und habe jeden Tag mit meinen Studenten zusammen verbracht. Ich kann sie jetzt nicht im Stich lassen.

Der Oberbefehlshaber der Qing-Marine Ding Ruchang ernannte McGiffin zum Kommandanten der Zhenyuan, das gemeinsam mit der Dingyuan, seinem Schwesternschiff, das wichtigste Schlachtschiff der Beiyang-Flotte bildete.
Seit Ausbruch des Krieges haben wir jeden Tag trainiert. Unsere Schiffsmannschaft ist von einem hohen Kampfgeist erfüllt.

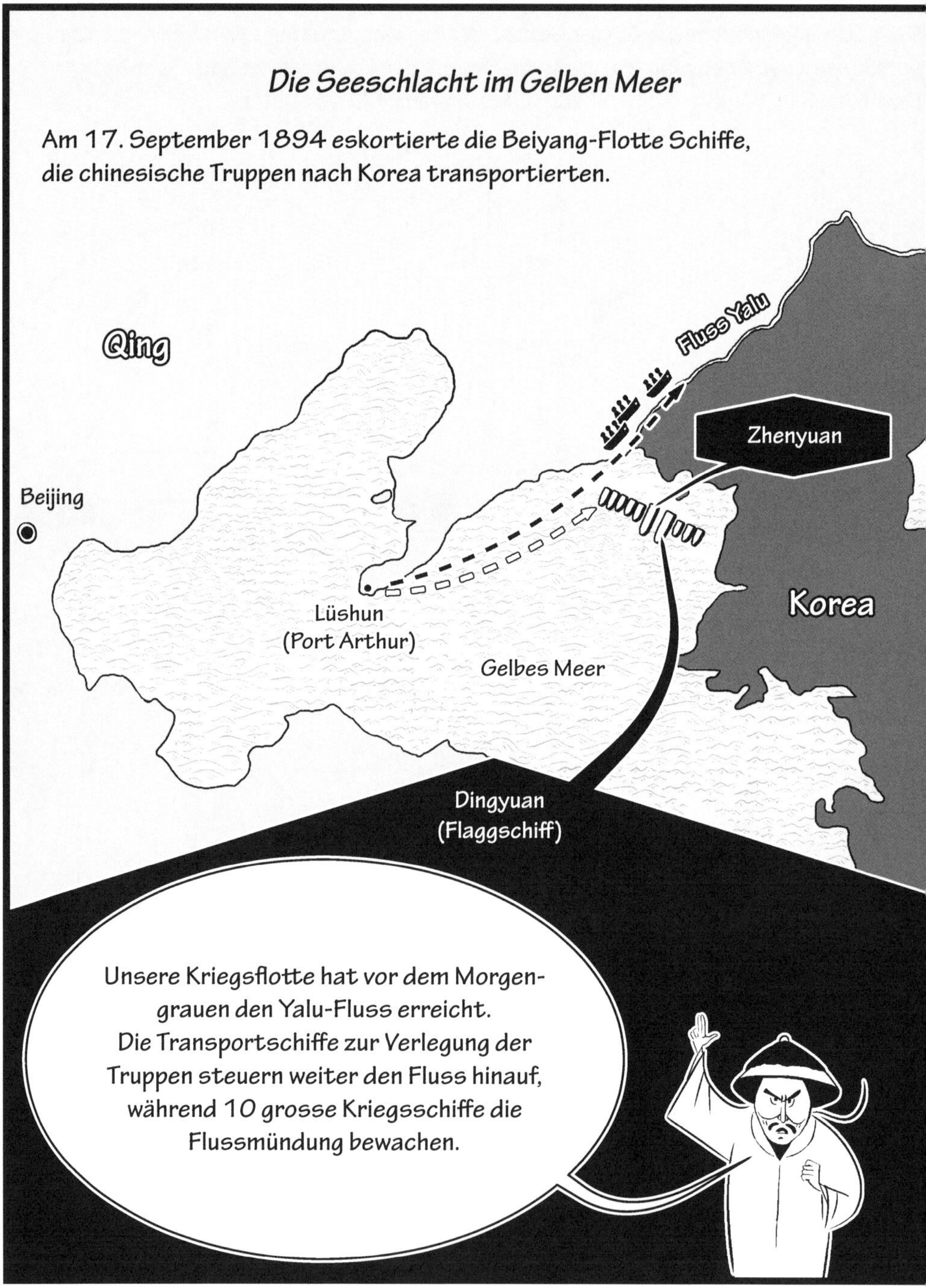

Die Seeschlacht im Gelben Meer
Am 17. September 1894 eskortierte die Beiyang-Flotte Schiffe, die chinesische Truppen nach Korea transportierten.
Qing
Fluss Yalu
Zhenyuan
Beijing
Lüshun (Port Arthur)
Gelbes Meer
Korea
Dingyuan (Flaggschiff)
Unsere Kriegsflotte hat vor dem Morgengrauen den Yalu-Fluss erreicht. Die Transportschiffe zur Verlegung der Truppen steuern weiter den Fluss hinauf, während 10 grosse Kriegsschiffe die Flussmündung bewachen.

Es ist ein schöner Tag, eine leichte Brise weht sanft über die Wasseroberfläche.
Die Köche sind gerade dabei, das Mittagessen zuzubereiten, als die Wachmänner im Ausguck in der Ferne dichten Qualm entdecken.
Die japanische Kriegsflotte!

Ihre momentane Distanz zu uns beträgt 6400 Meter und sie nähern sich uns rasend schnell.
6000
5800
5400
Streut Sand auf das Deck, um zu vermeiden, dass die Oberfläche rutschig wird.
Stopft eure Ohren mit Watte zu.

Zeit: 12:50 Uhr
Feuer!
Feuer!
Ich habe eine Meldung: Der Antrieb des Geschützturms funktioniert nicht mehr und niemand weiss, wie man ihn reparieren kann!

Ich gehe in den Maschinenraum, um das zu überprüfen. Navigierender Offizier, Sie …
Wo ist er?
Wir müssen uns beeilen. Da sich der Geschützturm nicht mehr drehen lässt, sind wir nicht in der Lage, mit unseren Kanonen zu zielen.
Gehen wir!

Im Maschinenraum ist kein Platz mehr! Du musst dich woanders verstecken.
Ich blicke nach unten und entdecke meinen navigierenden Offizier!

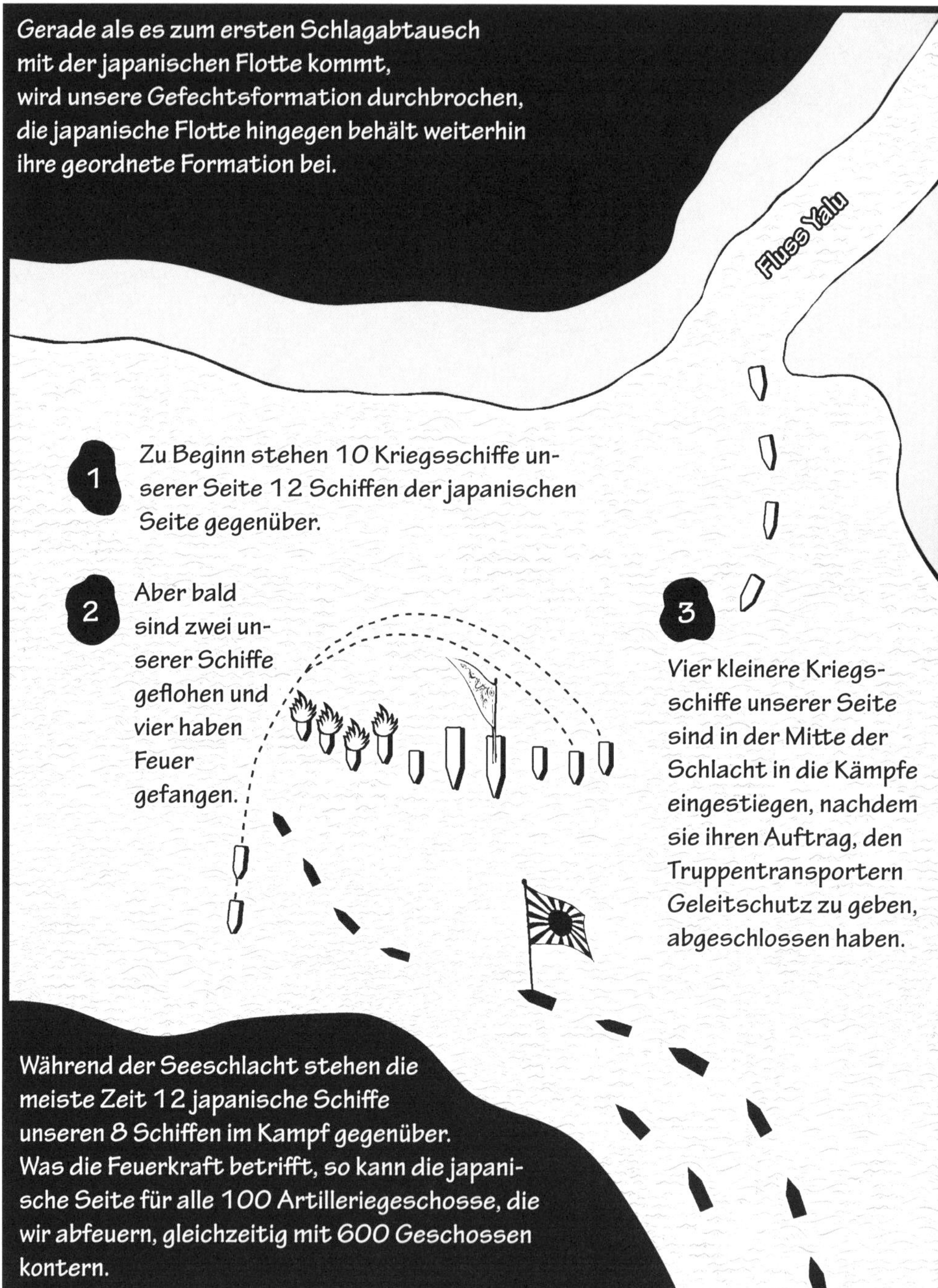
Gerade als es zum ersten Schlagabtausch mit der japanischen Flotte kommt, wird unsere Gefechtsformation durchbrochen, die japanische Flotte hingegen behält weiterhin ihre geordnete Formation bei.
Fluss Yalu
1
Zu Beginn stehen 10 Kriegsschiffe unserer Seite 12 Schiffen der japanischen Seite gegenüber.
2
Aber bald sind zwei unserer Schiffe geflohen und vier haben Feuer gefangen.
3
Vier kleinere Kriegsschiffe unserer Seite sind in der Mitte der Schlacht in die Kämpfe eingestiegen, nachdem sie ihren Auftrag, den Truppentransportern Geleitschutz zu geben, abgeschlossen haben.
Während der Seeschlacht stehen die meiste Zeit 12 japanische Schiffe unseren 8 Schiffen im Kampf gegenüber.
Was die Feuerkraft betrifft, so kann die japanische Seite für alle 100 Artilleriegeschosse, die wir abfeuern, gleichzeitig mit 600 Geschossen kontern.

Nachdem er schwer beschädigt worden ist, versucht der chinesische Kreuzer Zhiyuan, ein feindliches Schiff zu rammen.
Zeit: 15:20 Uhr
Kapitän des Kreuzers Zhiyuan Deng Shichang (1849 - 1894)

Bevor das chinesische Schiff jedoch sein Ziel erreicht, explodiert und sinkt es unter dem schweren Artilleriefeuer des Feindes.

Jetzt haben fünf japanische Kreuzer unsere beiden wichtigsten Schlachtschiffe, die Schwesternschiffe Zhenyuan und Dingyuan, umzingelt, um sie anzugreifen.
Während der ganzen Schlacht hindurch beschützt die Zhenyuan das Flaggschiff Dingyuan.

Zeit: 15:30 Uhr
Zielt auf das japanische Flaggschiff. Feuer!
Das feindliche Flaggschiff wurde von einem Geschoss getroffen, hat Feuer gefangen und zieht sich jetzt aus der Schlacht zurück!

Auf dem Deck des Schiffbugs ist Feuer ausgebrochen, aber der Artilleriebeschuss durch den Feind ist zu stark. Niemand wagt es, nach oben zu gehen, um das Feuer zu löschen!
Ich gehe das Feuer löschen. Wer freiwillig helfen möchte, soll mir folgen!

Die Steuerbordgeschütze drehen sich. Sie sind kurz davor, das Feuer zu eröffnen. Die Geschosse werden über das Deck sausen, wir befinden uns in ihrer Bahn!

Schiesst nicht auf uns!
O.k.!
Aber kurz nachdem ich mich entfernt habe, wird der Artillerieoffizier von einem Artilleriegeschoss in Stücke gerissen.
Die anderen Artilleristen wissen nicht, dass sich auf dem Deck des Schiffsbugs unsere eigenen Leute befinden.
Feuer!

Ich falle vor dem Geschütz Nummer 2 zu Boden, es qualmt noch vor Rauch. Mein Kopf ist direkt gegen das Geschützrohr gerichtet!
Ich lasse mich hastig auf das untere Deck fallen.
Noch während ich falle, geht die Kanone los.
Bringt mich zum Kommandoturm.

Der Schlachtverlauf wird für uns mit jeder verstreichenden Minute immer ungünstiger.
Unsere Munition weist Mängel auf.
Manche Geschosse sind mit Sand anstelle von Sprengstoff gefüllt.
Manche Sprengzünder sind mit nichts anderem als Kohlenasche gefüllt.
Einige Soldaten haben das Schiesspulver gestohlen und es auf dem Schwarzmarkt verkauft.
Selbst jetzt, als unsere minderwertigen Geschosse zur Neige gehen, sind die Japaner nach wie vor reichlich mit Munition bestückt.

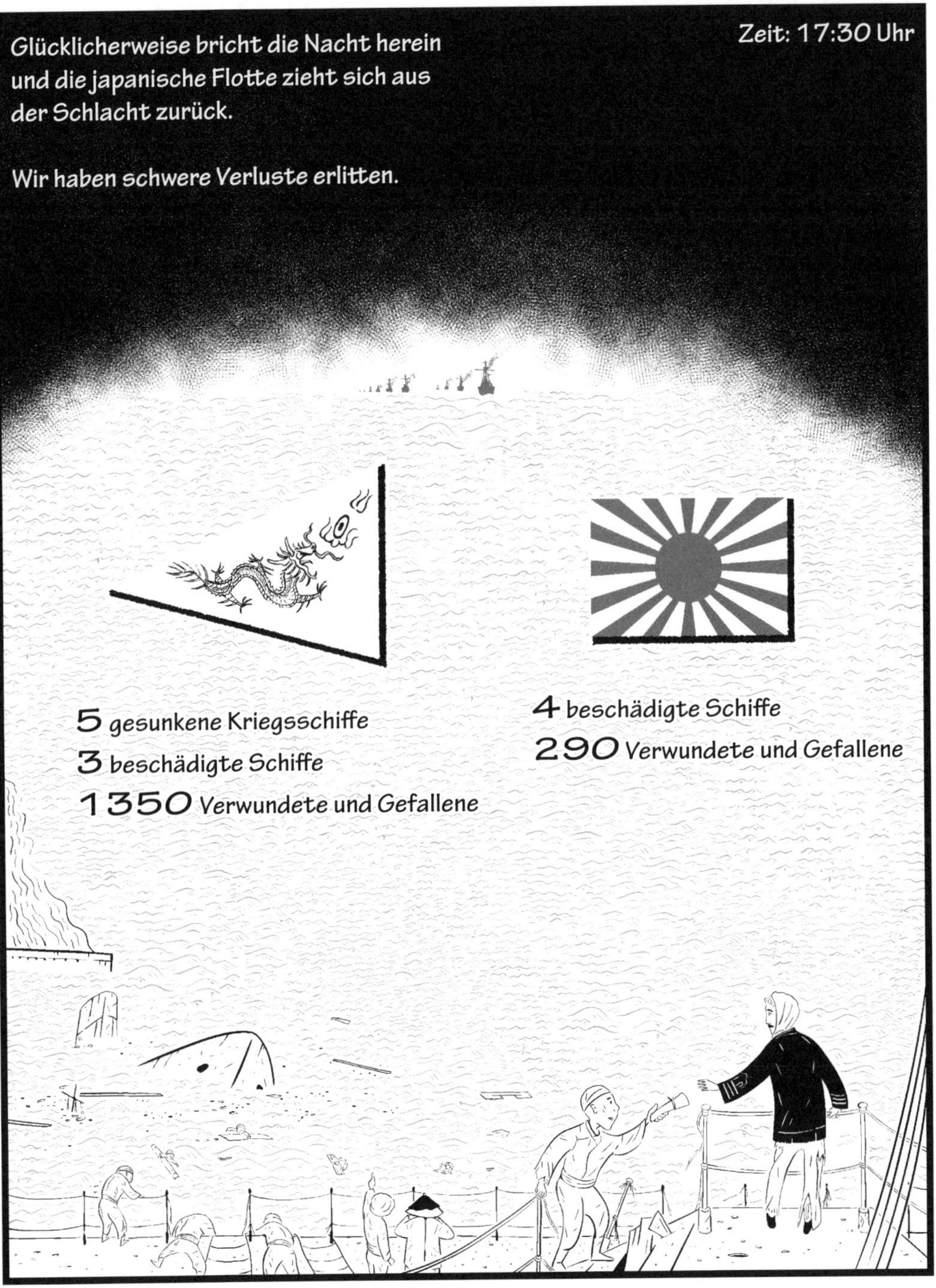

Zeit: 17:30 Uhr
Glücklicherweise bricht die Nacht herein und die japanische Flotte zieht sich aus der Schlacht zurück.
Wir haben schwere Verluste erlitten.
5 gesunkene Kriegsschiffe
3 beschädigte Schiffe
1350 Verwundete und Gefallene
4 beschädigte Schiffe
290 Verwundete und Gefallene

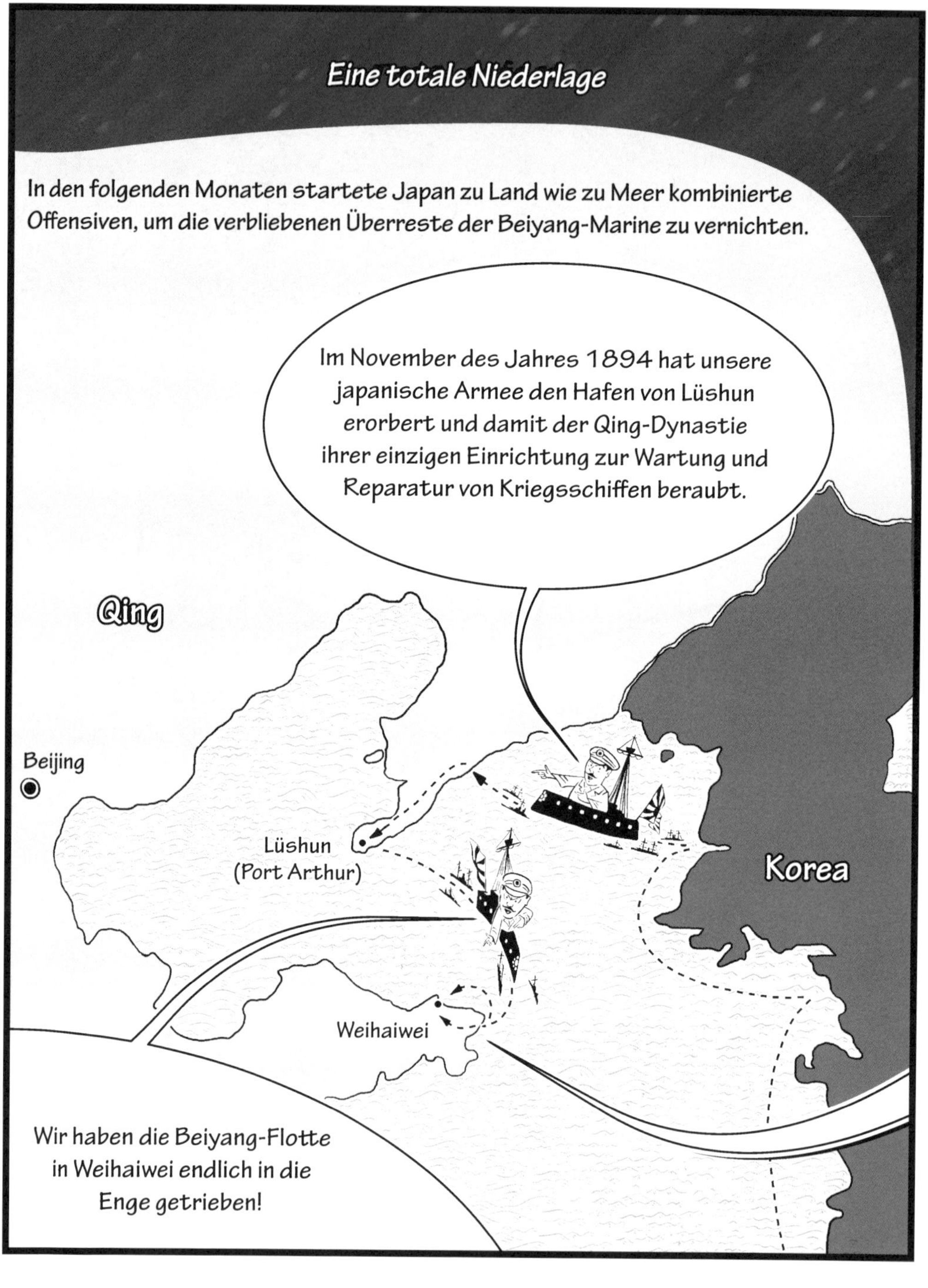
Eine totale Niederlage
In den folgenden Monaten startete Japan zu Land wie zu Meer kombinierte Offensiven, um die verbliebenen Überreste der Beiyang-Marine zu vernichten.
Im November des Jahres 1894 hat unsere japanische Armee den Hafen von Lüshun erorbert und damit der Qing-Dynastie ihrer einzigen Einrichtung zur Wartung und Reparatur von Kriegsschiffen beraubt.
Qing
Beijing
Lüshun (Port Arthur)
Korea
Weihaiwei
Wir haben die Beiyang-Flotte in Weihaiwei endlich in die Enge getrieben!

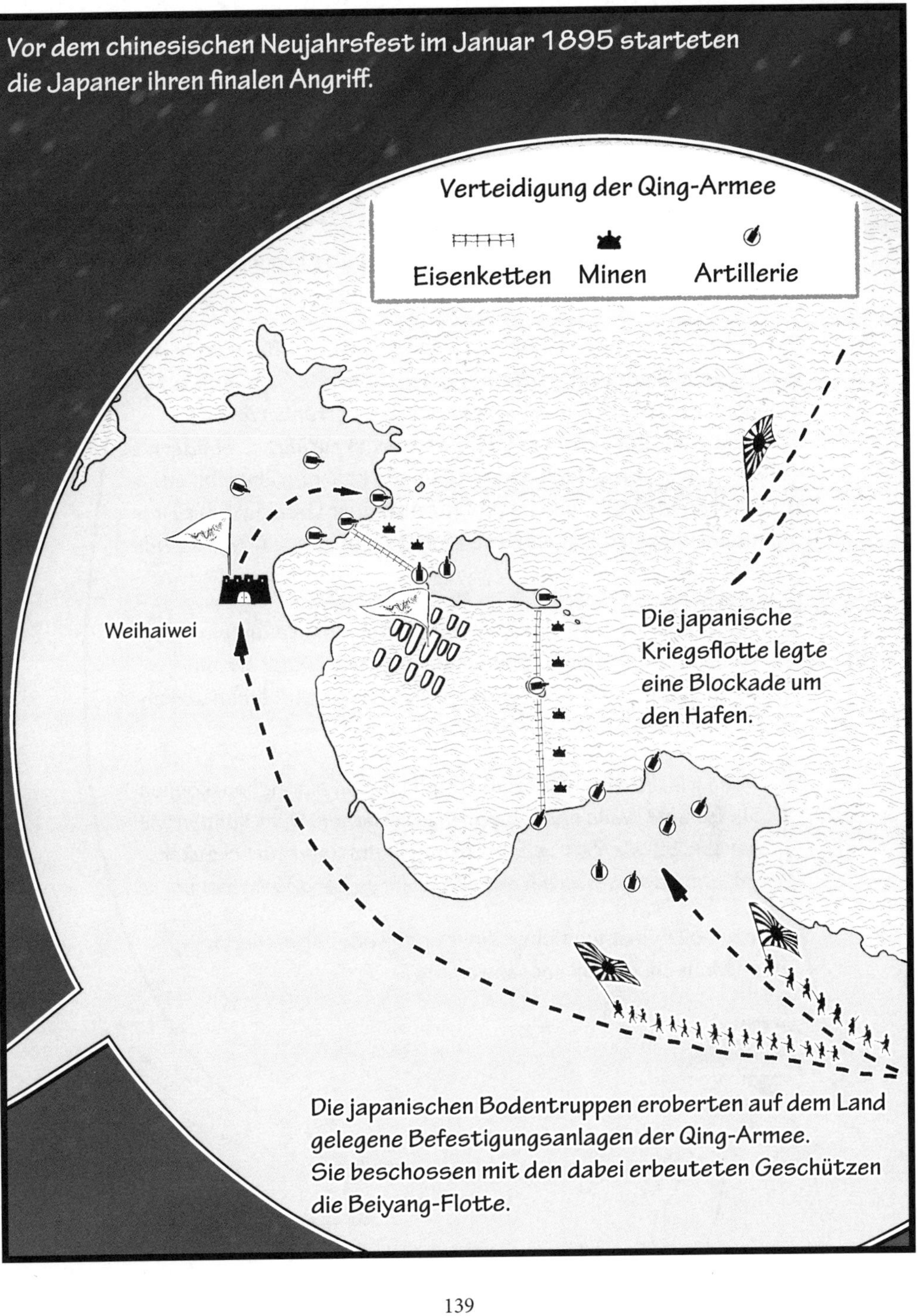
Vor dem chinesischen Neujahrsfest im Januar 1895 starteten die Japaner ihren finalen Angriff.
Verteidigung der Qing-Armee
Eisenketten
Minen
Artillerie
Weihaiwei
Die japanische Kriegsflotte legte eine Blockade um den Hafen.
Die japanischen Bodentruppen eroberten auf dem Land gelegene Befestigungsanlagen der Qing-Armee. Sie beschossen mit den dabei erbeuteten Geschützen die Beiyang-Flotte.

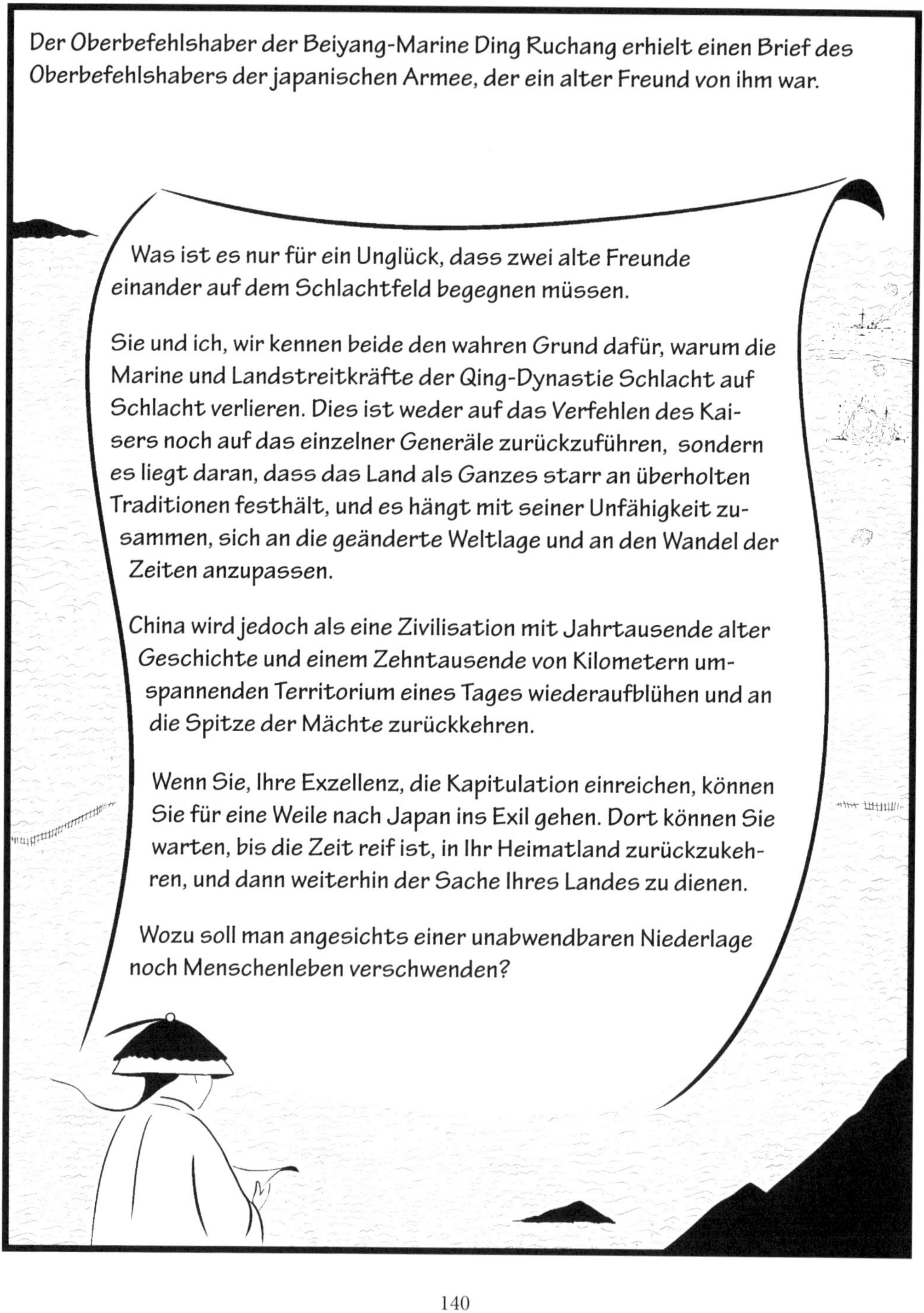
Der Oberbefehlshaber der Beiyang-Marine Ding Ruchang erhielt einen Brief des Oberbefehlshabers der japanischen Armee, der ein alter Freund von ihm war.
Was ist es nur für ein Unglück, dass zwei alte Freunde einander auf dem Schlachtfeld begegnen müssen.
Sie und ich, wir kennen beide den wahren Grund dafür, warum die Marine und Landstreitkräfte der Qing-Dynastie Schlacht auf Schlacht verlieren. Dies ist weder auf das Verfehlen des Kaisers noch auf das einzelner Generäle zurückzuführen, sondern es liegt daran, dass das Land als Ganzes starr an überholten Traditionen festhält, und es hängt mit seiner Unfähigkeit zusammen, sich an die geänderte Weltlage und an den Wandel der Zeiten anzupassen.
China wird jedoch als eine Zivilisation mit Jahrtausende alter Geschichte und einem Zehntausende von Kilometern umspannenden Territorium eines Tages wiederaufblühen und an die Spitze der Mächte zurückkehren.
Wenn Sie, Ihre Exzellenz, die Kapitulation einreichen, können Sie für eine Weile nach Japan ins Exil gehen. Dort können Sie warten, bis die Zeit reif ist, in Ihr Heimatland zurückzukehren, und dann weiterhin der Sache Ihres Landes zu dienen.
Wozu soll man angesichts einer unabwendbaren Niederlage noch Menschenleben verschwenden?

Ding Ruchang befehligte seine Flotte dazu, bis zum bitteren Ende Widerstand zu leisten. Schliesslich beging er Selbstmord und starb damit nach chinesischer Sichtweise für sein Vaterland. Die einst mächtige Beiyang-Marine, deren Aufbau zwanzig Jahre lang gedauert hatte, wurde vollständig vernichtet.
Der Kaiserhof schob die Schuld für die vernichtende Niederlage den Beiyang-Generälen und ausländischen Beratern in die Schuhe.
McGiffin floh nach Amerika. Zwei Jahre später im Jahr 1897 verstarb er an Spätfolgen der in der Seeschlacht am gelben Meer erlittenen Verletzungen.

Der Qing-Kaiserhof entsandte Li Hongzhang nach Shimonoseki in Japan, um um Frieden zu ersuchen.
Während der Verhandlungen wurde Li Hongzhang von einem japanischen Attentäter mitten ins Gesicht geschossen.
Kein Frieden mit China! Der Krieg muss weitergehen!
Li Hongzhang überlebte knapp und nahm die Friedensverhandlungen schnellstmöglich wieder auf.
Im Jahr 1895 unterzeichneten beide Länder den Vertrag von Shimonoseki.
Japan erhält die Kontrolle über Korea. Die Qing-Dynastie tritt Taiwan sowie einige andere Territorien an Japan ab sowie zahlt 200 Millionen Liang Silber an Japan als Entschädigung für die japanischen Kriegsverluste.

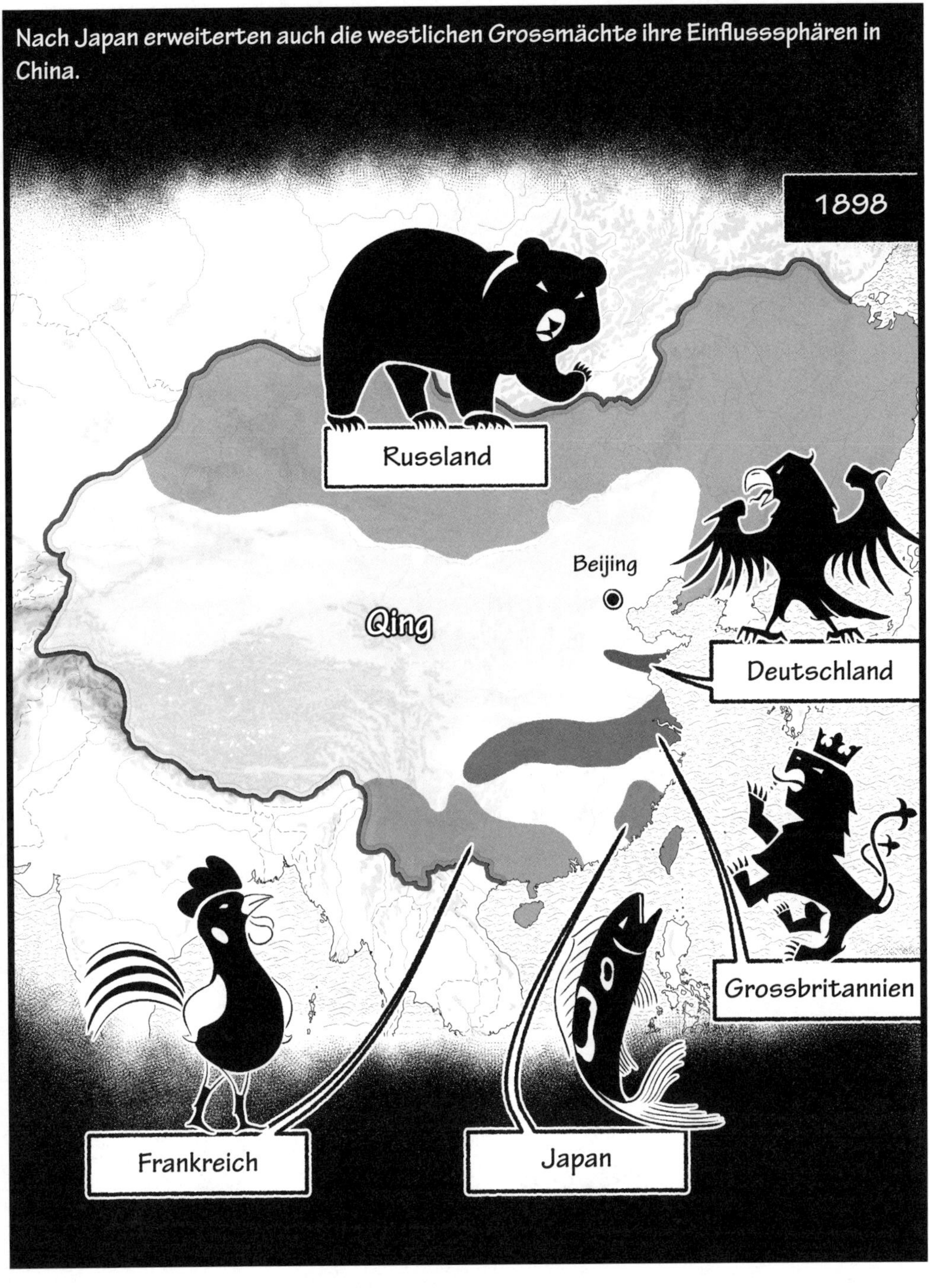

Nach Japan erweiterten auch die westlichen Grossmächte ihre Einflusssphären in China.
1898
Russland
Beijing
Qing
Deutschland
Grossbritannien
Frankreich
Japan

Die Suche nach einem Ausweg
Die Hundert-Tage-Reform
Der Imperialismus droht die Qing-Dynastie zu zerreissen, wir müssen schleunigst nach einem Ausweg suchen!
Es reicht nicht aus, nur einige Industrien zu modernisieren, wir müssen im Eiltempo das gesamte Land reformieren.
Kaiserinwitwe Cixi
Kaiser Guangxu (1871 – 1908)

Mit Zustimmung der Kaiserinwitwe Cixi erliess Kaiser Guangxi im Jahr 1898 mehr als 200 neue Dekrete.
Wir sollen uns an Grossbritannien ein Beispiel nehmen und eine konstitutionelle Monarchie mit Demokratie einführen.
Wir müssen die Steuern erhöhen, um die finanziellen Mittel für die Industrialisierung zu beschaffen.
Wir werden eine Zentralbank einrichten, um die Effizienz der Steuererhebung zu erhöhen.
Wir müssen ein modernes Bildungssystem aufbauen, bei dem die Wissenschaften im Zentrum stehen, nicht der Konfuzianismus.
Wir müssen das Militärwesen der „Acht Banner"-Armeen reformieren.

Die Reformpläne des Kaisers wurden durch verschiedene Interessengruppen blockiert. Der Kaiserhof war in zwei Fraktionen gespalten.
Zu solch drastischen Veränderungen ist das Land einfach noch nicht bereit.
Die Politik des Kaisers taugt nicht nur nicht dazu, unser Land zu retten, sie wird auch noch unsere traditionellen Werte zerstören!
Konservative Kräfte behindern die Reformen. Hinter den Kulissen werden sie von Cixi protegiert. Wir müssen Cixi loswerden!

Im September 1898 holte Cixi zum Präventivschlag aus und liess den Kaiser mitsamt seiner Unterstützer festnehmen. Die Reformbewegung hatte nur 103 Tage lang angedauert.

Die Konservativen stürzten die Modernisierungspolitik der Reformer, die sie für falsch hielten. Jedoch waren sie gegenüber dem Dilemma, in dem China steckte, vollkommen ratos: Es gelang ihnen nicht, handfeste Ideen zu liefern, welche bestehende Probleme lösen und das Land hätten vorwärts bringen können.
Die Menschen mussten notgedrungen anderswo nach Halt und Orientierung suchen.

Eine gespaltene Gesellschaft
Wer die finanziellen Mittel dazu besass, zog in die unter ausländischer Verwaltung stehenden Küstenstädte um.
In dieser Stadt gibt es breite Strassen, helle Strassenlaternen, sanitäres Leitungswasser, eine Kanalisation und bessere Schulen!
Während eine neue Generation urbaner Eliten sich allmählich in den Städten herausbildete, musste jedoch die überwältigende Mehrheit der Bevölkerung weiterhin in den ländlichen Gegenden darum kämpfen, über die Runden zu kommen. ..

In den überbevölkerten ländlichen Gebieten war die durchschnittliche Anbaufläche pro Person von 6 Mu* zu Anfang der Qing-Dynastie auf 2 Mu gefallen, was den tiefsten Stand unter sämtlichen bedeutenden Dynastien der chinesischen Geschichte darstellte. Den Bauern blieb nichts anderes übrig, als jeden Flecken Land noch intensiver zu bewirtschaften.
* 1 Mu = 666.67 m²
Traditionelle Nebenerwerbsquellen der Bauern zur Aufbesserung ihrer mageren Einkommen wie zum Beispiel die Weberei oder die Herstellung von Lampenöl hatten bereits ihre Absatzmärkte verloren, da Züge und Dampfschiffe billigere und bessere Stoffe und Brennstoffe in alle Ecken des Landes transportierten.
Mehr als 95% der Bevölkerung der Qing-Dynastie konnte nicht lesen, daher war es sehr schwierig für diese Menschen, in den Städten Arbeit zu finden.

„Ihr müsst euch jetzt Gott zuwenden!“
Ausländische Missionare meinten nun, ihre Stunde sei gekommen, den von Tag zu Tag verzweifelteren chinesischen Bauern ihre Erlösung anzubieten.
Nach dem Ende der Opiumkriege erhielten wir von der Qing-Regierung die Erlaubnis, überall im Land zu missionieren.
Es ist unsere heilige Pflicht, den Volksmassen spirituelle Erleuchtung zu bringen!

Aber dann holt uns die Realität ein und wir werden uns allmählich bewusst, wie schwer unsere Aufgabe ist.
Die Verkehrsverbindungen durch das Land sind sehr unterentwickelt und der Lebensstandard liegt weit unter dem westlichen Niveau.

Wegen unseres andersartigen Aussehens und fremden Glaubens verstecken sich manche Menschen vor uns, andere werfen sogar Steine nach uns.

Es ist uns gelungen, in abgelegenen ländlichen Gegenden Land zu erwerben, um dort unsere Kirchen zu errichten.
Diese Menschen haben wir erst kürzlich zum christlichen Glauben bekehren können.
Ein Waisenkind
Ein krankes Kind, das dringend westliche Medikamente benötigt
Ein Obdachloser
Eine misshandelte Ehefrau
Ein Opiumsüchtiger, der Unterstützung beim Drogenentzug braucht.
Du wurdest von Satan auf Abwege geführt! Jetzt musst du dich Gott zuwenden!

Lokale Beamte, Grundherren und Gelehrte sahen in den westlichen Missionaren eine Bedrohung für das soziale Gefüge ihrer Gemeinden.
Die westlichen Grossmächte haben mit ihren Feuerwaffen die Tore des Qing-Reiches aufgesprengt. Mit Opium und ausländischen Waren haben sie unsere Märkte erobert und zocken uns ab. Jetzt zerstören ihre Missionare auch noch unsere traditionellen Werte!
Einheimische zum Christentum übergelaufene Konvertiten befolgen nicht mehr die konfuzianischen Traditionen und nehmen nicht mehr an den Opferzeremonien zur Verehrung der Ahnen teil.
Kriminelle, Glücksspieler und Schuldenhinterzieher haben sich ebenfalls unter die Kirchgemeinden gemischt, aber die Behörden können sie nicht festnehmen, weil sie unter ausländischem Schutz stehen.
Westliche Missionare propagieren sogar Ideen wie Bildung für Frauen, das Verbot des Füssebindens bei Mädchen und dass ein Mann nur eine Ehefrau haben dürfe.

Wir müssen die Menschen eindringlich ermahnen, sich von den christlichen Kirchen fernzuhalten.
Die Missionare nehmen Waisenkinder in ihre Obhut, weil sie aus den Herzen und Augen der Kinder Medizin herstellen.
Die Missionare missbrauchen zudem weibliche Gläubige und zwingen sie, ihre Familien zu verlassen.
Werden die Menschen uns das glauben?
Die meisten Menschen haben noch nie einen Ausländer gesehen. Was immer wir ihnen auch erzählen, sie werden es glauben.

In der Provinz Shandong, in der Konfuzius geboren worden war, eskalierten bald die Spannungen zwischen den Missionaren und den Einheimischen.
Seitdem die Ausländer im Jahr 1898 Shandong erobert haben, mussten wir unter dem Hochwasser des Gelben Flusses leiden sowie anschliessend unter schweren Dürren.
Unsere Feldfrüchte sterben!
Dass uns der Himmel keinen Regen spendet, liegt an den teuflischen Machenschaften der Missionare.
Tragen wir unseren Regengott zu ihnen, um mit ihnen abzurechnen!

Kommt raus!
Gebt uns doch nicht immer für alles die Schuld! Der Gelbe Fluss ist über die Ufer getreten, weil die Behörden nicht die finanziellen Mittel zur Instandhaltung und Reparatur der Dämme bereitgestellt haben.
Unsinn!
Wie erklärst du dir dann das Auftreten der Dürre?
Wo ist denn jetzt nur euer allmächtiger Gott?
Gott hat uns niemals verlassen. Wenn sich Gott weigert die Dürre zu beenden, dann wird er bestimmt seine Gründe dafür haben ...

Die Beamten in Shandong hofften, den Volkszorn dazu instrumentalisieren zu können, die westlichen Missionare zu vertreiben.
Kommt und schliesst euch der Volksmiliz an. Jugendliche sind besonders willkommen!
Üben wir uns in den Kampfkünsten.
Wir tragen farbenfrohe Uniformen.
Bilden wir eine Marschkapelle.

Trink diesen Zaubertrank*, und dein Körper wird von himmlischen Soldaten beseelt werden, wodurch du Unverwundbarkeit erlangen wirst. Weder Kanonen noch Gewehre, Schwerter oder Messer können dir dann etwas anhaben.
* Hierbei wird ein Blatt mit daoistischen magischen Zeichen zu Asche verbrannt und in Wasser aufgelöst.

Das will ich mal selbst ausprobieren.
Warte!
BUMM
Aaah
Das haben bestimmt wieder diese fremdländischen Teufel ausgeheckt. Sie müssen unsere magischen Kräfte gestohlen haben. Stellen wir uns ihnen entgegen!

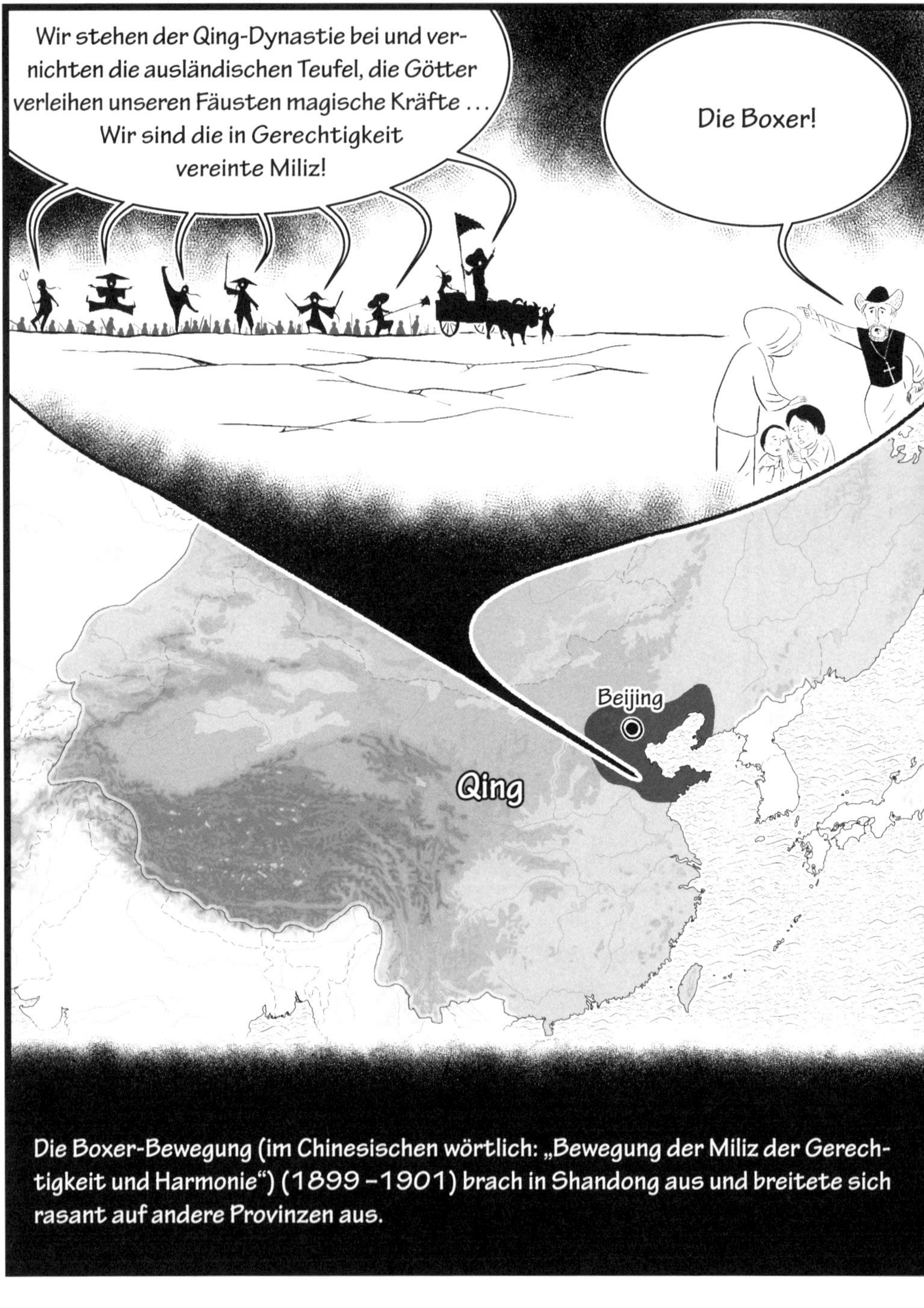
Wir stehen der Qing-Dynastie bei und vernichten die ausländischen Teufel, die Götter verleihen unseren Fäusten magische Kräfte … Wir sind die in Gerechtigkeit vereinte Miliz!
Die Boxer!
Beijing
Qing
Die Boxer-Bewegung (im Chinesischen wörtlich: „Bewegung der Miliz der Gerechtigkeit und Harmonie“) (1899 –1901) brach in Shandong aus und breitete sich rasant auf andere Provinzen aus.

Der Sturm von 1900
Januar 1900, wenige Tage vor dem chinesischen Neujahrsfest
Verbotene Stadt, Beijing
Nach dem Ende der Hundert-Tage-Reform wurde Kaiser Guangxi von mir unter Hausarrest gestellt. Seine gesundheitliche Verfassung ist schlecht und er hat keine Erben gezeugt.
Cixi
Prinz Duan ist ein enger Vertrauter von mir, gleichzeitig ist er ein Vetter des Kaisers väterlicherseits.
Prinz Duan (1856 - 1922)
Ich habe deinen Sohn zum Thronfolger bestimmt.

Ich werde sofort ein Bankett vorbereiten, um meinen Sohn den ausländischen Diplomaten vorzustellen.
Niemand ist erschienen, um Unterstützung für Euren Nachfolgeplan anzuzeigen!
Eure Hoheit.
Was ist los?

Briefe von Diplomaten verschiedener Länder.
Sie protestieren gegen die Gewalt der Boxer gegenüber den christlichen Kirchen, ausserdem fordern sie, der Kaiserhof solle diesen sofort Einhalt gebieten, ansonsten würden drastische Konsequenzen folgen.
Was für Konsequenzen!
Die westlichen Grossmächte haben unser Territorium gewaltsam besetzt und unsere Wirtschaft in den Ruin getrieben. Jetzt stellen sie sich dagegen, dass der Sohn von Prinz Duan der Thronfolger wird. Sie haben mir meine Neujahrsfeiertage ruiniert!
Sie selbst sind diejenigen, die die Konsequenzen tragen müssen. Lasst die Boxer nach Beijing kommen!

Die Schlacht um Beijing
Im Juni des Jahres 1900 drangen rund 100'000 Boxer in die Hauptstadt ein und belagerten christliche Kirchen und ausländische Botschaften.
Die ausländischen Teufel tyrannisieren China. Sie zwingen den Menschen ihre Religion auf und verhindern, dass uns der Himmel Regen schenkt! Die Götter sind zornig! Sie sind vom Himmel herabgestiegen, um uns Boxern magische Kampfkünste beizubringen. Wir wollen die Eisenbahnen, Telegrafenmasten und Dampfschiffe zerstören, Kirchen niederbrennen und die ausländischen Teufel ausmerzen!
Stehen wir der Qing-Dynastie bei und vernichten wir die fremdländischen Teufel!

Prinz Duan führte seine 10'000 Soldaten starke Armee zur Unterstützung der Boxer an.
Vergessen wir nicht die nachrangigen Teufel: Jene chinesischen Konvertiten, Chinesen, die mit Ausländern Geschäfte machen, für Ausländer arbeiten, sowie Chinesen, die gerne ausländische Waren kaufen.
Merzen wir alle ausländischen und inländischen Teufel aus!

Ich wollte die Boxer eigentlich nur dazu benutzen, um die Ausländer einzuschüchtern. Ich hätte nie gedacht, dass die Situation dermassen ausser Kontrolle geraten könnte.
Wenn ich die Boxer weiterhin unterstütze, werden die westlichen Staaten Massnahmen ergreifen. Wenn ich hingegen einen Rückzieher mache, wird sich der Volkszorn gegen die Qing-Dynastie wenden!
Für eine Umkehr ist es jetzt schon zu spät. Die blutigen Zusammenstösse in der Hauptstadt dauern bereits seit 10 Tagen an. Die Koalitionstruppen der ausländischen Staaten sind schon auf dem Weg hierher.

Am 21. Juni des Jahres 1900 rief die Kaiserinwitwe das gesamte Land dazu auf, gegen die westlichen Grossmächte in den Krieg zu ziehen.
Die fremden Grossmächte behaupten selbst von sich, zivilisierte Staaten zu sein, aber in Tat und Wahrheit gehen sie aggressiv und rücksichtslos vor. Sie mögen schlagkräftige Armeen und hochentwickelte Waffen besitzen, aber unser Land verfügt über ein riesiges Territorium mit einer Bevölkerung von mehr als 400 Millionen Menschen. Wie schwer wird es da wohl für uns sein, sie zu besiegen?

Keineswegs alle Beamten stimmten Cixi zu.
Das ist eine unkluge Entscheidung! Wir werden uns den Kampfhandlungen nicht anschliessen!
Es ist Wahnsinn, es mit allen Grossmächten gleichzeitig aufnehmen zu wollen.
Wir müssen versuchen, den Schaden nach Möglichkeit zu begrenzen.
Li Hongzhang
Ronglu (1836 – 1903), Oberbefehlshaber der aus 90'000 Soldaten bestehenden Elitetruppen, die für die Verteidigung von Beijing verantwortlich waren.

Befehlt den Soldaten, das Botschaftsviertel zu umstellen, um zu verhindern, dass die Boxer zu nahe daran herankommen.
Die Soldaten können so tun, als ob sie auf Ausländer schössen, indem sie in die Luft schiessen. Aber verwendet dabei keine schwere Artillerie!
Versorgt die Botschaften heimlich mit Essen und Wasser.

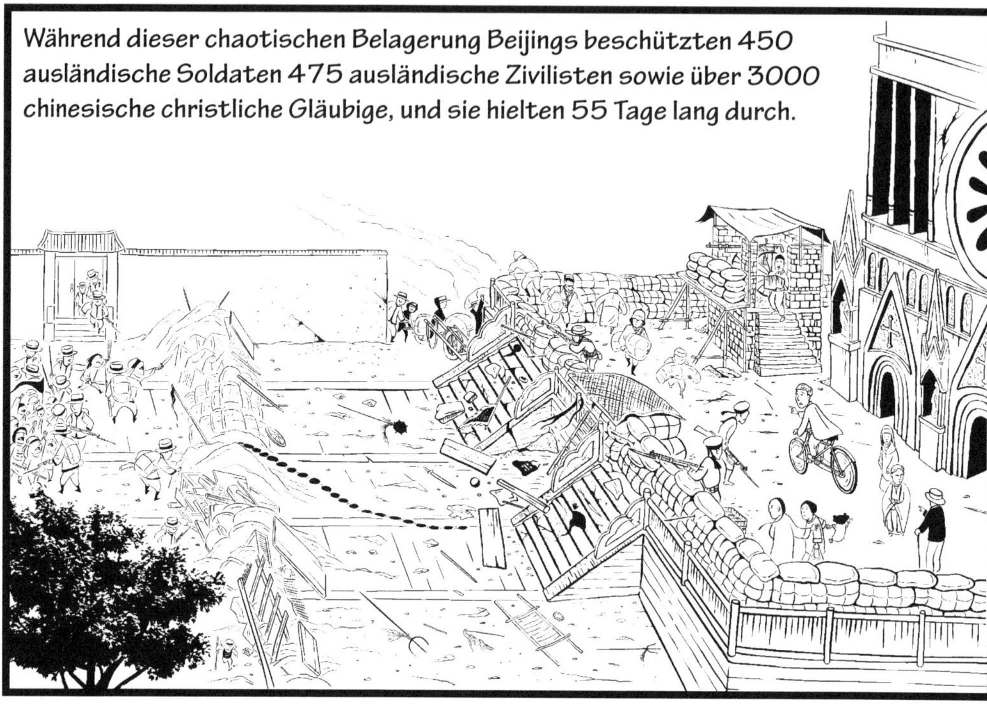
Während dieser chaotischen Belagerung Beijings beschützten 450 ausländische Soldaten 475 ausländische Zivilisten sowie über 3000 chinesische christliche Gläubige, und sie hielten 55 Tage lang durch.

Die Kirchen im ländlichen Nordchina hingegen erlitten ein weitaus schlimmeres Schicksal: die totale Vernichtung. Die Boxer jagten und töteten Missionare und chinesische Konvertiten, wo immer sie sie finden konnten.

Die Allianz aus acht Nationen
Am 14. August des Jahres 1900 fielen die aus acht Nationen gebildeten Koalitionstruppen in Beijing ein.
Grossbritannien
Österreich-Ungarn
Frankreich
Deutschland
Italien
Japan
Russland
USA
Anfänglich haben die Koalitionstruppen über 18'000 Soldaten verfügt. Später sind nach und nach Verstärkungstruppen der verschiedenen Länder eingetroffen und die totale Truppenstärke wird bald bis auf 105'000 Soldaten ansteigen.

Eine abschliessende Demütigung
Die Qing-Armee hatte sich gespalten. Ein Teil der Soldaten leistete den ausländischen Koalitionstruppen Widerstand, ein anderer Teil kämpfte weiterhin die Boxer nieder, der Rest zog sich aus der Kampfzone zurück.
Nachdem die Koalitionstruppen der acht Nationen Beijing besetzt hatten, kam es zu gewalttätigen Übergriffen einiger ausländischer Soldaten gegenüber den Zivillisten und die Hauptstadt wurde geplündert.
Soll doch Li Hongzhang mit diesem Schlamassel fertig werden.
Cixi sowie die meisten Beamten des Kaiserhofes flohen aus der Stadt.

Um die Krise zu beenden, unterzeichnete Li Hongzhang mit den ausländischen Grossmächten das sogenannte „Schlussprotokoll zur Beilegung der Unruhen von 1900“, auch bekannt als „Boxer-Protokoll“. Durch diesen Vertrag erlitt China die grössten territorialen Souveränitätsverluste in seiner jüngeren Geschichte und musste die bislang höchsten Reparationszahlungen auf sich nehmen.
• Jedes Land darf eigene Truppen entsenden, um seine Botschaftsquartiere zu beschützen.
• Ausländische Truppen dürfen zwischen Beijing und dem Meereshafen stationiert werden und Hauptverkehrsadern unter ihrer Kontrolle halten, um den Zugang zwischen Beijing und dem Meer offen zu halten.
• Die Qing-Dynastie verpflichtet sich zu Reparationszahlungen von insgesamt 450 Millionen Liang Silber an die verschiedenen Länder.
• Prinz Duan hat die Boxer angestachelt und gehört damit zu den Verschwörern. Er wird dafür auf Lebenszeit nach Xinjiang in die Verbannung geschickt.
Dies sollten die letzten Verhandlungen sein, die von Li Hongzhang geführt wurden. Bald nach Verhandlungsende starb der 78jährige im Jahr 1901.

Im Verlauf der Boxerbewegung starben rund 300 Ausländer, darunter 241 Missionare. Die chinesischen Opferzahlen überstiegen jedoch die ausländischen bei weitem: Mehr als 20'000 chinesische Konvertiten christlicher Glaubensrichtungen wurden getötet. Über die Anzahl der Toten in den Reihen der Boxer und der gewöhnlichen Zivilisten gibt es keine präzisen Aufzeichnungen. Niemand hatte sich darum geschert, ihre Leichen zu zählen.

Westliche Missionare setzten sich dafür ein, die Liebe Gottes zu verbreiten, aber ihre Mission war mit Makeln behaftet, denn sie kamen im Gefolge von Kanonenbooten und Opiumhändlern nach China. Zudem war ihre Mission von Anfang an dazu prädestiniert, mit den traditionellen chinesischen Wertvorstellungen in Konflikt zu geraten.

Im Sturm von 1900 zogen die Boxer für das chinesische Konzept vom Willen des Himmels in den Kampf, während die ausländischen christlichen Missionaren für ihren christlichen Gott zu Märtyrern wurden. Zwei miteinander unvereinbare Ideale prallten heftig aufeinander. Der Widerstand der traditionellen chinesischen Gesellschaft gegen eine Religion aus dem Westen eskalierte bald zu einer Konfrontation zwischen einem Agrarimperium und industrialisierten Staaten.

Die Qing-Regierung versuchte die Boxer für sich zu instrumentalisieren, um ausländische Einflussnahme und Machtansprüche abzuschütteln. Die ausländischen Grossmächte dagegen instrumentalisierten die gegen die Missionare gerichteten Gewalttaten dazu, um für sich noch mehr Vorteile und Ressourcen auf chinesischem Territorium herauszuschlagen.

Wenn der Erste Opiumkrieg als der Anbeginn des „Jahrhunderts der Demütigungen" gelten kann, dann bildet die Einnahme Beijing durch die aus acht Nationen gebildeten Koalitionstruppen den Höhepunkt der Zerstückelung Chinas durch westliche Grossmächte.

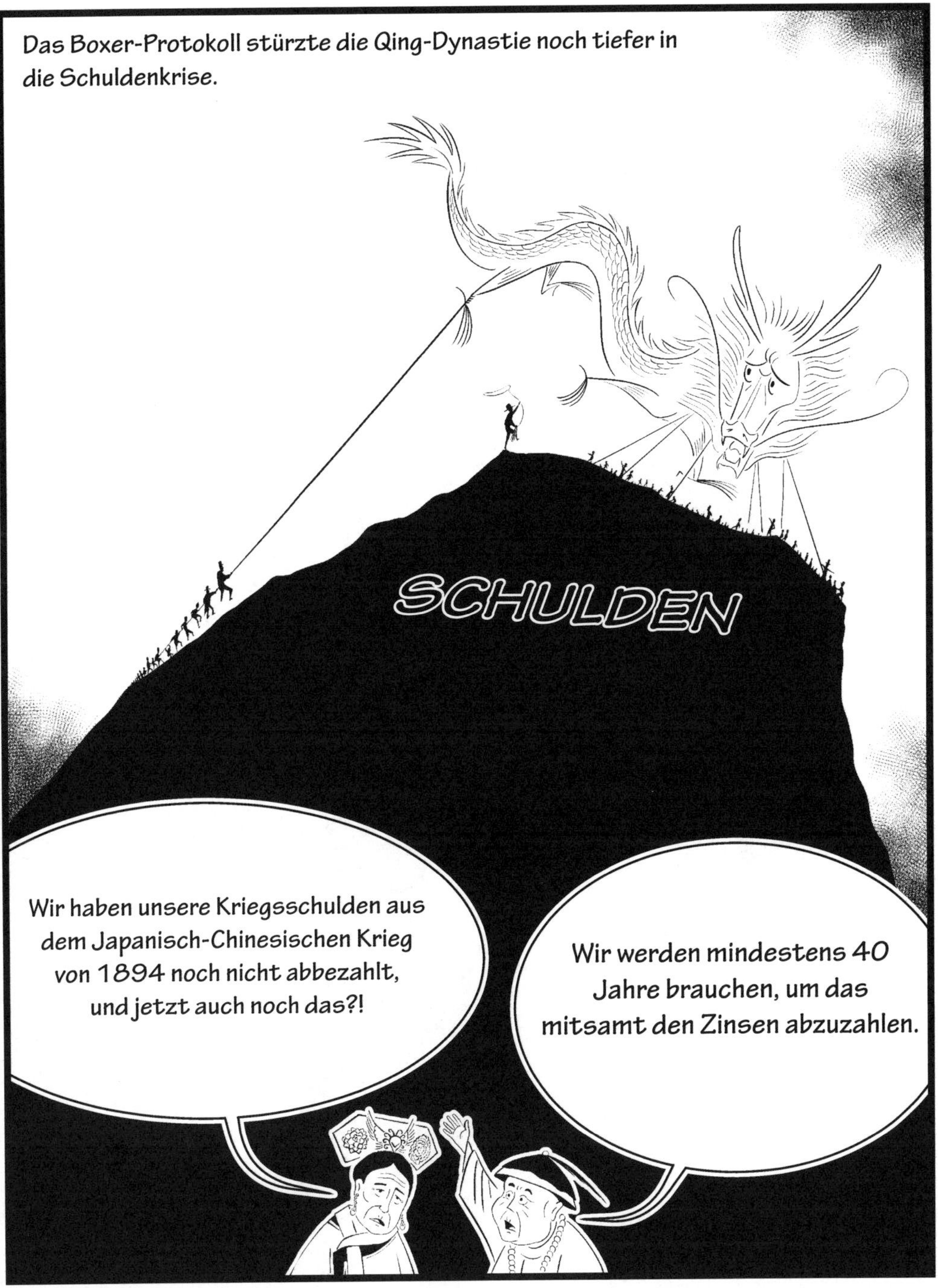
Das Boxer-Protokoll stürzte die Qing-Dynastie noch tiefer in die Schuldenkrise.
SCHULDEN
Wir haben unsere Kriegsschulden aus dem Japanisch-Chinesischen Krieg von 1894 noch nicht abbezahlt, und jetzt auch noch das?!
Wir werden mindestens 40 Jahre brauchen, um das mitsamt den Zinsen abzuzahlen.

Während des ersten Jahrzehnts des 20. Jahrhunderts bestand die primäre Aufgabe der Qing-Regierung darin, tagaus, tagein Geld aufzutreiben, um Schulden abzutragen.
Im Jahr 1911 benötigte der Kaiserhof Kredite von ausländischen Banken.
Als Tauschgeschäft können Sie das Eisenbahnnetz im Landesinneren Chinas betreiben.
Aber diese Eisenbahnen sind doch im Besitz von privaten Investoren.
Wir können die Eisenbahnunternehmungen verstaatlichen und die privaten Investoren mit Staatsanleihen entschädigen.

Unzufrieden mit den Entschädigungen durch die Regierung, gingen die Investoren auf die Strasse, um zu demonstrieren. Revolutionäre witterten für sich eine Gelegenheit und mischten sich unter die Protestbewegung. Es kam bald zu Zusammenstössen mit den Sicherheitskräften.
Die „Bewegung zum Schutz der Eisenbahnen" transformierte sich rasch in eine gigantische gegen die Qing-Herrschaft gerichtete Protestwelle.

Die Kaiserinwitwe Cixi war bereits im Jahr 1908 verstorben und musste sich somit dieser Krise nicht mehr stellen.
Kaiser Guangxi war am Tag vor Cixis Tod vergiftet worden.
Der letzte Kaiser der Qing-Dynastie war noch ein Kind.
Puyi
(1906 - 1967)

Revolution
Ein Arzt versetzte der Qing-Dynastie den Gnadenstoss.
Mein älterer Bruder ist in die USA ausgewandert. Er hat mein Studium in Hawaii und Hongkong finanziert. Danach bin ich Arzt geworden.
Sun Zhongshan (1866 – 1925), auch bekannt als Sun Yatsen
Sehr bald wurde mir klar, dass es nicht die Medizin ist, die China am dringendsten braucht. Ich habe es daher aufgegeben, als Arzt zu praktizieren, und habe mich ganz der Sache der Revolution verschrieben.
Ich habe in Japan die „chinesische revolutionäre Allianz“ gegründet, um in Übersee Spenden für den Widerstand gegen die Qing-Herrschaft im Inland zu sammeln.

Wir haben viele Male versucht, im Inland revolutionäre Stützpunkte zu errichten, sind aber immer wieder gescheitert. Nach dem zehnten Misserfolg bin ich in die USA gegangen, um noch mehr Spenden zu sammeln und unsere nächsten Operationen vorzubereiten.
Herr Sun, haben Sie schon die Nachrichten gelesen?
Die chinesische Revolution
Wuchang-Aufstand vom 10. Oktober 1911!
Während die in Wuchang stationierte Garnison der Qing-Armee die Stadt verliess, um einen Aufstand der Eisenbahnschutzbewegung niederzuschlagen, ergriffen meine Genossen dies als Gelegenheit, um die Revolution zu starten. Sie besetzten die Stadt und proklamierten die Gründung der Republik China!

Innerhalb von zwei Monaten nach dem Wuchang-Aufstand erklärten 15 Provinzen ihre Unabhängigkeit von der Qing-Dynastie. Vertreter aller Provinzen versammelten sich in Nanjing und wählten dort Sun Zhongshan zum Interimspräsidenten der Republik China.
Der Kaiserhof zog Truppen zur Niederschlagung der Revolution zusammen, aber die Generäle der Qing-Armee verhandelten heimlich mit der Revolutionsarmee. Anstatt die Republik zu bekämpfen, liess sich der mächtigste Qing-General auf einen Handel mit Sun ein.
Wenn du mich zum Präsidenten machst, werde ich den Kaiser zur Abdankung zwingen.
Ich bin einverstanden, da dies der schnellste Weg ist, die Qing-Herrschaft ohne weiteres Blutvergiessen zu stürzen.
Yuan Shikai (1859 - 1916)

Am 12. Februar des Jahres 1912 erliess der Kaiserhof ein Edikt zur Abdankung des Kaisers. Die Qing-Dynastie war somit offiziell beendet.

Die neugegründete Republik kam aber nie richtig vom Fleck. Ehemalige Generäle der Qing-Dynastie hatten vielerorts separatistische Regime errichtet. Noch mehr Bürgerkriege und Invasionen durch ausländische Mächte waren die Folge.

Die Wirtschaft war zusammengebrochen, der Staat stand aufgrund versiegter Steuereinnahmen vor dem finanziellen Kollaps. Er besass dadurch nicht mehr die Kraft, die Sicherheit seines Territoriums und seiner Bevölkerung zu gewährleisten.

Diese völlig aussichtslose Situation bot den Revolutionären eine Chance. Die Menschen waren nun in ihrer Verzweiflung bereit, ihren Ideen Gehör zu schenken. Grundlegende Veränderungen, die die chinesische Gesellschaft auf den Kopf stellen und dringend notwendige Reformen bringen würden, waren nun möglich.
Die Revolution brachte allmählich tief verwurzelte kulturelle Traditionen ins Wanken. Die Gesellschaft begann sich von unten bis nach oben zu wandeln.
Nach dem mühevollen Kampf vieler Menschen und nachdem grosse Opfer gebracht worden waren, war China endlich bereit für den Sprung von einem durch Kleinbauernwirtschaft geprägten Agrarreich, das sich über Jahrtausende hinweg kaum verändert hatte, hin zu einer industrialisierten Grossmacht.

Nach dem Ende der Qing-Dynastie versuchten verschiedene Mächte wieder einen Kaiser auf den Thron zu setzen. Aber die Gesellschaft hatte sich schon so stark verändert, dass es einem kaiserlichen Herrschaftssytem nicht mehr gelingen konnte, auf der Erde einen sicheren Stand zu erlangen, die es ehemals 2132 Jahre lang regiert hatte.
China hatte den dynastischen Zyklus endlich durchbrochen und machte sich mit grossen Schriften auf den Weg, eine moderne Nation zu werden.

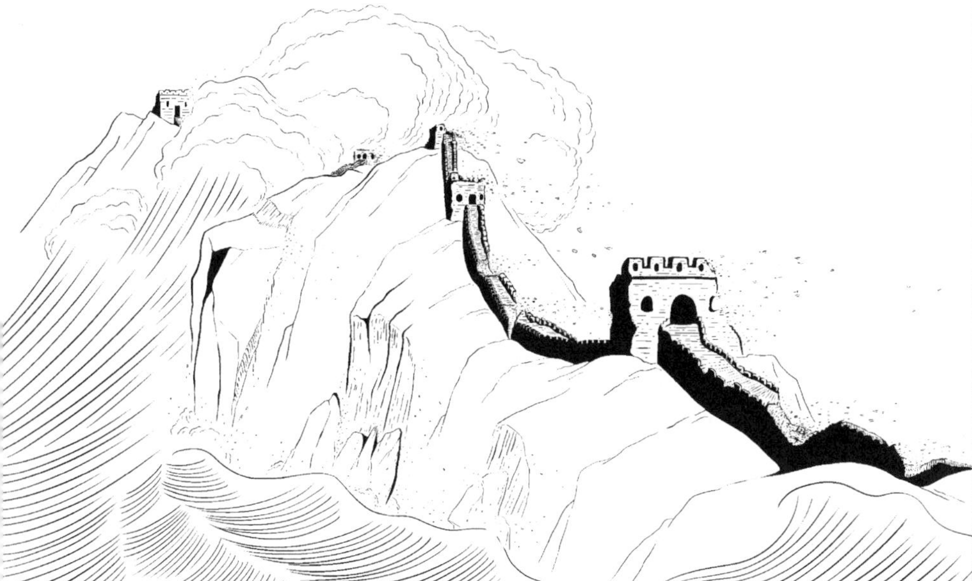

Anmerkungen und empfohlene weiterführende Lektüre

Die Aussprache chinesischer Namen kann sehr schwierig sein. Um die Dinge so einfach wie möglich zu halten, habe ich alle chinesischen Namen in *Pinyin* angegeben, der standardisierten phonetischen Umschrift zur Transkription chinesischer Wörter.

Die einzigen Ausnahmen hierzu bilden Namen, die vor längerer Zeit gemäss anderer, ältere Standards in lateinische Buchstaben umgesetzt wurden und sehr häufig verwendet werden. Ein ausgezeichnetes Beispiel hierfür ist der Philosoph Konfuzius. In der Pinyin-Schreibweise müsste man den Namen des Philosophen mit Kong-fuzi wiedergeben.
Aber ich verwende hierfür den Namen Konfuzius, nämlich den Namen, den jesuitische Missionare dem Philosophen im sechzehnten Jahrhundert gegeben haben.

Wenn Sie Ihre Aussprache der in *Pinyin* geschriebenen Wörter auf Korrektheit überprüfen möchten, finden Sie im Internet eine Vielzahl hilfreicher Ressourcen dafür.
Ein exzellentes Online-Wörterbuch mit Audio-Funktionen findet sich auf der Webseite www.mdbg.net.
Die Pleco App für iOS und Android Mobiltelephone erlaubt Ihnen ebenfalls, ihre Aussprache zu überprüfen.

Als ich *Chinas Geschichte im Comic – China durch seine Geschichte verstehen – Band 4: De Weg in die Moderne – Von der Ming-Dynastie bis zur Qing-Dynastie* schrieb, stützte ich mic auf eine Anzahl chinesischsprachiger Quellen. Diese beinhalten:
Die Geschichte Chinas von Tongling Wang
Die allgemeine Geschichte Chinas von Simian Lü
China – Eine Makrohistorie von Ray Huang (Huang Renyu)
sowie
Die Geschichte chinesischer Philosophie von Youlan Feng.
Bei vielen dieser Bücher handelt es sich um Klassiker der Geschichtsschreibung und sie beinhalten viel mehr Informationen, als ich jemals in dieser Reihe, geschweige denn in einem einzelnen Teilband, unterbringen könnte.
Wenn Sie in der Lage sind, chinesische Texte zu lesen, dann lohnt es sich für Sie, sich mit diesen Büchern näher zu beschäftigen.

Während die Anzahl englischsprachiger Publikationen, die sich mit dem in diesem Buch behandelten Zeitabschnitt der chinesischen Geschichte auf einfach zugängliche Weise befassen, sehr begrenzt ist, handelt es sich bei *1587, A Year of No Significance: The Ming Dynas in Decline* („1587, ein Jahr ohne Signifikanz: Die Ming-Dynastie im Niedergang") von Ray Huang um ein exzellentes Werk und eine hervorragende Informationsquelle. Ich empfehle auch *Chinese Civilization: A Sourcebook, 2nd Edition* von Patricia Buckley Ebers, worin originales Quellenmaterial der chinesischen Geschichte versammelt ist, von Orakelknochen übe Gesetzestexte bis hin zu Volkssagen.

Chinesischlerner finden auf der Webseite
www.manhua.ch Vokabellisten chinesischer Wörter
mit deutscher Übersetzung für den
chinesischsprachigen Teil dieses Buches.

Auf www.manhua.ch gibt es auch weitere Informationen
über den Künstler Jing Liu.

献给

聂莎莎、司徒子怡、张智焕、张智俉、严家森、严凯琳、刘一夫，和许许多多对世界充满好奇心的孩子们

画说中国史

第四册

走向现代

明朝 – 清朝
(1368年 – 1912年)

刘京 文 / 图

华瑞图书网
chinabooks.ch

目录

时间表

1368　朱元璋建立明朝

1405　郑和首航印度洋, 揭开七下西洋序幕

1421　永乐皇帝迁都北京

1529　心学思想家王阳明去世

1618　位于中国东北部的一支部族（后称满族）开始入侵明朝

1644　李自成率军攻入北京,明朝灭亡
满族入关,击败李自成，成立清朝

1683　清军攻陷台湾，消灭明朝残余抵抗力量

1795　清朝人口达到三亿,占当时世界人口的1/3

1839　第一次鸦片战争开始

1842　清朝与英国议和,签署《南京条约》

1850　太平天国运动爆发

1860　第二次鸦片战争中, 英法联军攻入北京，火烧圆明园

1861　清廷发起自强运动

1864　清军平定太平天国

1885　马吉芬成为北洋水师学堂的教官

1894　中日甲午战争爆发

1895　《马关条约》签订,中日停战

1899　义和团运动在华北迅速蔓延

1900　八国联军占领北京,镇压义和团

1911　武昌起义

1912　清朝结束

前言

关于今日中国的话题大多集中在经济领域，原因很明显：在三十年间，个曾经一穷二白的国家一跃成为世界第二大经济体，六亿人从此脱贫，中家庭的经济实力也直追发达国家水平。

中国的经济成就全球瞩目，好奇的读者可能会提出很多问题，其中一个题是，中国是怎么走到今天的？虽然这个问题没有简单的答案，但我建，了解今日中国可以从了解中国的过去开始。历史像一条连续的纽带，今情景的起因可以追溯到昨天、前天、去年、前年…… 追溯越久，事物的貌就越清晰。然而中国历史悠久，文献极其丰富，如何把繁杂的信息用清易懂的方式表达出来？

《画说中国史》系列丛书力求以简洁的画风、精炼的文字、理性的视，勾画出中国历史的发展脉络。通过这个脉络，读者可以把地理、气候、济、文化、哲学、人物、事件等各个点连成一条线，再用现代人的眼光寻历史主线中反复出现的趋势和背后的逻辑。只有如此放开眼界，我们才能会到各个历史时期的当事人所处的时代背景及其面临的挑战，看到当事人无法看到的结果，明白当事人所无法明白的意义。

中国是怎么走到今天的？这个问题没有单一的回答，但通过探究历史，者会看到，在中国的地理和历史条件下，中华文化长期积累演变，决定了国人的生活状况和思维习惯，从而影响了中国的发展道路。希望读者能够这本书为起点，开辟更多的探索途径，更全面地了解我们周边的世界，看每个人每件事存在的意义。毕竟，求知的动力源自我们每个人自己。

者
17年 北京

画说中国史
前情提要

第一册
中国文明的初创：黄帝 – 汉朝
（约公元前2697 – 公元220年）

第二册
从大分裂到黄金时代：三国 – 唐朝
（公元220年 – 公元907年）

第三册
外患下的自省：五代十国 – 元朝
（公元907年 – 公元1368年）

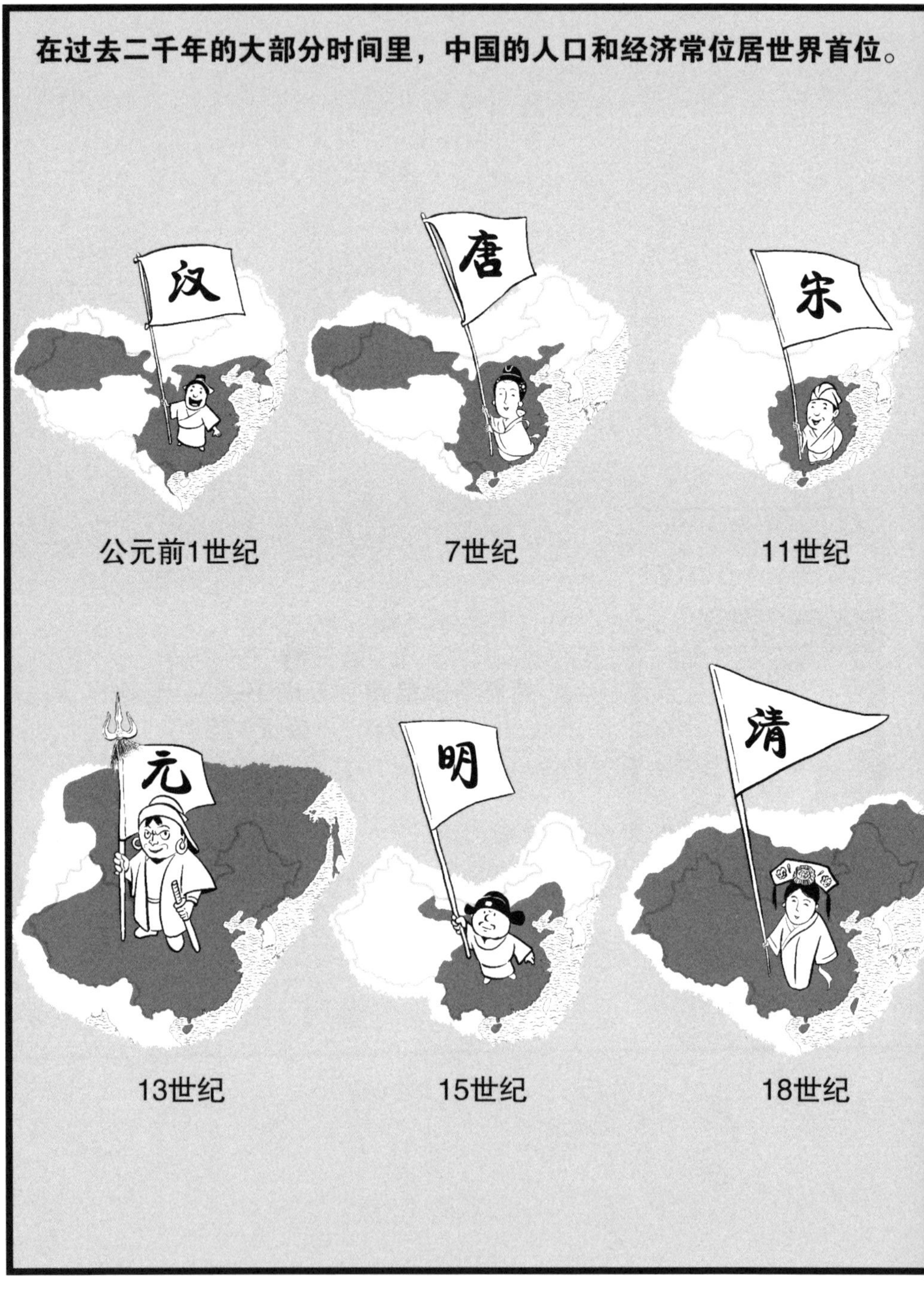
在过去二千年的大部分时间里，中国的人口和经济常位居世界首位。
汉
公元前1世纪
唐
7世纪
宋
11世纪
元
13世纪
明
15世纪
清
18世纪

在这些朝代之间，中国往往四分五裂、战火纷飞。随着朝代的兴衰更替，一个规律反复出现：王朝建立，开始繁荣，然后腐化，最终崩溃。传统历史学家称之为朝代循环。

如何摆脱朝代循环，
确保社稷万年长青？
一个好的社会必须从好的人开始。
为了人人向好，
民众需要的是启发，
而不是胁迫。
孔子
治国不能只靠善意，政府需要现实的制度，
以应对紧迫的问题。
中国饱受自然灾害和外族侵袭，为了生存，
我们必须动员尽可能多的资源。
贸易对我们的生存尤其重要！
更多的贸易带来更多的税收，
我们也就负担得起更多的赈灾物资和国防开支。
管子

在早期的贸易中，人们采用以物易物的形式。但易货贸易很不方便，想马上得到别人的货物，就必须正好有对方需要的东西。

在东周时期（公元前770 — 前256年），货币得到广泛应用。商家可以卖货收钱，然后花钱买东西。

秦朝（公元前221 — 前206年）统一币制，让货币在全国流通。

1120年前后，宋朝（960 — 1279）全面推行纸钞，这是世界上最早由政府大规模发行的纸币。

地方钱币

秦币

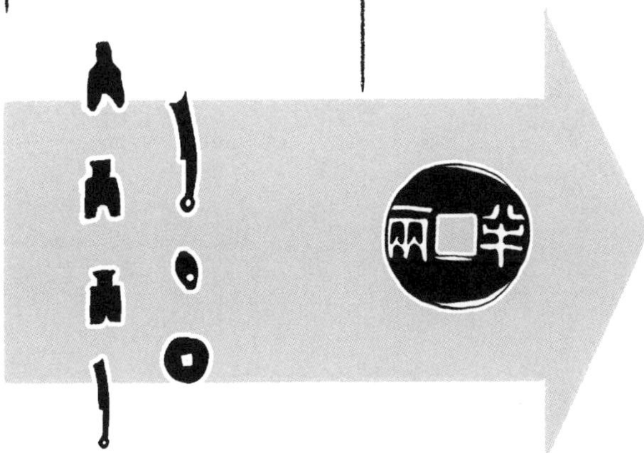

统一货币为政府管理全国经济提供了便利。纸币节约了长途运输大量金属货币的成本，进一步促进了贸易。

宋朝在经济和科技方面发展迅速。印刷术、指南针和火药等发明相继出现。

当宋朝都市和商业空前繁荣之际，中亚高原的一支游牧民族建立蒙古帝国。为夺取宋朝的财富资源，蒙古军队大举南侵。
人生还有比战争更刺激的事吗？

蒙古人建立元朝，统一中国。但是蒙古地方派系围绕皇位继承权的斗争经久不息，元朝迅速走向衰落。
元
为应付庞大军费，朝廷滥发纸币，引起元末通货膨胀，仅大米价格就比元初上涨1,000多倍。货币崩溃导致社会动荡。1351年，中国南方爆发叛乱。

画说中国史

4

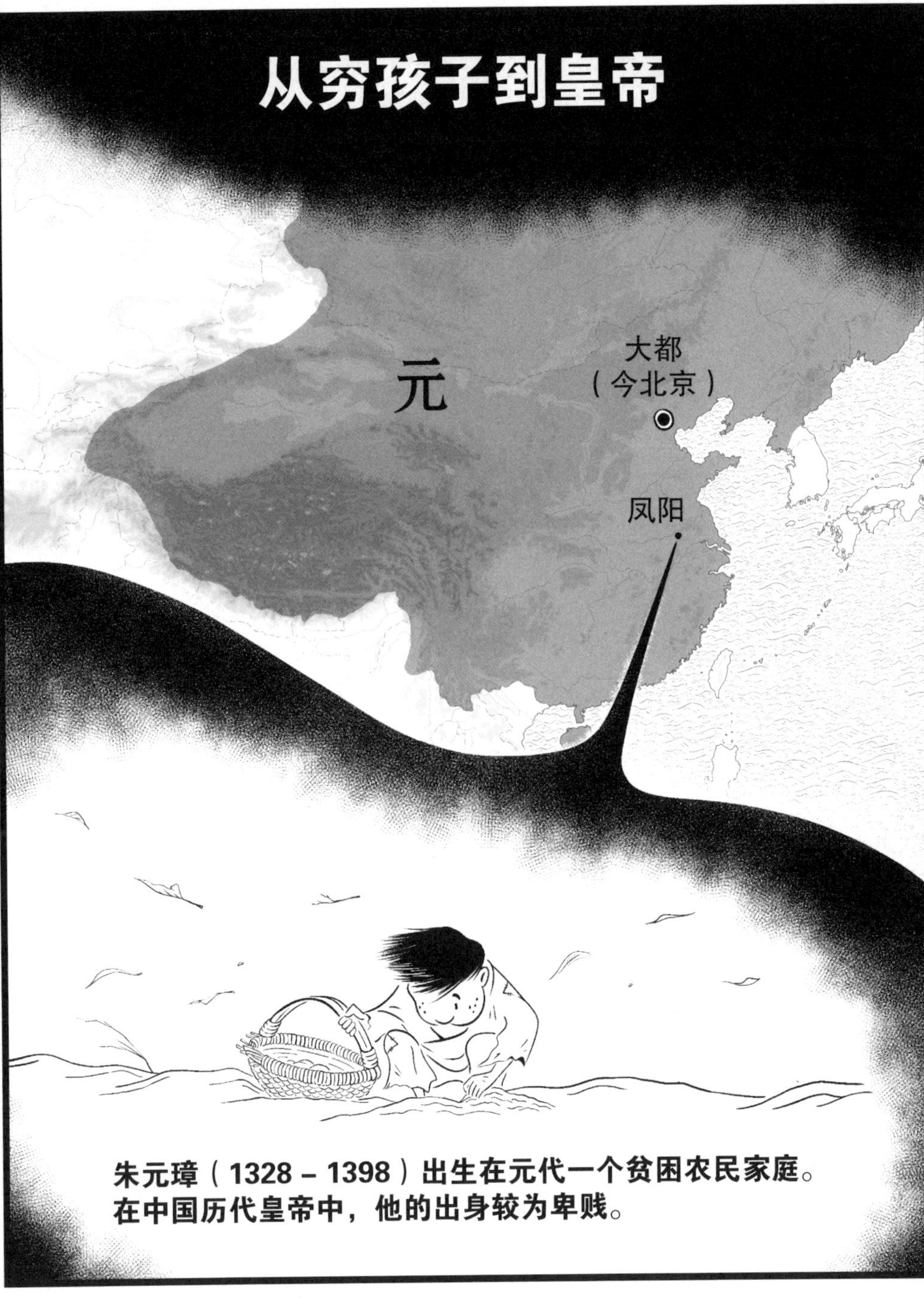
从穷孩子到皇帝
元
大都
（今北京）
凤阳
朱元璋（1328－1398）出生在元代一个贫困农民家庭。
在中国历代皇帝中，他的出身较为卑贱。

父母到处给地主当佃农，还要经常四处躲债。
因为没吃的，几个哥哥姐姐被送人。
我16岁那年赶上大旱和瘟疫，死了很多人。
父母也未幸免。
我向邻居求来一块坟地埋葬他们。

之后我进了
当地的佛寺。
两个月后
吃的快没了，你走吧。
佛
我四处讨饭。
四年后
我又回到同一个寺庙。

这一次，朱元璋在庙里过了几年
安定生活，直到1352年...
开门！
一些僧人参加叛军，对抗元朝。
为了报复，我们要烧了这个庙！

寺庙被毁，朱元璋再次无处可去。
我们起义军
需要你！

朱元璋加入叛军后，他早年积累的生存技能正好派上用场。
我一无所有，无所畏惧！
他的英勇广受赞赏。
后来我娶了叛军首领的女儿，并继承了他的队伍。这是我人生的转折点！

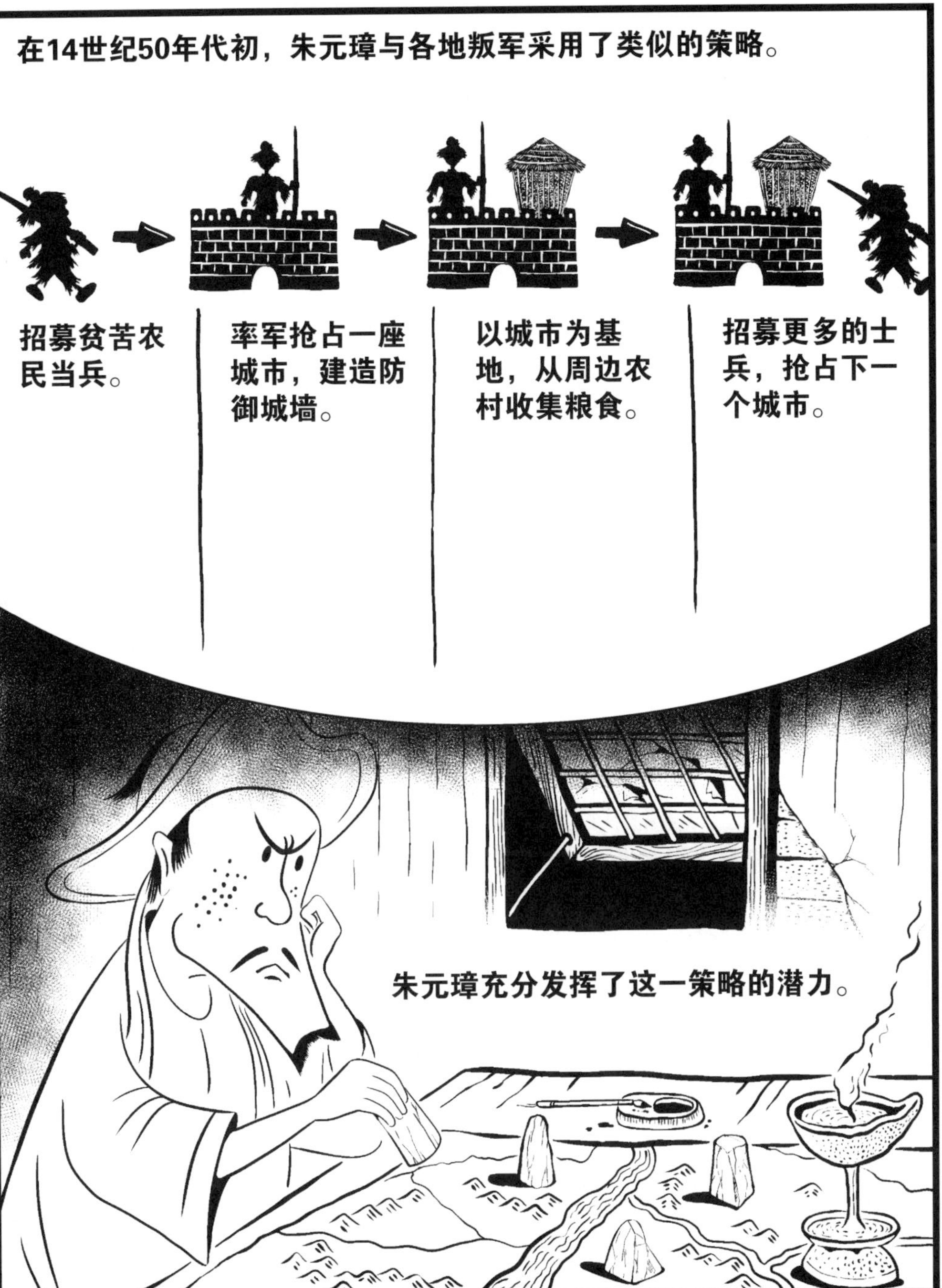

在14世纪50年代初，朱元璋与各地叛军采用了类似的策略。
招募贫苦农民当兵。
率军抢占一座城市，建造防御城墙。
以城市为基地，从周边农村收集粮食。
招募更多的士兵，抢占下一个城市。
朱元璋充分发挥了这一策略的潜力。

南京
1356年，朱元璋占领南京后，决定建造世界上最长的城墙。
南京拥有重要的农业产地，可以保障粮草供应。
修建城墙时，要利用山环水绕的天然屏障。
今天，南京城墙已有650多年的历史，是中国现存最长的古城墙。

朱元璋在南京广积粮草，扩充军队，以保存实力。
把人口编入不同户籍。
民户纳税粮，服劳役。
军户服兵役，供军用品。
在战乱的年代，南京城秩序井然，人口增至数十万，成为当时世界上人口最多的城市。

统一中国

朱元璋花了16年的时间，消灭身边的对手，巩固自己的地盘。

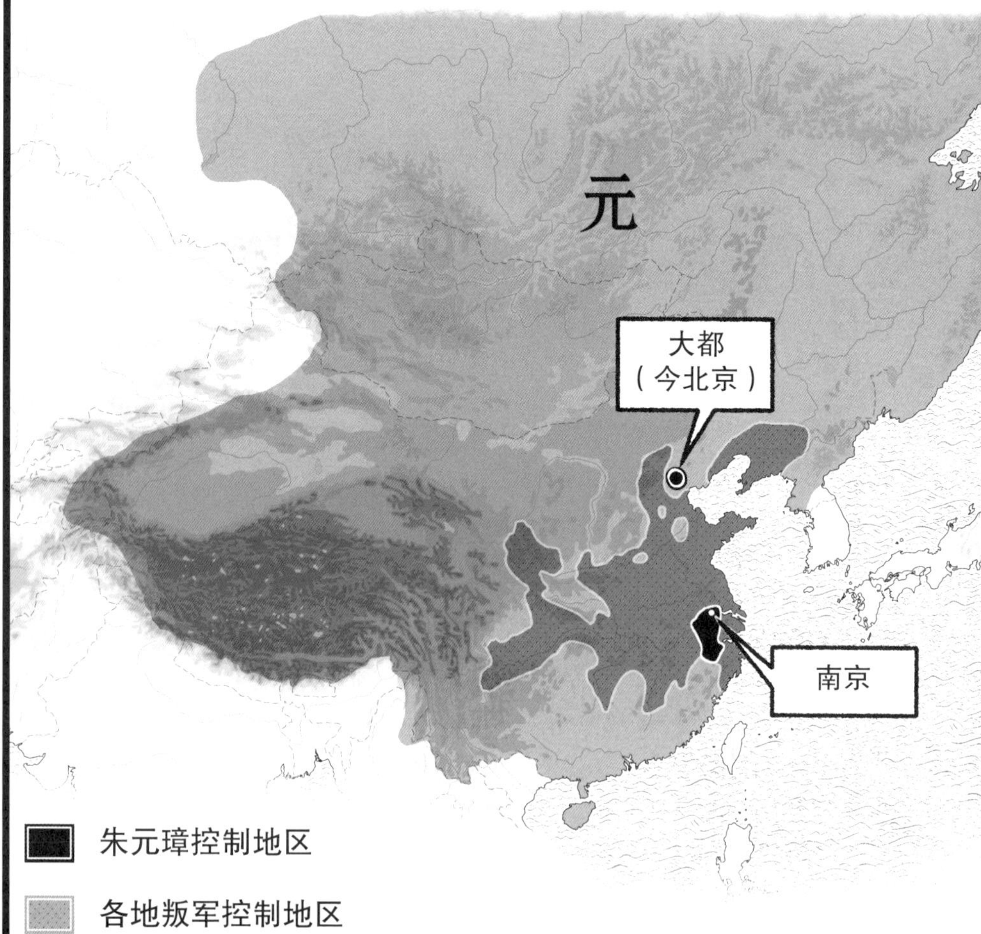

1368年，朱元璋统一南方，成立明朝。
明
与此同时，北方叛乱和内战严重削弱了元朝军队。
进攻元大都！
元朝末代皇帝弃城北逃，结束了蒙古对中国的统治。
元惠宗乌哈噶图汗
（1320－1370）

明朝

（1368 – 1644）

穷人的捍卫者

出身贫困的朱元璋成为洪武皇帝后，自许为穷人的捍卫者。

洪武皇帝采取行动保护民众利益。

低税负

首先，他将税率降至中国历史上最低水平。此税率在整个明朝基本保持不变。

*1石＝约26加仑或100升

** 1亩＝0.165英亩＝666.67平方米

你们可以用实物纳税。
每个村负责收税，
再送到附近的官府。

轻劳役
运送粮食和木炭到京城
农闲的时候，
你们可以为官府提供劳役。
维护灌溉系统
协助地方长官的日常勤务

另外还有1,040个官方驿站。
驿站
你们负责驿站的饮食和当地交通。
别担心。
我有全国14,000个大地主的名单。
我会让他们承担驿站的主要费用。

勿扰民
百姓完税服役之后，
官府就不该再干涉他们的生活。
未经允许私访农村的官员将被处死。

如有官员横行乡里，
你们可以上访，
我的书就是通行证。
《大诰》
主要针对官员犯罪的刑罚

印几百万本，
让每个家庭都有一份！
在洪武皇帝的监督下，明朝的8,000名官员尽量远离6,000万民众的日常生活。

低薪金

为进一步减轻人民的负担，洪武皇帝开出史上最低工资。

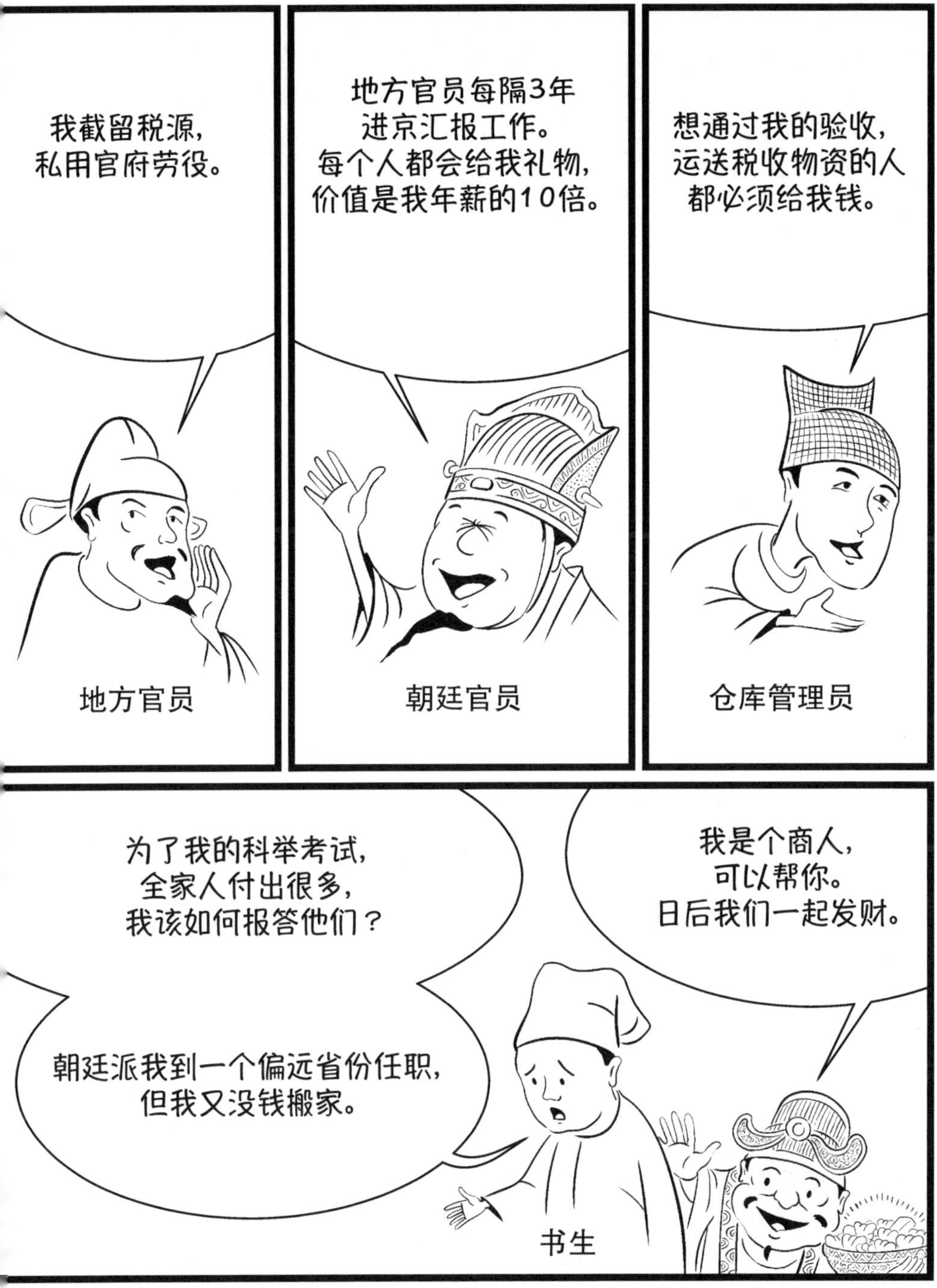
我截留税源，
私用官府劳役。
地方官员
地方官员每隔3年
进京汇报工作。
每个人都会给我礼物，
价值是我年薪的10倍。
朝廷官员
想通过我的验收，
运送税收物资的人
都必须给我钱。
仓库管理员
为了我的科举考试，
全家人付出很多，
我该如何报答他们？
朝廷派我到一个偏远省份任职，
但我又没钱搬家。
我是个商人，
可以帮你。
日后我们一起发财。
书生

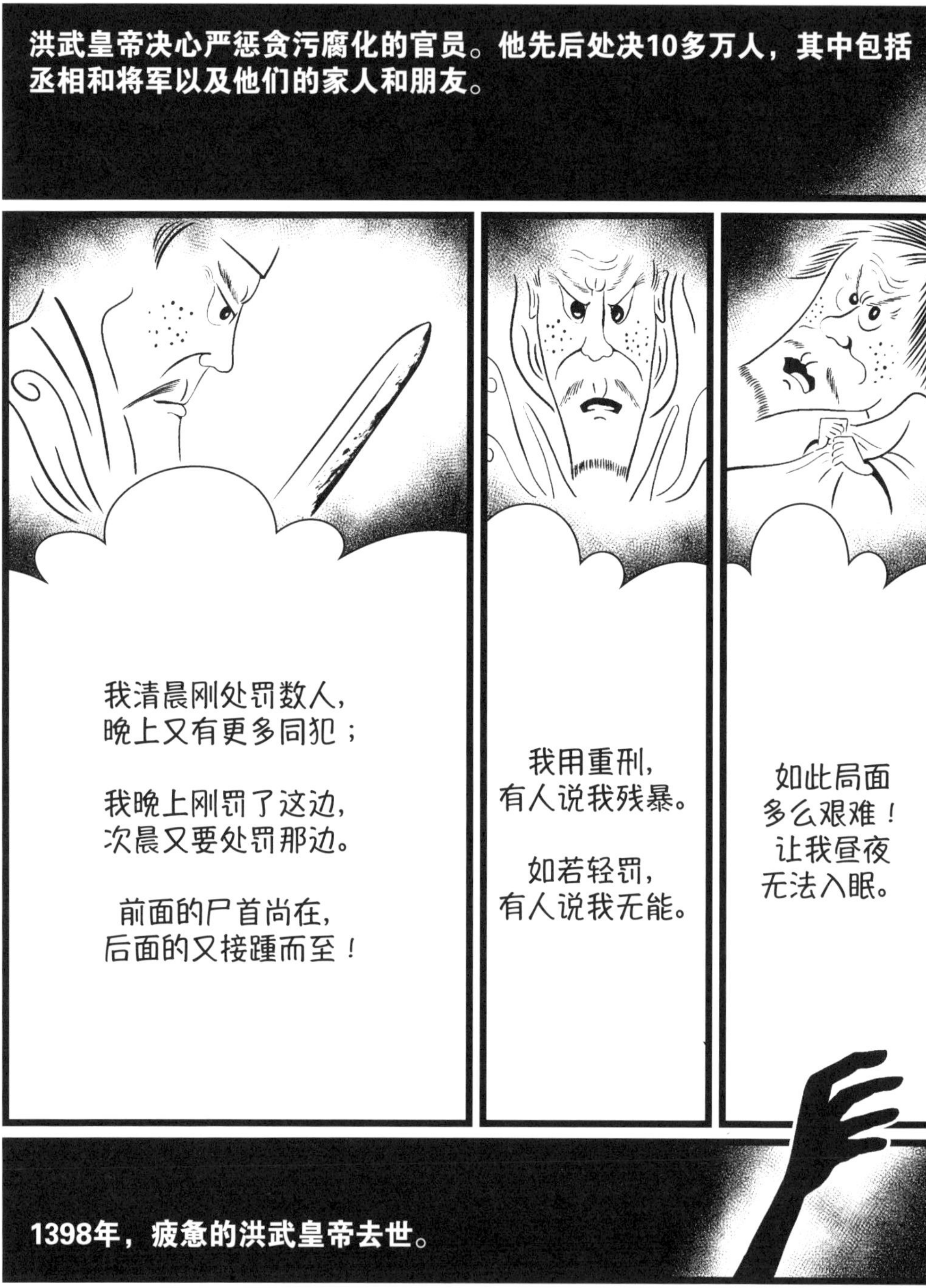
洪武皇帝决心严惩贪污腐化的官员。他先后处决10多万人，其中包括丞相和将军以及他们的家人和朋友。
我清晨刚处罚数人，晚上又有更多同犯；
我晚上刚罚了这边，次晨又要处罚那边。
前面的尸首尚在，后面的又接踵而至！
我用重刑，有人说我残暴。
如若轻罚，有人说我无能。
如此局面多么艰难！让我昼夜无法入眠。
1398年，疲惫的洪武皇帝去世。

深远影响

洪武之治对中国产生了深远的影响。

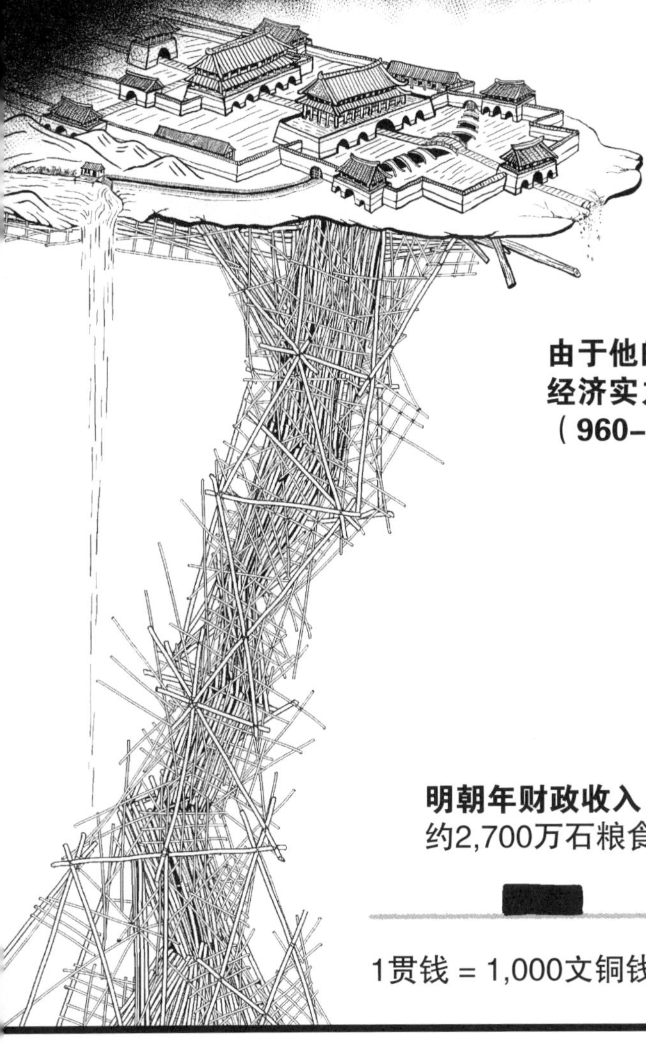

由于他的低税政策，明朝的经济实力大不如之前的宋朝（960– 1279）。

宋朝年财政收入：
约1亿2,600万贯钱

明朝年财政收入：
约2,700万石粮食

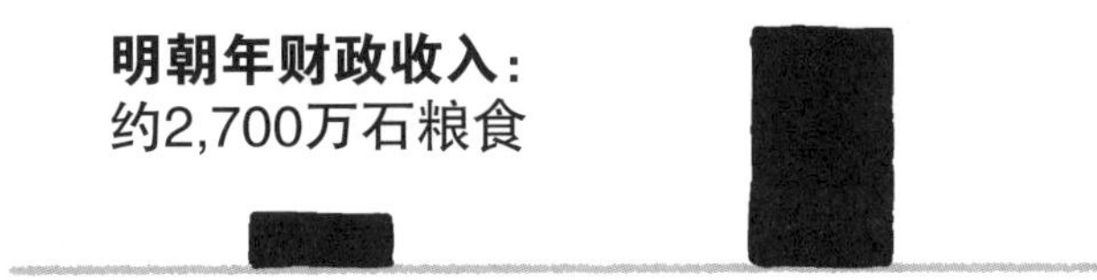

1贯钱 = 1,000文铜钱 = 1石粮食

低税收严重削弱了政府管理治安、经济、交通、教育、公共设施和救灾的能力。

古代中国完成了从主动到被动的转变。

主动

宋朝积极走在经济发展的前列，利用信贷刺激产出，采用新技术提高效率，通过贸易促进经济多元化。

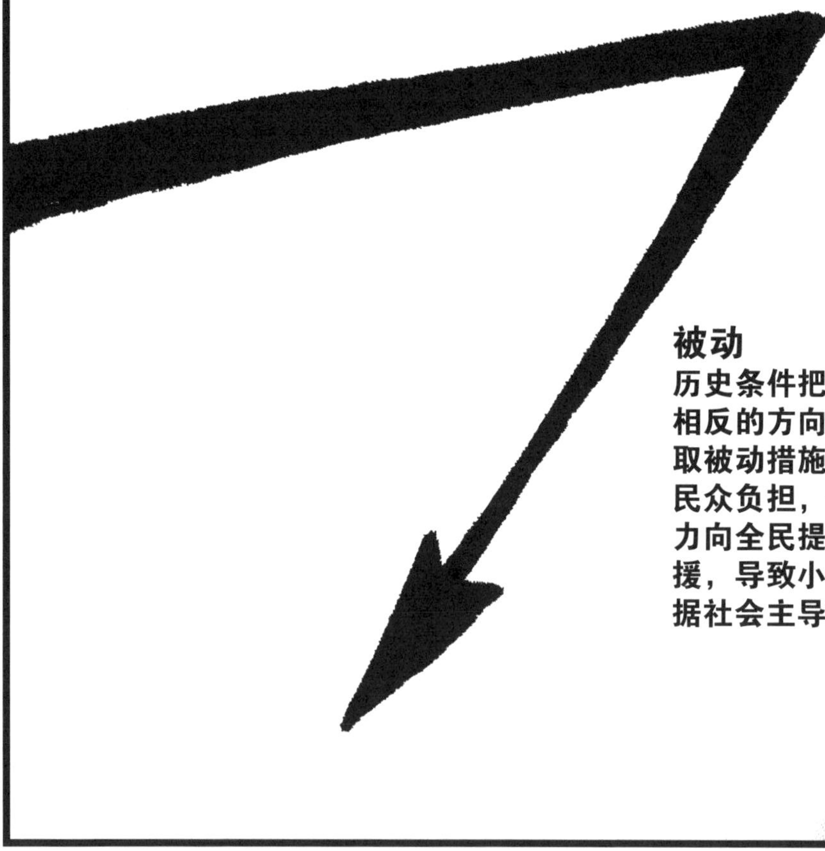

被动

历史条件把明朝推向相反的方向。政府采取被动措施，虽减轻民众负担，但也无力向全民提供更多支援，导致小农经济占据社会主导地位。

明朝很快达到小农经济所允许的发展极限。在广大农村，人口不断增长，但农民收入却无法提高。税收制度也愈发复杂，导致税务效率低下。国家财政长期处于窘困之中，阻碍了社会迈向现代工业化的进程。
这一问题贯穿明朝，以及随后的清朝，直至20世纪中期。
当整个明朝处于经济发展末端的时候，欧洲各国进入文艺复兴时期，开启了为期300年，从农业王国到工业化国家的转变。

货币问题

明朝很快陷入货币危机。

铜钱太少

洪武皇帝吸取元朝的教训，决定发行铜钱。

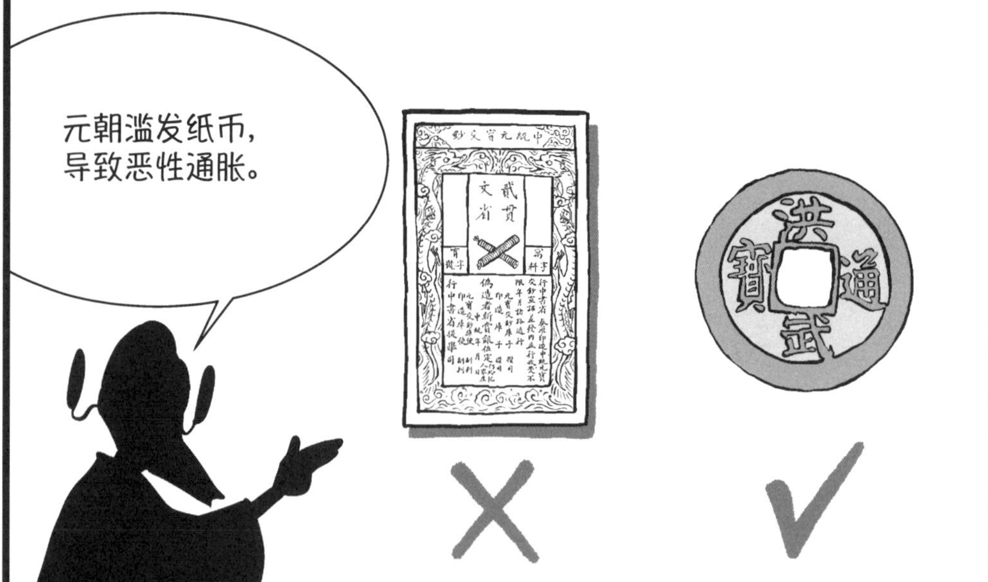

但铜矿有限，
我们每年只能铸造
2亿文铜钱。
明
铜钱2亿文

宋
根据宋代的经验，
全国每年至少需要
铜钱20-30亿文，
平均每人每年能用
50个新币。
铜钱30亿文

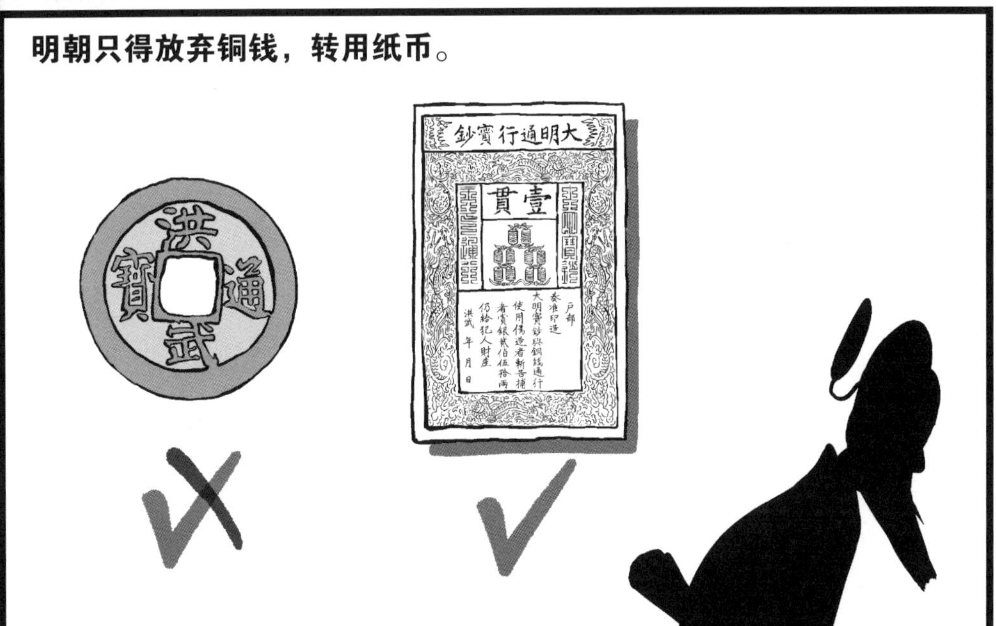

明朝只得放弃铜钱，转用纸币。
洪武通寶
大明通行寶鈔
壹貫
戶部
奏准印造
大明寶鈔與銅錢通行
使用偽造者斬告捕
者賞銀貳伯伍拾兩
仍給犯人財產
洪武 年 月 日

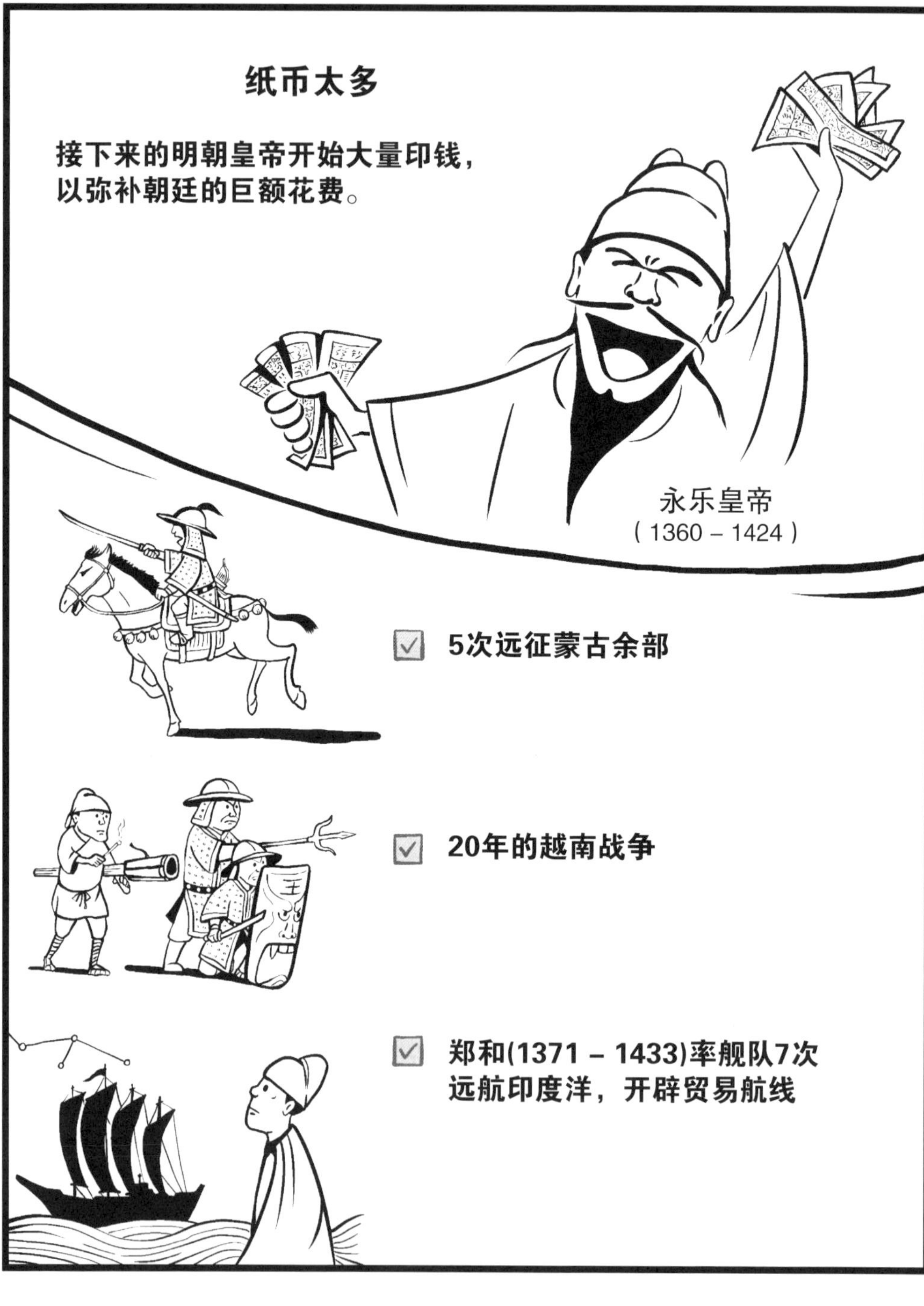
纸币太多
接下来的明朝皇帝开始大量印钱，
以弥补朝廷的巨额花费。
永乐皇帝
（1360 – 1424）
5次远征蒙古余部
20年的越南战争
郑和(1371 – 1433)率舰队7次
远航印度洋，开辟贸易航线

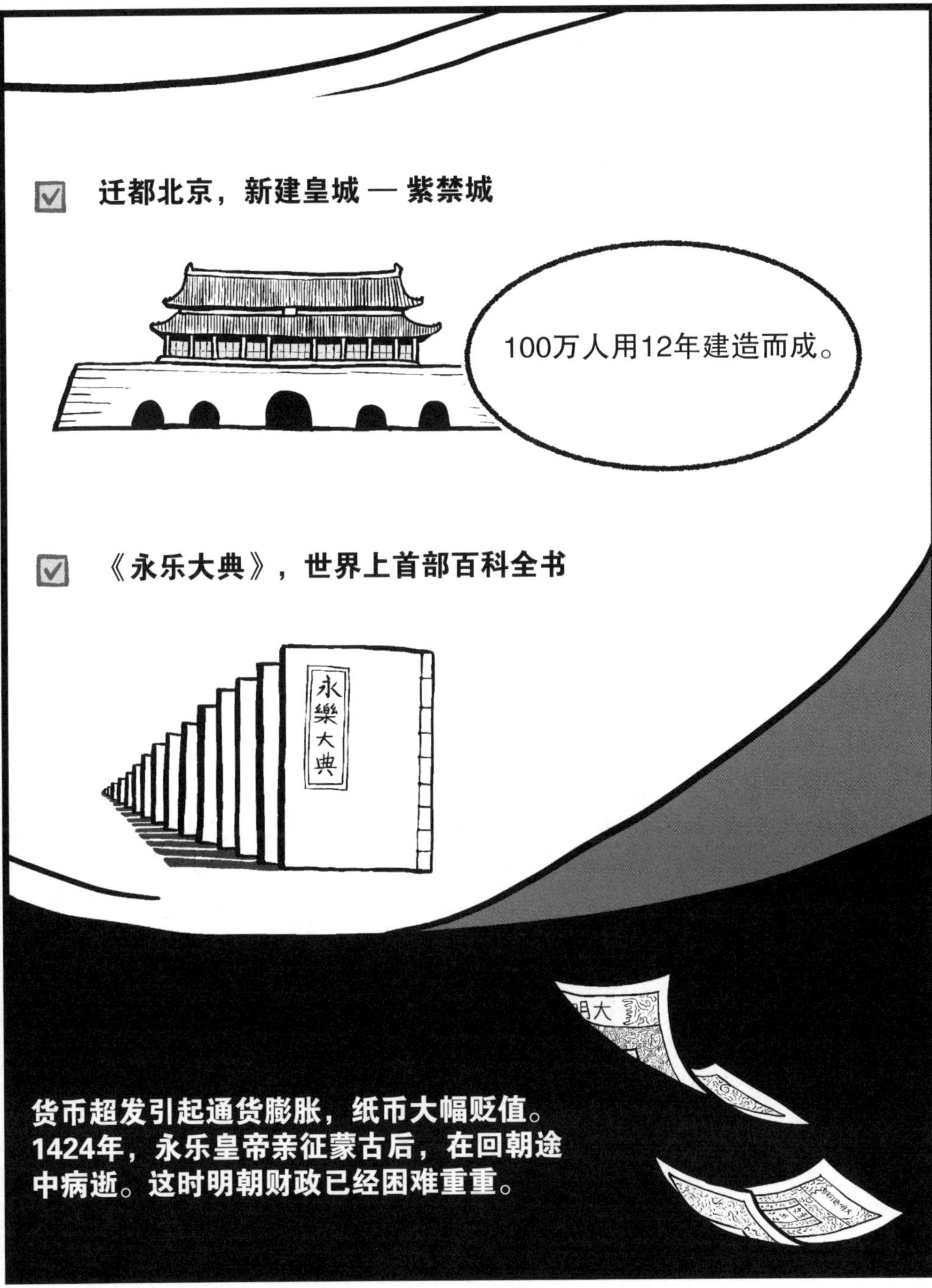
☑ 迁都北京，新建皇城 — 紫禁城
100万人用12年建造而成。
☑ 《永乐大典》，世界上首部百科全书
永樂大典
明大
货币超发引起通货膨胀，纸币大幅贬值。1424年，永乐皇帝亲征蒙古后，在回朝途中病逝。这时明朝财政已经困难重重。

全面收缩
向外扩张的代价太大了。
从越南撤军。
停止远洋航行。
挽救我们的货币！
大明通行寶鈔
壹貫

转向白银

尽管朝廷付出多重努力，纸币仍然无法挽救。

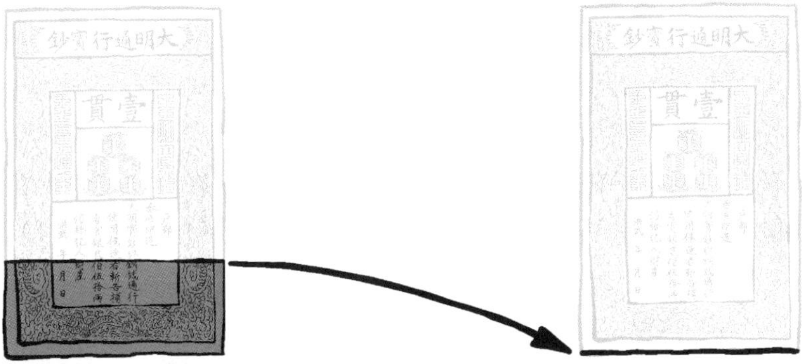

1425年，纸币跌破其原值的1/4。

1445年，币值缩水至1/1000。

15世纪初期，明朝开始逐步采用白银作为官方货币。

日本倭寇

倭寇主导了中日之间的白银贸易。倭寇问题始于元朝，当时蒙古入侵日本，两国官方贸易中断，双方民间私下交易，一些人武装走私，被称为倭寇。

明朝向倭寇宣战，军费随之大增。于是朝廷将粮食、布匹、劳役等多种形式的税种合并为一，以白银征收。

从1531年开始，越来越多的农民卖出农产品，得到白银后再交税，增加了社会对白银的需求。

朝廷很快陷入自相矛盾的境地。

明朝最终在1567年取消民间海外贸易禁令。中日商人可以合法经营，倭寇问题得到解决。

在同一时期，明朝商人在菲律宾发现西班牙商船带来的美洲白银。

自16世纪70年代起，至少1/3的美洲白银流向中国。
进口白银最初给我们带来稳定的货币，但我们控制不了白银的来源和交易。
当全球白银供应下降时，其价值上涨，导致通货紧缩。
对外国白银的依赖最终会拖垮我们。
当太多白银进入中国时，其价值下降，导致通货膨胀。

逆境求存

面对各种危机，一些明朝官员试图力挽狂澜。

王阳明与理学

王阳明（1472－1529）出生于文官家庭。他曾历任多项官职，并数次领兵平定叛乱。

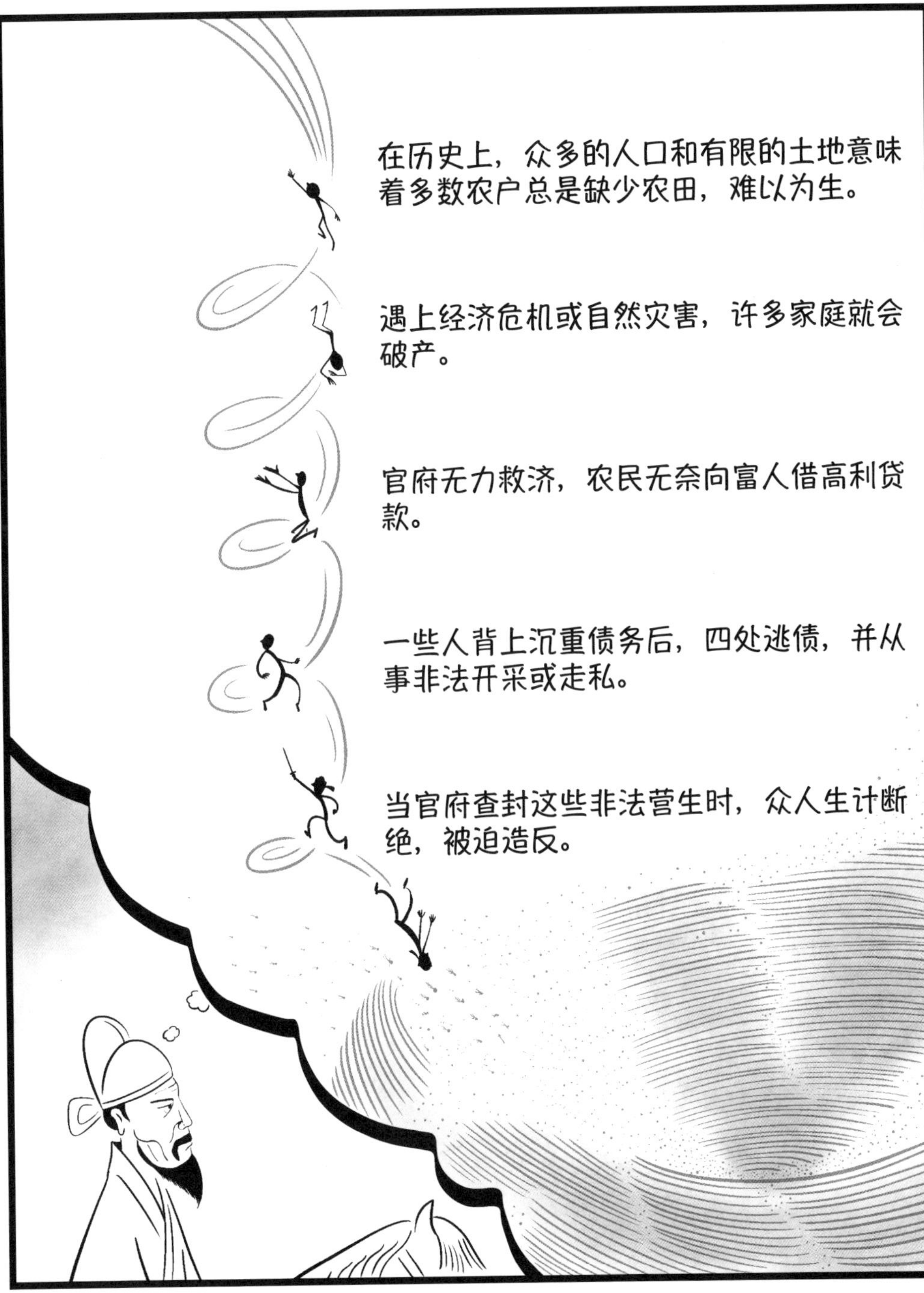
在历史上，众多的人口和有限的土地意味着多数农户总是缺少农田，难以为生。
遇上经济危机或自然灾害，许多家庭就会破产。
官府无力救济，农民无奈向富人借高利贷款。
一些人背上沉重债务后，四处逃债，并从事非法开采或走私。
当官府查封这些非法营生时，众人生计断绝，被迫造反。

王阳明试图在他的辖区内解决这些问题。
在困难时期，人们必须保持团结。富人应该帮助穷人，而不是用高利贷把人逼上绝路。
每村可以推选数位德高望重者主持社区事务，并举行月会。
会议议程：
*乡约仪式
*表扬上个月的好人好事，批评不良行为
*讨论村里预算、税务、贷款、治安等等
*大家聚餐，增进邻里和睦
让我们齐心合德，远离邪恶，同归于善…

王阳明从实践中提炼出新的哲学理论 — 心学。
心学和理学同为儒学的延伸，理学思想在宋朝达到顶峰。明朝官方教育采用宋代哲学家朱熹（1130 — 1200）编制的课程。
我同意朱熹关于人性本善的观点，但对于后天如何成长为有道德的人，我们的看法不同。
朱熹认为，人们需要通过读书学习获取知识，然后思考如何利用获得的知识来指导日常行为。

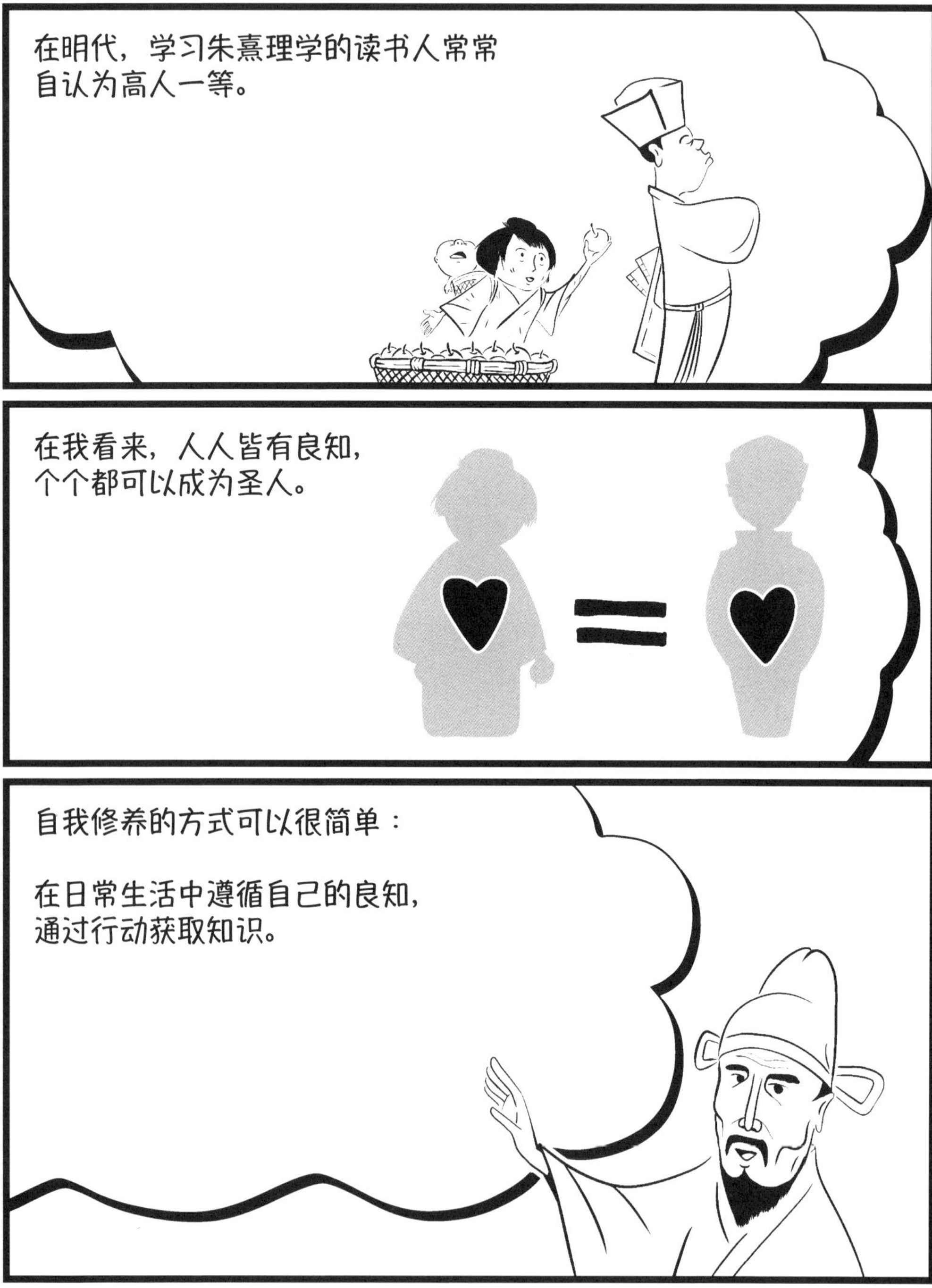
在明代，学习朱熹理学的读书人常常
自认为高人一等。
在我看来，人人皆有良知，
个个都可以成为圣人。
自我修养的方式可以很简单：
在日常生活中遵循自己的良知，
通过行动获取知识。

明朝的独立思想家们深受心学影响。他们利用书籍传播心学理念，一些书使用了当时主流精英所不屑的通俗语言，其中包括中国四大名著中的三部小说*。

这三部经典赞扬了军事首领、反叛分子和神话英雄，不同于传统儒学所尊崇的社会秩序、教育和文学修养。

*四大名著中的《红楼梦》出自清代。

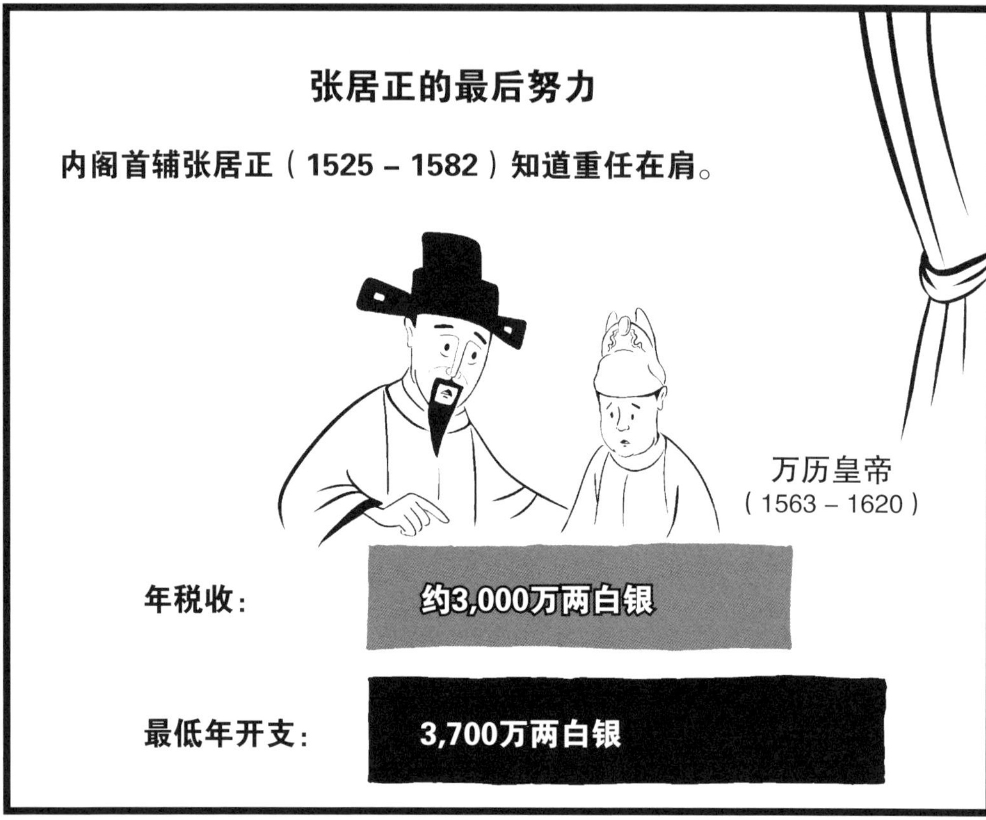
张居正的最后努力
内阁首辅张居正（1525 – 1582）知道重任在肩。
万历皇帝
（1563 – 1620）
年税收：
约3,000万两白银
最低年开支：
3,700万两白银

我军84.5万人，经费严重不足，
许多士兵只能戴竹头盔和纸铠甲。
有些几个月、
甚至几年没拿到军饷。

我们需要更多钱！
地方官员必须完成税收配额，否则不得晋升。
削减你的预算，直接向我报批！
在10年中，张居正为国库积攒白银1,250万两。他的努力暂时挽救了国家财政，但还不足以抵挡未来更大的危机。

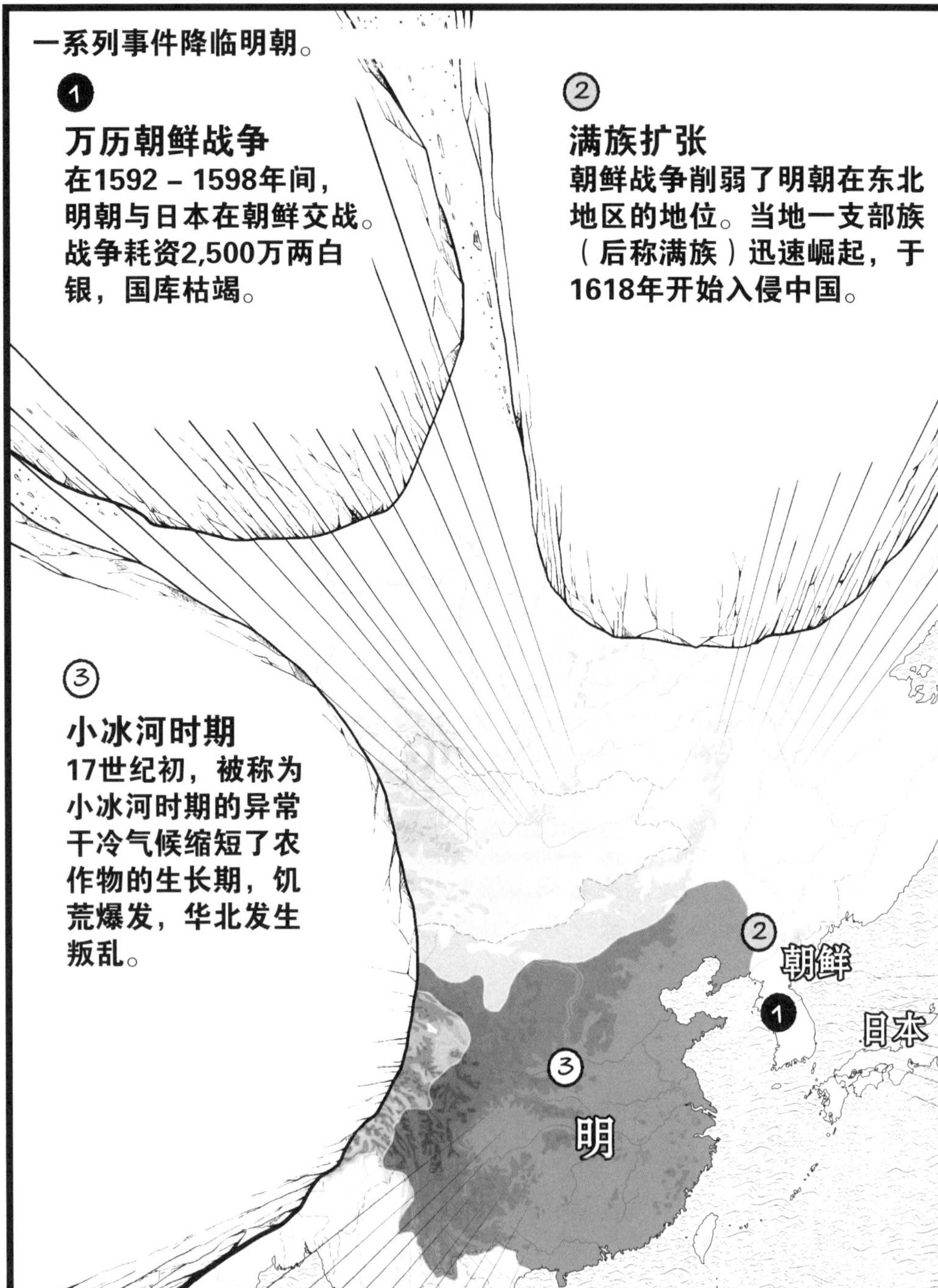
一系列事件降临明朝。
1
万历朝鲜战争
在1592 – 1598年间，明朝与日本在朝鲜交战。战争耗资2,500万两白银，国库枯竭。
2
满族扩张
朝鲜战争削弱了明朝在东北地区的地位。当地一支部族（后称满族）迅速崛起，于1618年开始入侵中国。
3
小冰河时期
17世纪初，被称为小冰河时期的异常干冷气候缩短了农作物的生长期，饥荒爆发，华北发生叛乱。
2
朝鲜
1
日本
3
明

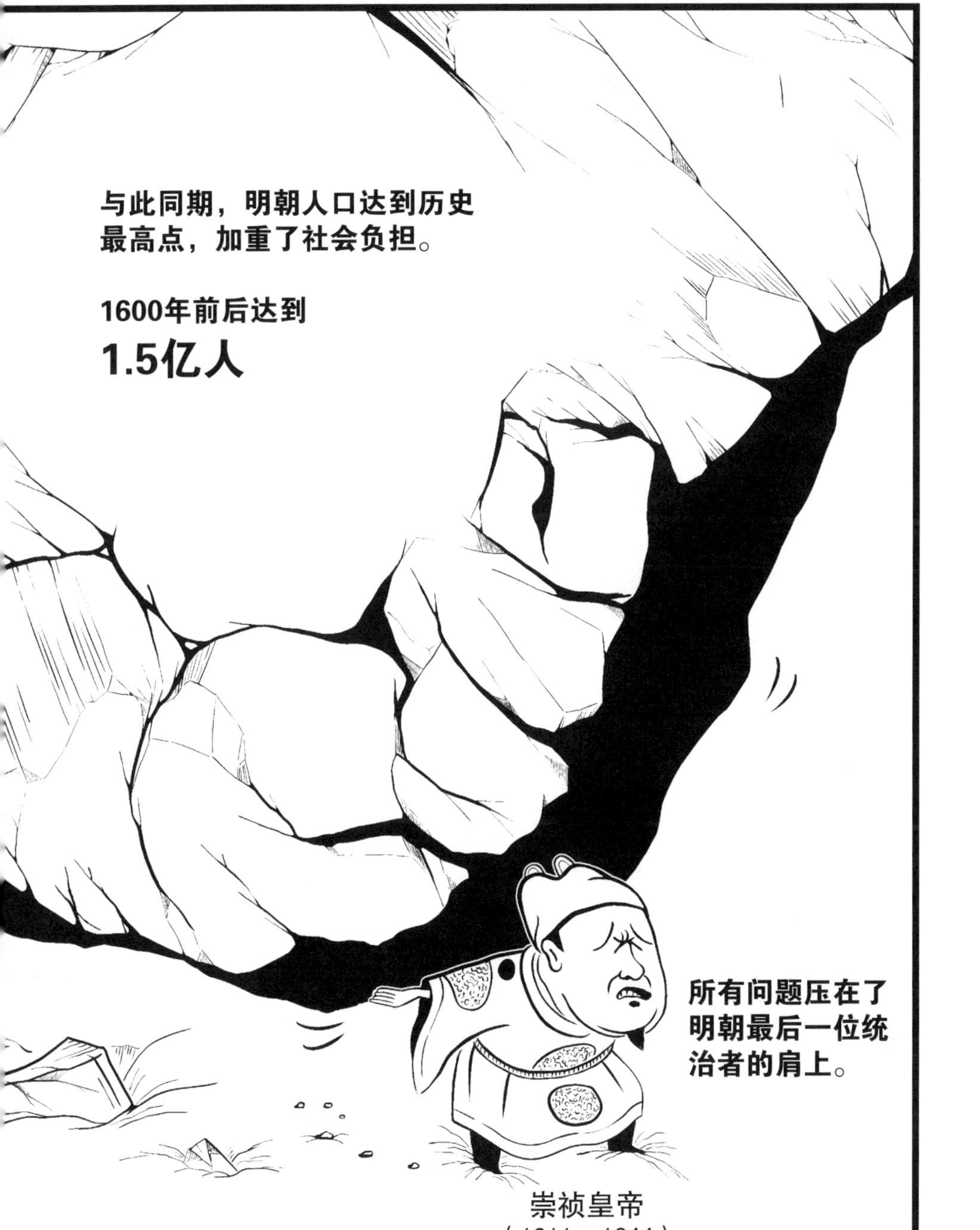
与此同期，明朝人口达到历史
最高点，加重了社会负担。
1600年前后达到
1.5亿人
所有问题压在了
明朝最后一位统
治者的肩上。
崇祯皇帝
（1611 – 1644）

“任贼分裂朕尸，勿伤百姓一人”

1644年，叛军直逼北京。

在明朝援军赶到之前，李自成率兵于1644年5月26日攻入首都。
李自成
（1604 – 1644）
崇祯皇帝急忙召集他的儿子。
你们今日还是皇子，明日就是普通小孩了。
各自逃生去吧！不必管我……
……我要为社稷而死。

从现在开始，你们要谨慎小心。
遇见官员，年长的称为老爷，年轻的称为相公。
遇见平民，老者呼为老爹，幼者呼为长兄……
崇祯皇帝接着砍杀了自己的女儿。
你们这样的女孩怎能落入叛贼之手？你们为什么要生在我家?!
黑暗中，皇帝逃到紫禁城外的御花园，爬上一座小山，自缢身亡，结束了明朝。

崇祯皇帝留下遗言。
朕无德无能，上天大怒，致逆贼直逼京师。朕死无面目见祖宗于地下，自去冠冕，以发覆面。任贼分裂朕尸，勿伤百姓一人。
崇祯皇帝殉国后，李自成原以为明朝军队会向他投降。但明军大多继续战斗，誓为崇祯报仇。
明将吴三桂（1612 – 1678）与满族结盟，反攻李自成。
李自成兵败逃亡，不久被杀。

满族占领北京，恢复都城秩序，并于1644年建立清朝。
清朝
（1644 – 1912）

"我们来捍卫中华传统"
我们满族与以前的游牧民族不同。
在建立王朝之前，
他们已经在长城之内管理过大量农业人口，
而我们没有这样的经验。
鲜卑
契丹
女真
蒙古
顺治皇帝
（1638 – 1661）

我们在1599年才
有了满文。

我们在1635年才
开始自称满族。

我们的八旗制度只
有40年的历史，
这个半军事化的制度
将人口分为8个单位，
以便管理。

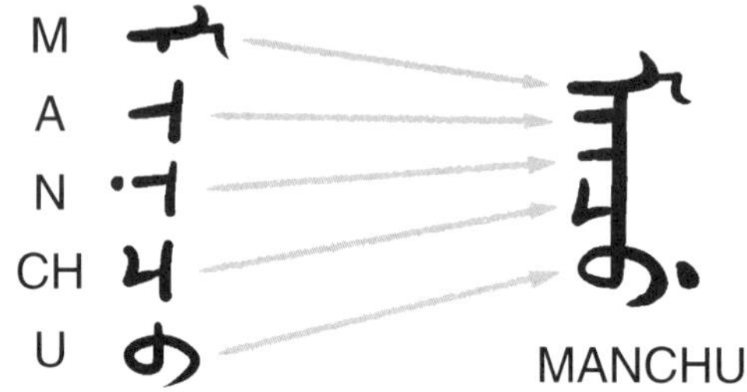

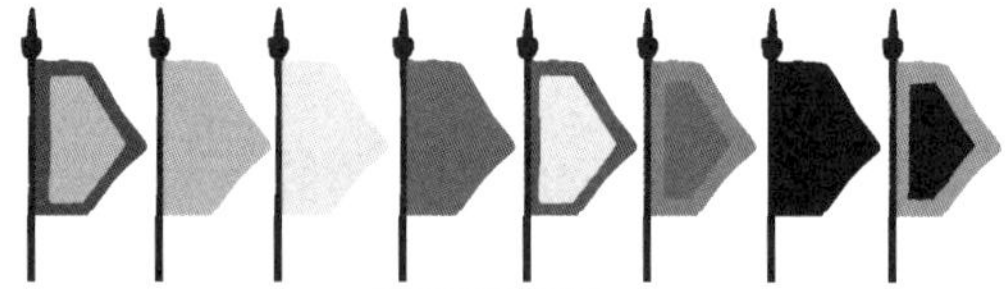

此外，几位明朝皇族逃到南方，成立数个政权，还在继续抵抗。

一些汉人拒不服从成年男子必须留满族发型的命令。
仅扬州一地就有几十万居民因为顽抗而被处死！

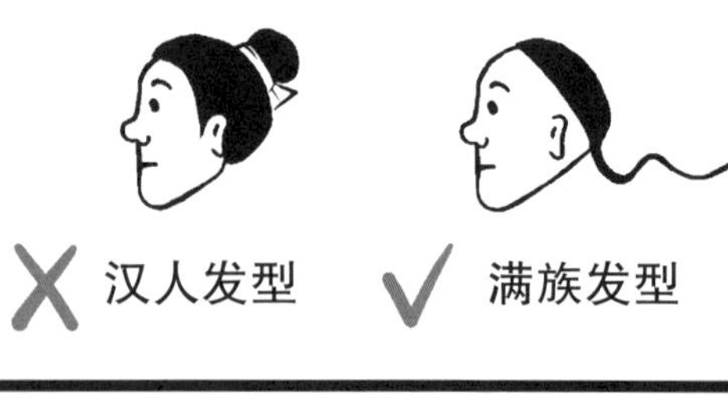

要统治中国，我们只能继续明朝制度，
尽量不做改动。
保持低税收
允许明朝官员留任。
保留科举考试。
法律平等对待汉人和满人。
我们要向世人展示：
我们是来捍卫中华传统的。

最后的抗清力量

随着抗清势力的消弱，郑成功（1624 – 1662）的军队成为最后一支明朝抵抗力量。

* 1623年，荷兰商人抵达台湾，设立商业和军事基地，与中日两国进行贸易。

封锁他们！命令东南沿海居民向内陆迁移25公里。
切断台湾和清朝的所有来往 。
北京
清
台湾
郑成功及其继承者坚持到1683年，直至
清军攻陷台湾。明朝残余势力将近四十年
的抵抗也就此终结。

世纪和平

在付出数千万生命的代价后，和平终于到来，并持续100多年，跨越了3位皇帝的执政期。

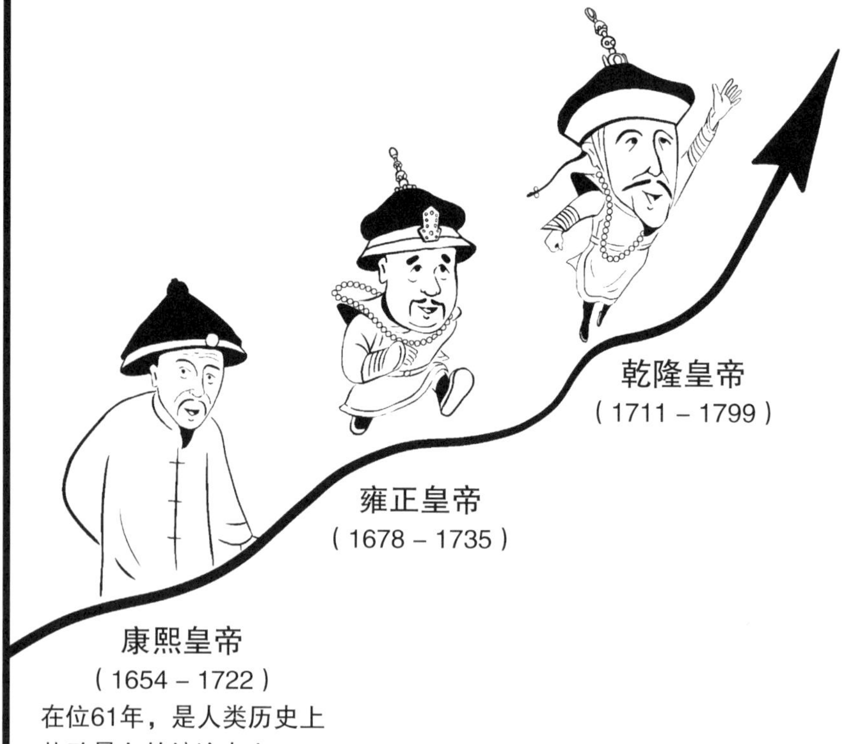

经济迅速复苏。
像明朝人一样，我们主要用钱交税，而不用实物。为了赚钱，我们要去集市卖农产品。
大多数人住在集市周边，当天可以来回，方便做买卖。
为确保日常交易有充足的货币，清朝用10年专注铜钱铸造，其数量比整个明朝276年的铸钱还多！
大额交易和税收仍然使用白银。
康熙皇帝
1,000文铜钱
1两白银

不断增长的经济使国家受益。
国库白银从我执政初期的
1,500万两增加到4,500万。
大清如此富裕，
也就无需增加民众负担。
1711年，康熙皇帝冻结了土地税和
人头税。
你们的税额固定在当前水平，
以后家里人口增加，也不再加税。

领土扩张

在经济实力的支持下，清军逐渐成为东亚装备最好、力量最强的军队。

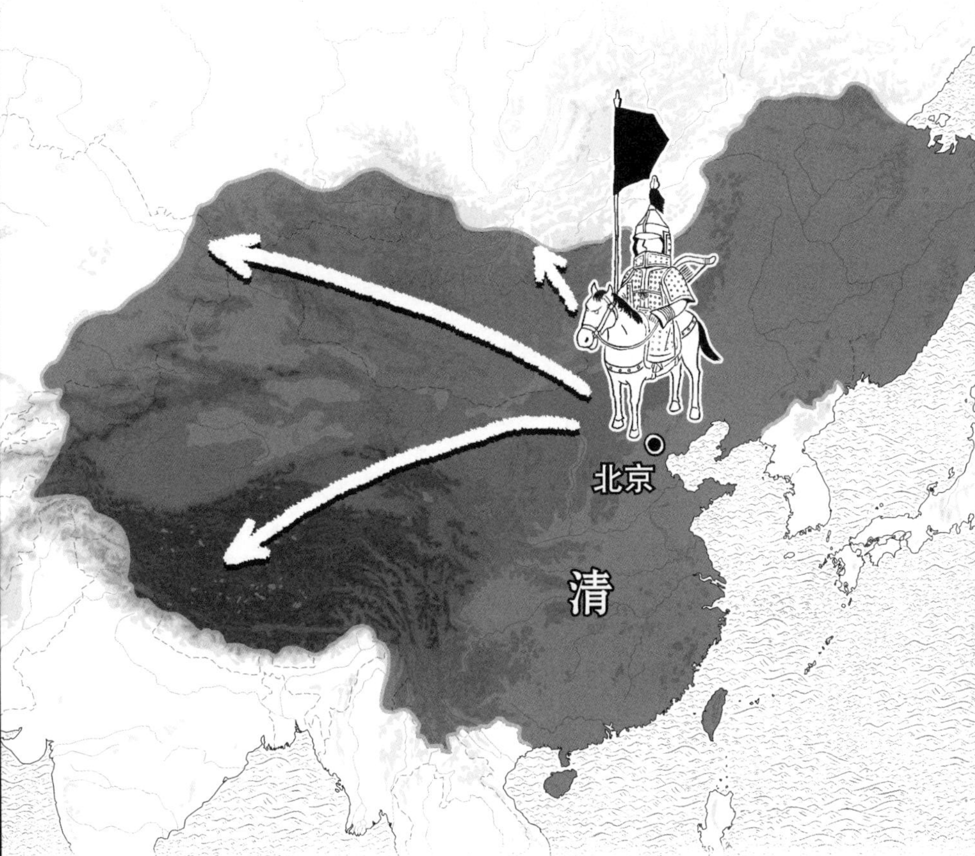

至18世纪末，清朝的版图已经包括西藏、蒙古和今新疆地区。

与西方的早期接触

收复台湾后，朝廷重新开放东南沿海，恢复海上贸易。

美洲作物

贸易带来了美洲农产品。

甘薯

土豆

花生

玉米

烟草

辣椒

菠萝

腰果

木薯

有些地方种小麦土壤太薄，
种水稻太费力，
我们可以种玉米。
如果土壤干燥贫瘠，
不适合玉米，
我们还可以种甘薯。
大力推广美洲作物，
扩大农田和粮食生产！

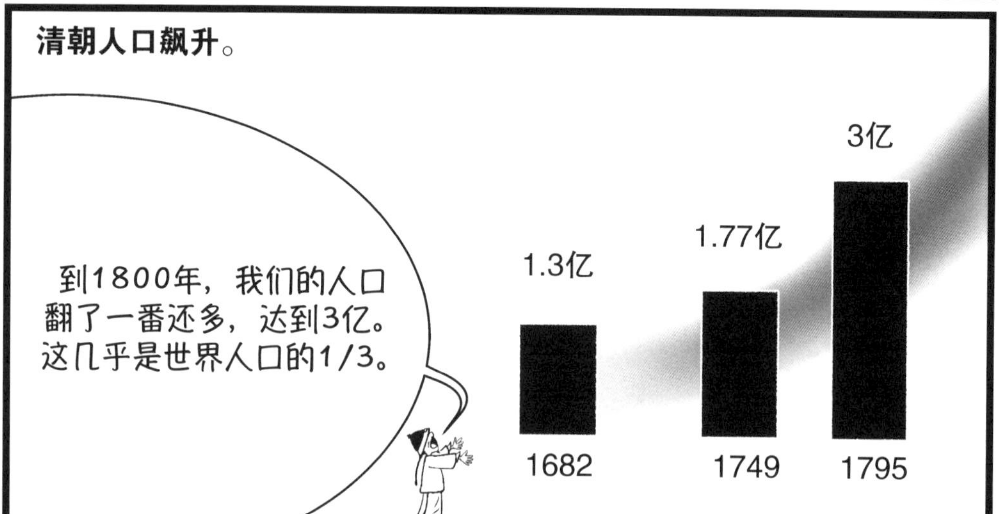
清朝人口飙升。
到1800年，我们的人口
翻了一番还多，达到3亿。
这几乎是世界人口的1/3。
1.3亿
1.77亿
3亿
1682
1749
1795

耶稣会

耶稣会的成员是首批见到清朝盛世的西方人。耶稣会于明朝来到中国。清朝成立后，一些西方学者继续留任朝廷，从事科学、数学、天文和艺术工作。

转折点

尽管经济发展、人丁兴旺，清朝仍要面对困扰前朝的难题 — 低效的税制不能满足国家日益增长的预算需求，导致腐败蔓延。

在每年的全国税收中，朝廷只拿1/3，地方政府拿1/3，
其余的被不法官员层层瓜分。

更糟糕的是，1796年叛乱又起，
领头的是19岁的卖艺女子王聪尔（1777 - 1798）。
许多官员趁乱谋私，朝廷耗费白银2亿才平息了叛乱。

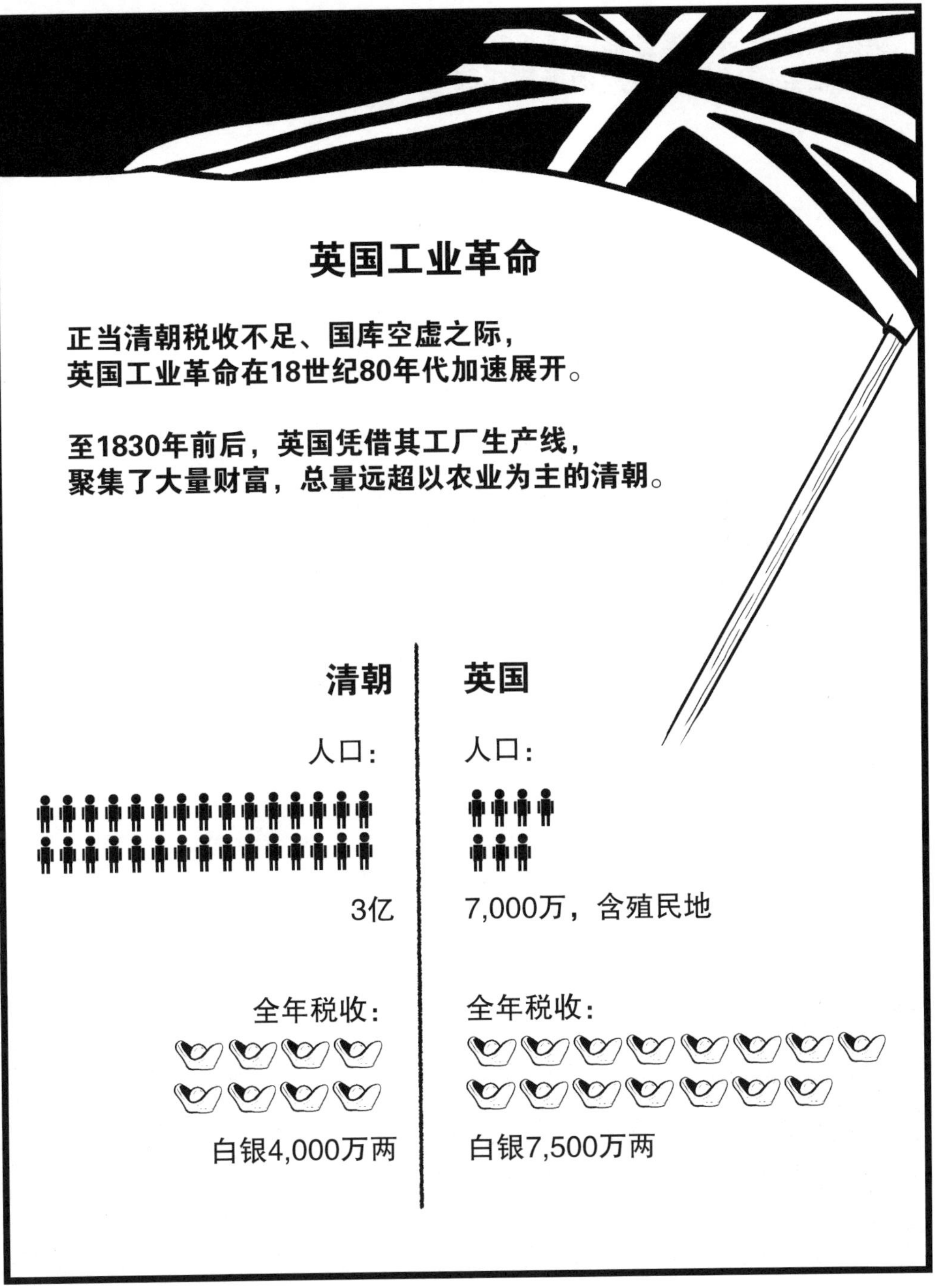
英国工业革命
正当清朝税收不足、国库空虚之际，
英国工业革命在18世纪80年代加速展开。
至1830年前后，英国凭借其工厂生产线，
聚集了大量财富，总量远超以农业为主的清朝。
清朝
人口：
3亿
全年税收：
白银4,000万两
英国
人口：
7,000万，含殖民地
全年税收：
白银7,500万两

英国商人走遍世界各地销售其产品。他们的商业雄心，配合军方的支援，使英国成为19世纪的世界强国。

在鼎盛时期，大英帝国控制了全世界20%的人口和25%的陆地。

鸦片贸易
18世纪后期，大英帝国代理人之一的东印度公司开始向清朝出售鸦片。
鸦片明朝就有，当时用于医疗和消遣。
现在，我们在印度生产鸦片，低价卖到清朝，利润用于资助英军在印度的军事行动。
但鸦片在清朝不合法。我们必须通过中国商人，绕开海关，走私入境。
清
北京
广州

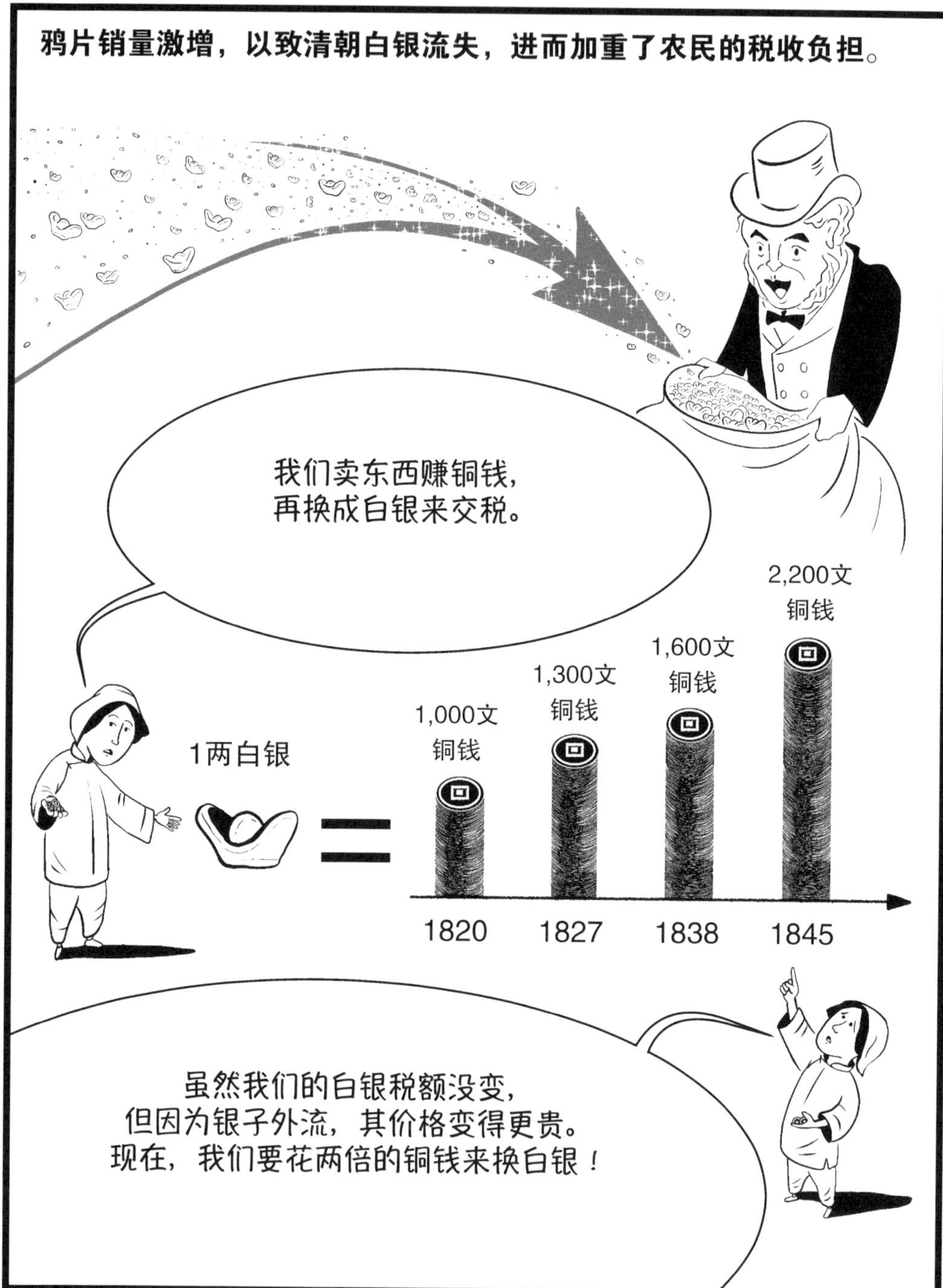

鸦片销量激增，以致清朝白银流失，进而加重了农民的税收负担。
我们卖东西赚铜钱，
再换成白银来交税。
1两白银
1,000文
铜钱
1,300文
铜钱
1,600文
铜钱
2,200文
铜钱
1820
1827
1838
1845
虽然我们的白银税额没变，
但因为银子外流，其价格变得更贵。
现在，我们要花两倍的铜钱来换白银！

第一次鸦片战争

清朝试图禁止鸦片贸易。

1839年，清朝官员没收英国商人的鸦片，英国政府派军舰回击，第一次鸦片战争（1839 – 1842）爆发。

朝廷很快意识到过时的清军舰船敌不过英国海军。为尽快停战，清朝官员于1842年签署《南京条约》。
北京
清
上海
宁波
长江
福州
厦门
广州
在过去，所有国际贸易必须经过广州的几家官方特许商行。
现在有5个通商口岸。我们可以跟任何人交易。
香港成为英国殖民地！
1839年的鸦片战争是西方列强与中国的第一次大规模交战，标志着中国近代史上“百年耻辱”的开端。

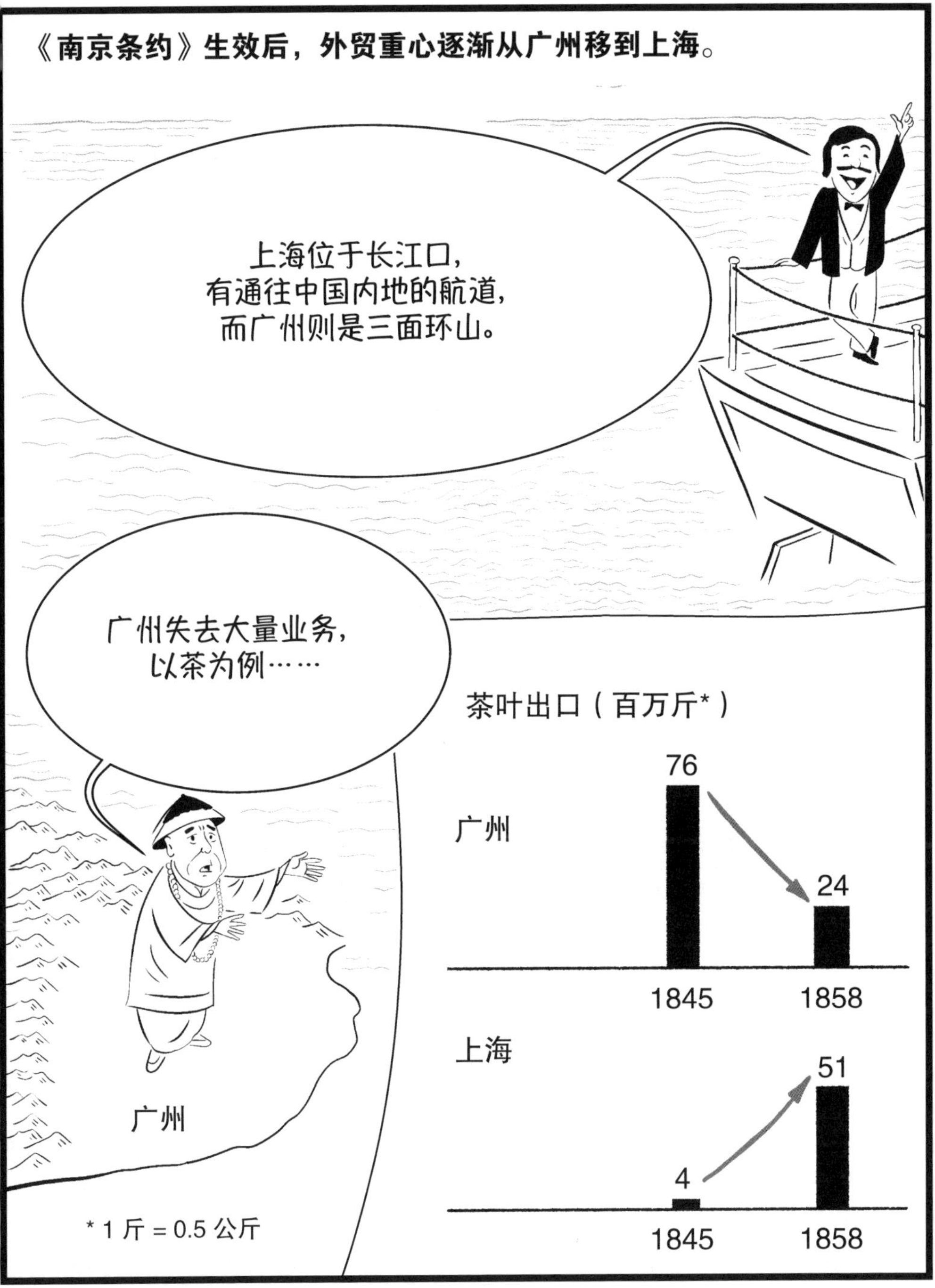
《南京条约》生效后，外贸重心逐渐从广州移到上海。
上海位于长江口，有通往中国内地的航道，而广州则是三面环山。
广州失去大量业务，以茶为例……
茶叶出口（百万斤*）
广州
76
24
1845
1858
上海
4
51
1845
1858
广州
* 1 斤 = 0.5 公斤

太平天国

对于上百万在广州谋生的商贩和劳力，从广州到上海的贸易转移是一场灾难。出于绝望，数万人加入了洪秀全（1814 – 1864）领导的拜上帝教。

后来，我在广州
遇到一位传教士。
通过他，我找到了
上帝！
现在我明白了
我是谁。
上帝是我父亲，
耶稣是我兄弟！
现在我明白了
我的人生目的！
我要征讨满清和
他们的儒家秩序！
说的真好！
您觉得我们能行吗？

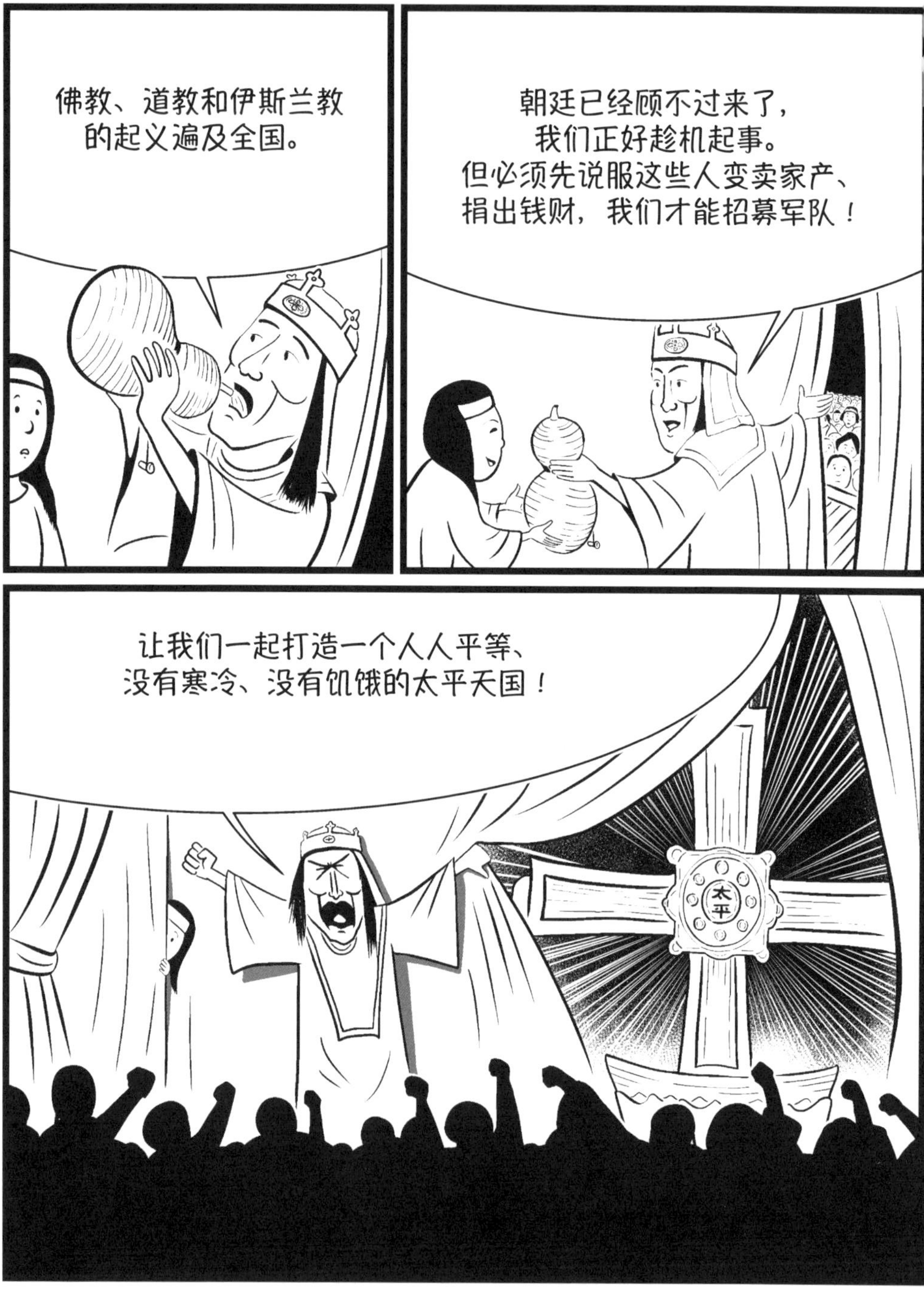
佛教、道教和伊斯兰教
的起义遍及全国。
朝廷已经顾不过来了，
我们正好趁机起事。
但必须先说服这些人变卖家产、
捐出钱财，我们才能招募军队！
让我们一起打造一个人人平等、
没有寒冷、没有饥饿的太平天国！
太平

太平天国运动（1851 – 1864）爆发。

朝廷发兵南下，攻打太平军。这时，捻军（1853 – 1868）又在北方起事。

祸不单行，黄河数次决堤，农田被淹，导致饥荒。清朝人口也达到4.3亿的峰值，加剧了粮食供应的压力。

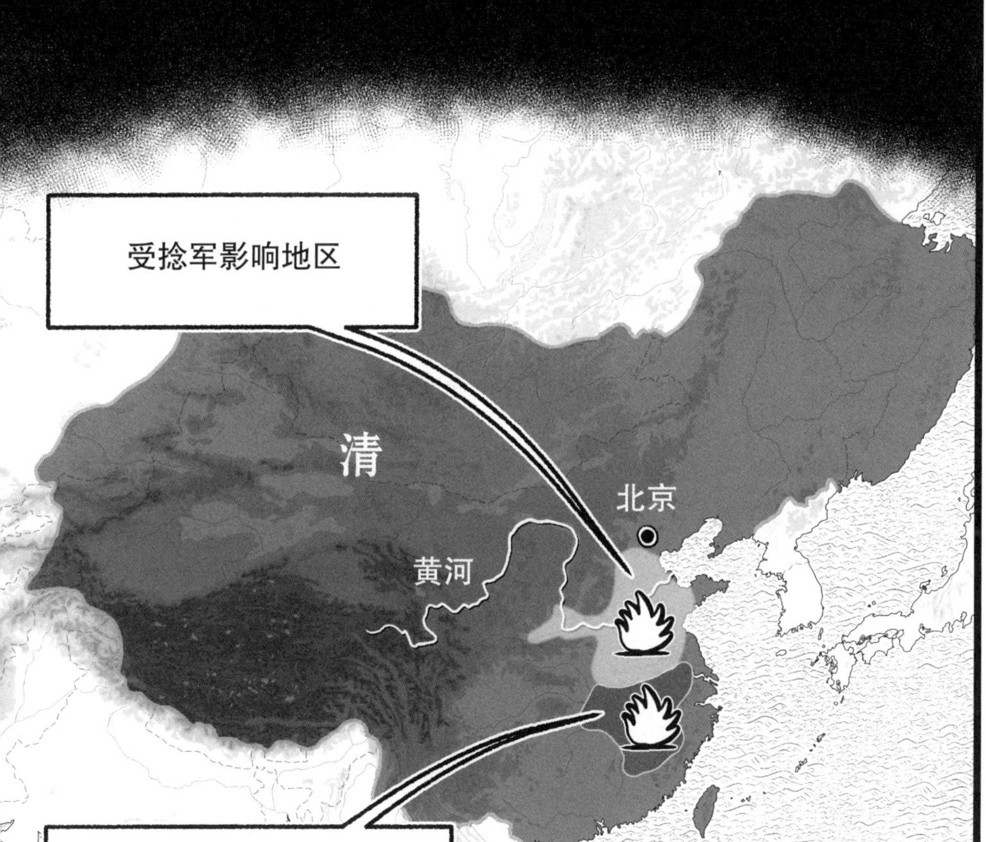

太平军对清朝的威胁最大。
我们缺兵少钱，如何才能打败他们？
能否让地方豪强自建军队，
对抗叛军？
咸丰皇帝
（1831－1861）
历史会重演吗？
汉朝有黄巾之乱，唐朝有黄巢之乱，
这两个朝代都没毁于叛军，而是败给帮助朝廷平叛的人。
这也是没办法的办法。

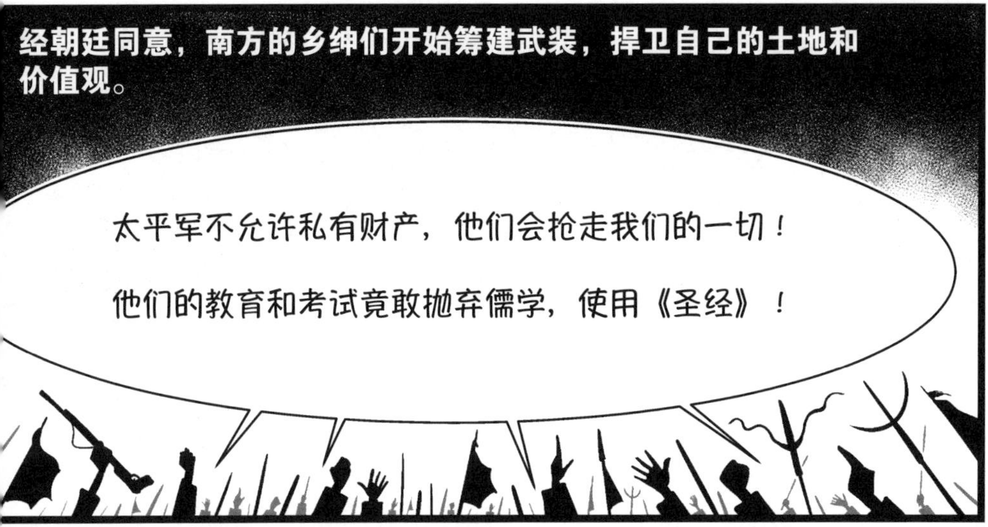
经朝廷同意，南方的乡绅们开始筹建武装，捍卫自己的土地和价值观。
太平军不允许私有财产，他们会抢走我们的一切！
他们的教育和考试竟敢抛弃儒学，使用《圣经》！

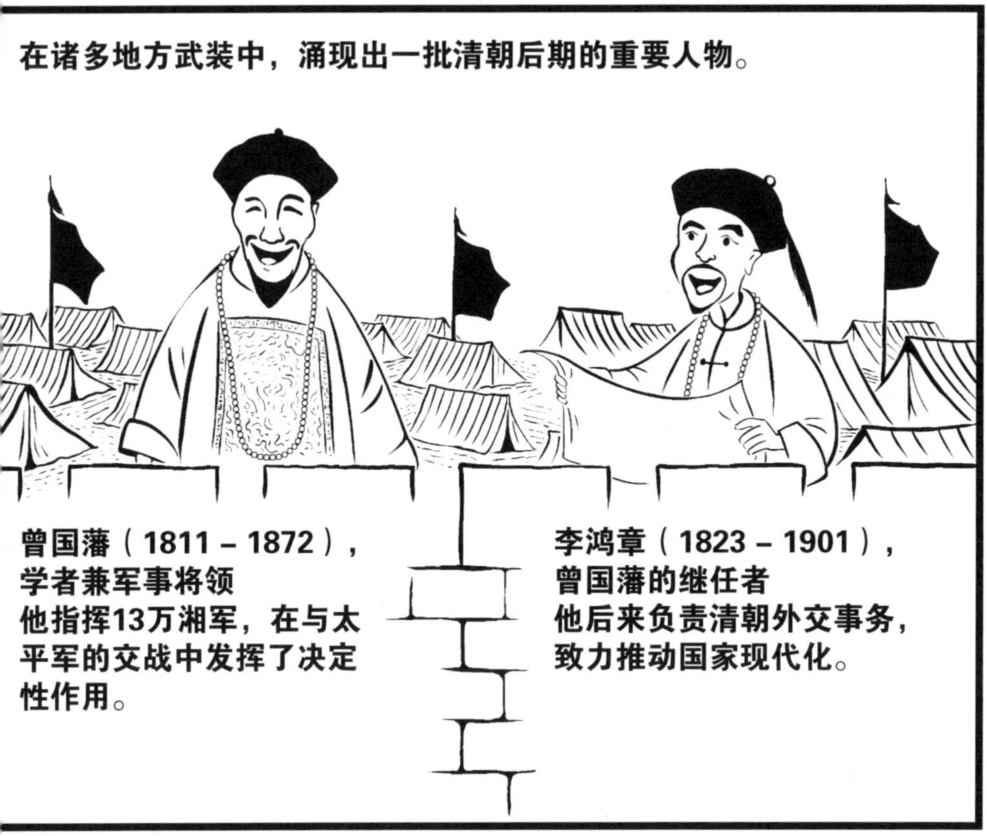
在诸多地方武装中，涌现出一批清朝后期的重要人物。
曾国藩（1811－1872），
学者兼军事将领
他指挥13万湘军，在与太平军的交战中发挥了决定性作用。
李鸿章（1823－1901），
曾国藩的继任者
他后来负责清朝外交事务，致力推动国家现代化。

第二次鸦片战争

趁清朝大战太平天国的时机，西方列强加速扩张在华利益。

1856年，英军进攻广州，当地军民随即火烧外国商行，点燃了第二次鸦片战争（1856 – 1860）。

法国加入英国，两国舰队一路向北，威胁北京。
北京
天津
清
上海
广州
拦住他们！
我军正与各地叛军苦战……
用谈判争取时间，调兵备战！

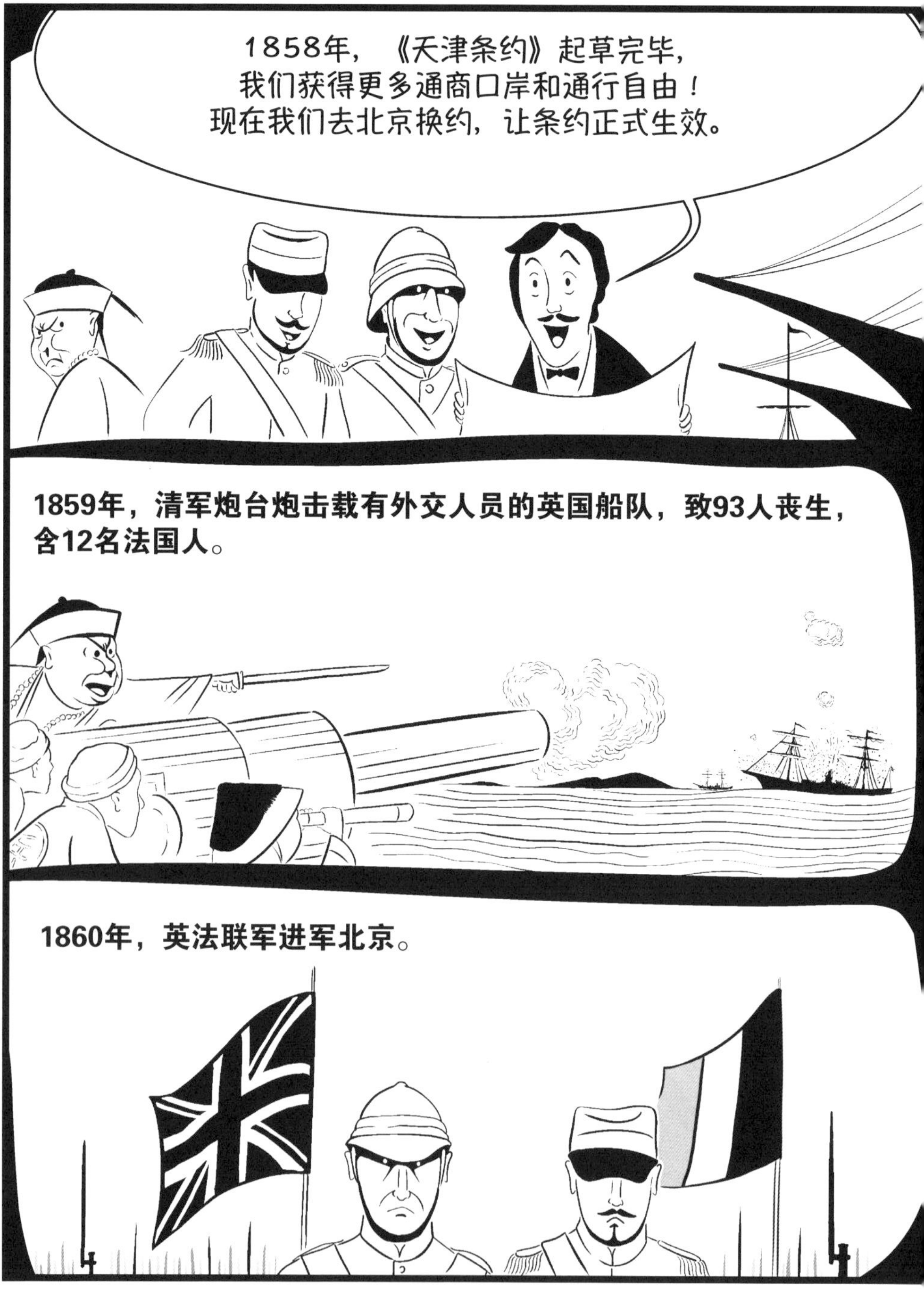

1858年，《天津条约》起草完毕，
我们获得更多通商口岸和通行自由！
现在我们去北京换约，让条约正式生效。
1859年，清军炮台炮击载有外交人员的英国船队，致93人丧生，含12名法国人。
1860年，英法联军进军北京。

和谈重启，但迅速破裂，英方谈判人员被抓，多人被折磨致死。

在随后的决战中，英法联军击溃清军精锐，突破京城最后一道防线。

清朝皇室出逃，英法联军闯入北京，火烧圆明园。
在《天津条约》上签字！
在混乱中，俄国夺取60万平方公里的中国领土。
这面积跟法国差不多大！

自强运动

清朝于1864年平定太平天国，这场14年的战争造成2,000万人丧生。在中国历史上，如此大规模的叛乱通常会导致一个朝代的瓦解。以慈禧太后（1835 – 1908）为首的朝廷试图挽回大清王朝的颓势。

要想自强，
必须利用西方的技术和武器。
创建国有产业，涵盖军工、船舶、铁路、采矿、电报、纺织等行业。
自强运动（又称洋务运动）
（1861 – 1895）
开办新式学校，设立外语、数学、机械工程、导航等学科。
聘请外籍教师、技师、顾问等专业人员。

为筹集资金，清政府于1863年任命一位爱尔兰人总管海关税务。

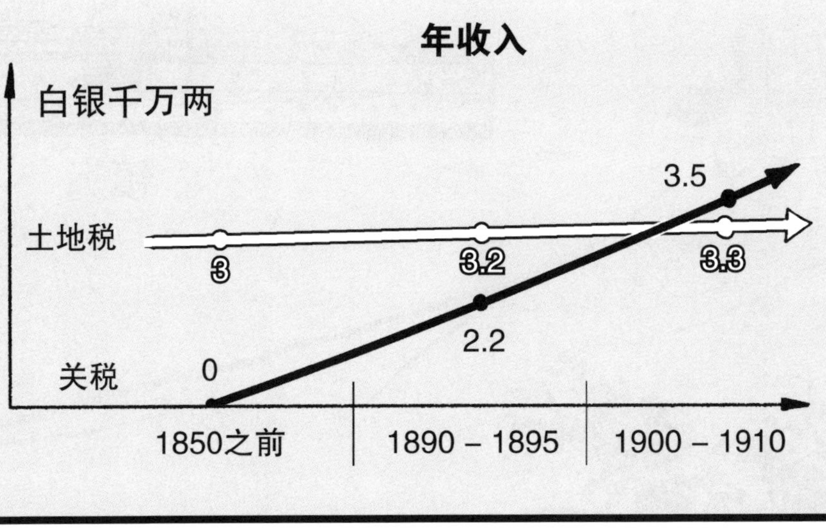

新希望：北洋水师
自强运动的核心是北洋水师及陆军。
我们核心的核心是两艘姊妹舰。
定远
镇远

她们由德国制造，
装备了当今最厚的装甲和最大的舰炮。
凭借这两艘主力舰，加上从英国购买的船只，
北洋水师成为世界上装备最好的海军之一！

马吉芬
我们需要筹建军校培养人才，
更需要有学院背景而且充满斗志的
海军教官。

李鸿章和水师统帅丁汝昌
（1836 – 1895）接见了来
自世界各地的候选人。

你从哪里毕业？
美国安纳波利斯海军学院。
菲里奥·马吉芬
Philo Norton McGiffin
（1860 – 1897）
你为什么来这里？
我来这里为中国海军效力。
如果你是舰长，
你会怎么做？
马上出发！
指挥鱼雷艇攻击敌人舰队。

1885年，25岁的马吉芬成为北洋水师天津学堂的教官，
负责数学课程和军事训练。

这是一项艰巨的工作。大多数人认为成功只有一条路：
读书、考试、当官。他们认为海军不务正业、没有前途。

学员们来上学，只是因为政府发津贴。
我100多个学生中，没有一个见过船和大海。
许多人不愿在海军服役。
Z Z Z Z
还时常有人嘲笑学员们向洋鬼子学习，忘了自己的传统。”
NNZN

我对学员的要求稍加严格，一些人就会找理由请假回家。

幸好我有水师统帅丁汝昌的支持。

我原来指挥骑兵，
现在我在这里指挥北洋舰队。
我对海军不懂装懂了吗？
当然没有！以我为例，别装了。
向教官虚心学习！

高级学员听令！
准备登舰，开始海上训练！

10年后

我的学生已经开始毕业，
任职北洋水师。
我们的新舰队即将面临考验。

甲午战争
清
朝鲜
日本
日本崛起
日本与中国在同一时期步入工业化进程。
中国有洋务运动，日本有明治维新。
两个国家都在寻求利用西方技术实现自身的现代化。

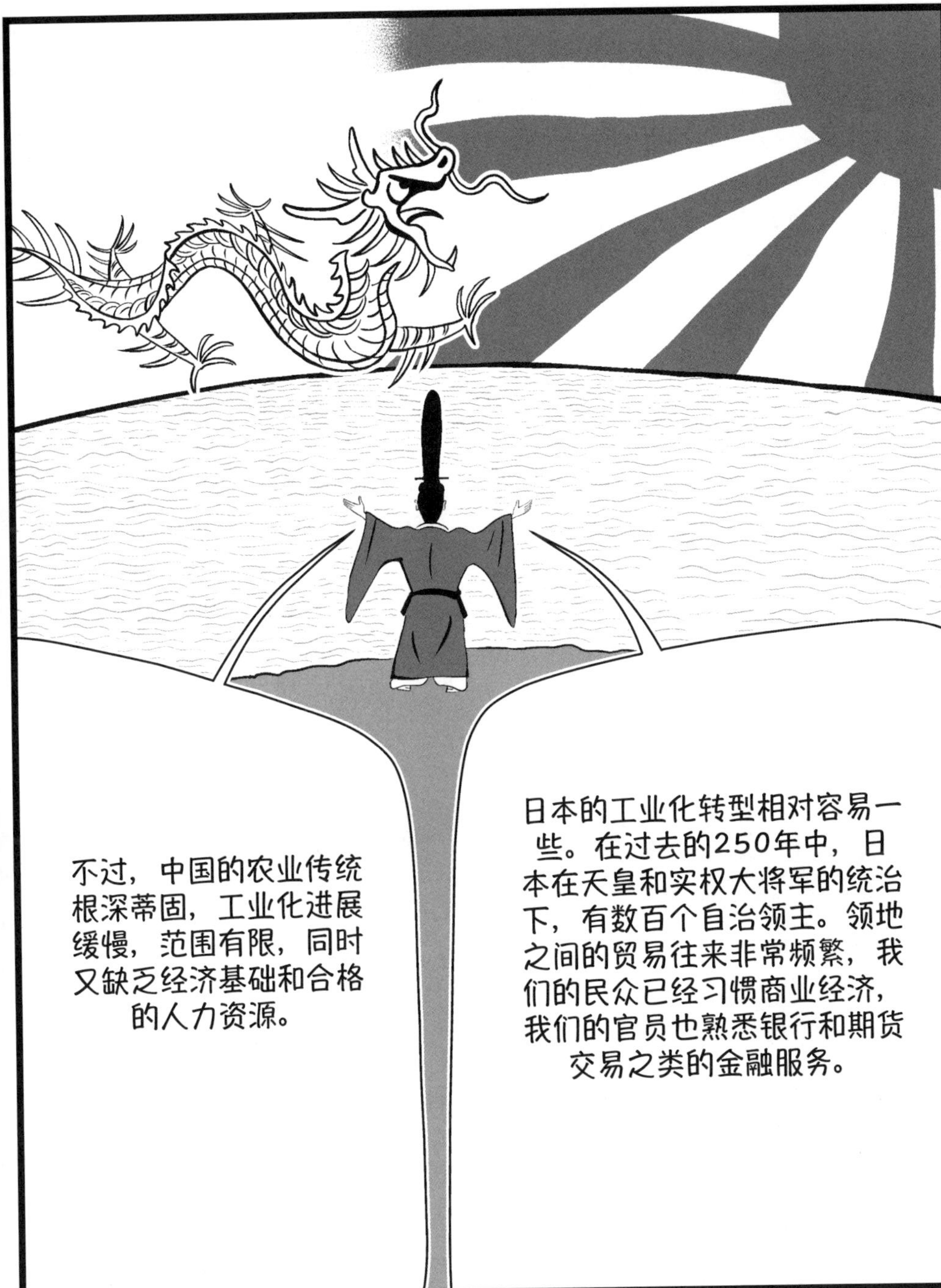
不过，中国的农业传统根深蒂固，工业化进展缓慢，范围有限，同时又缺乏经济基础和合格的人力资源。
日本的工业化转型相对容易一些。在过去的250年中，日本在天皇和实权大将军的统治下，有数百个自治领主。领地之间的贸易往来非常频繁，我们的民众已经习惯商业经济，我们的官员也熟悉银行和期货交易之类的金融服务。

跟中国一样，日本当前的首要任务是抵御外侮。
亚洲大部分地区已经沦为西方列强的殖民地，下一个就轮到日本！
我们必须主动出击，扩大我们的疆界，这样日本诸岛才能安全。
日本

此次扩张还能为日本的工业化提供原材料，
为我们不断增长的人口带来空间，并为日本商品开拓市场。

首先，
我们要跟中国争夺
对朝鲜的控制权。
清
朝鲜
日本

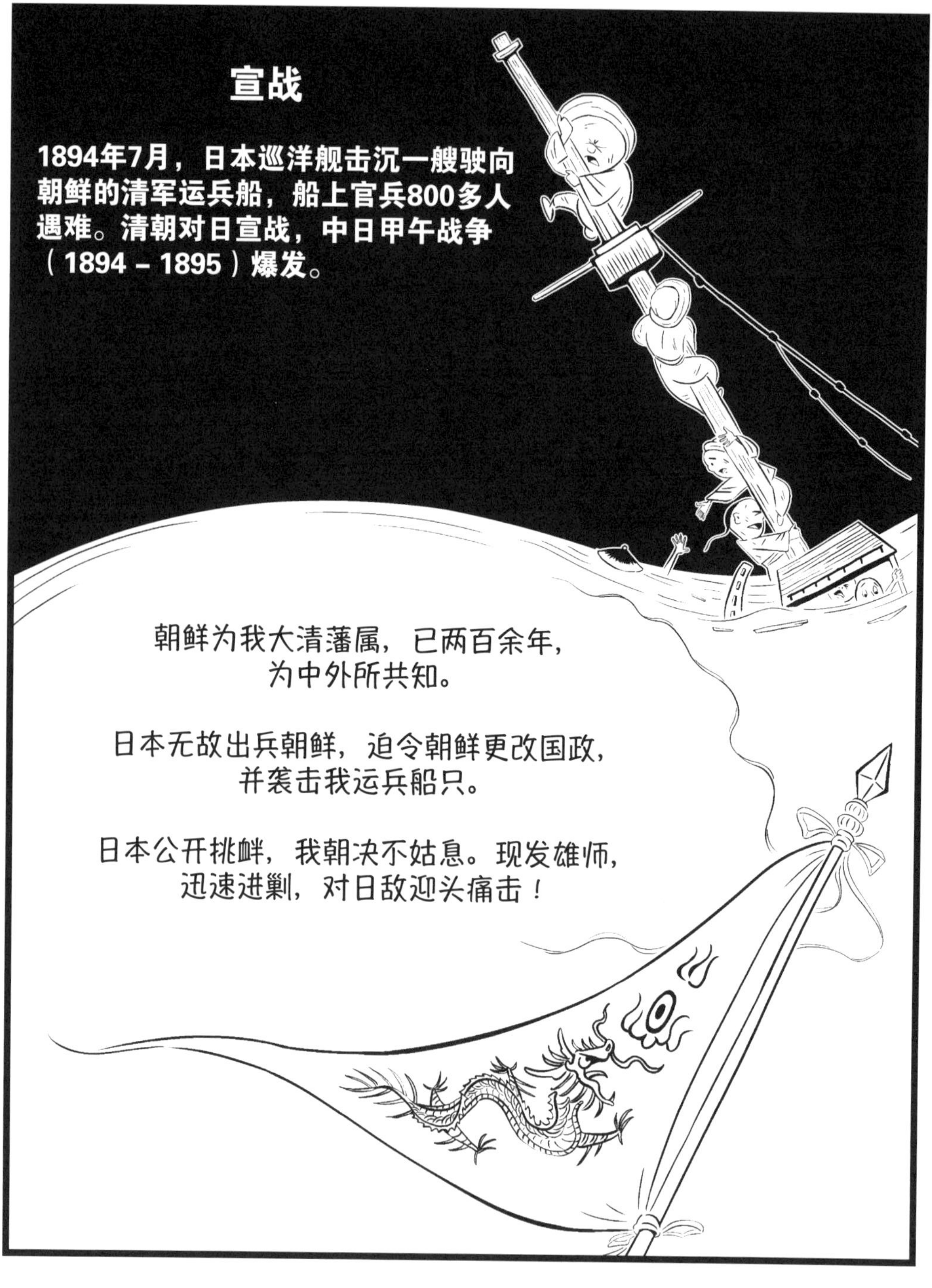
宣战
1894年7月，日本巡洋舰击沉一艘驶向朝鲜的清军运兵船，船上官兵800多人遇难。清朝对日宣战，中日甲午战争（1894 – 1895）爆发。
朝鲜为我大清藩属，已两百余年，为中外所共知。
日本无故出兵朝鲜，迫令朝鲜更改国政，并袭击我运兵船只。
日本公开挑衅，我朝决不姑息。现发雄师，迅速进剿，对日敌迎头痛击！

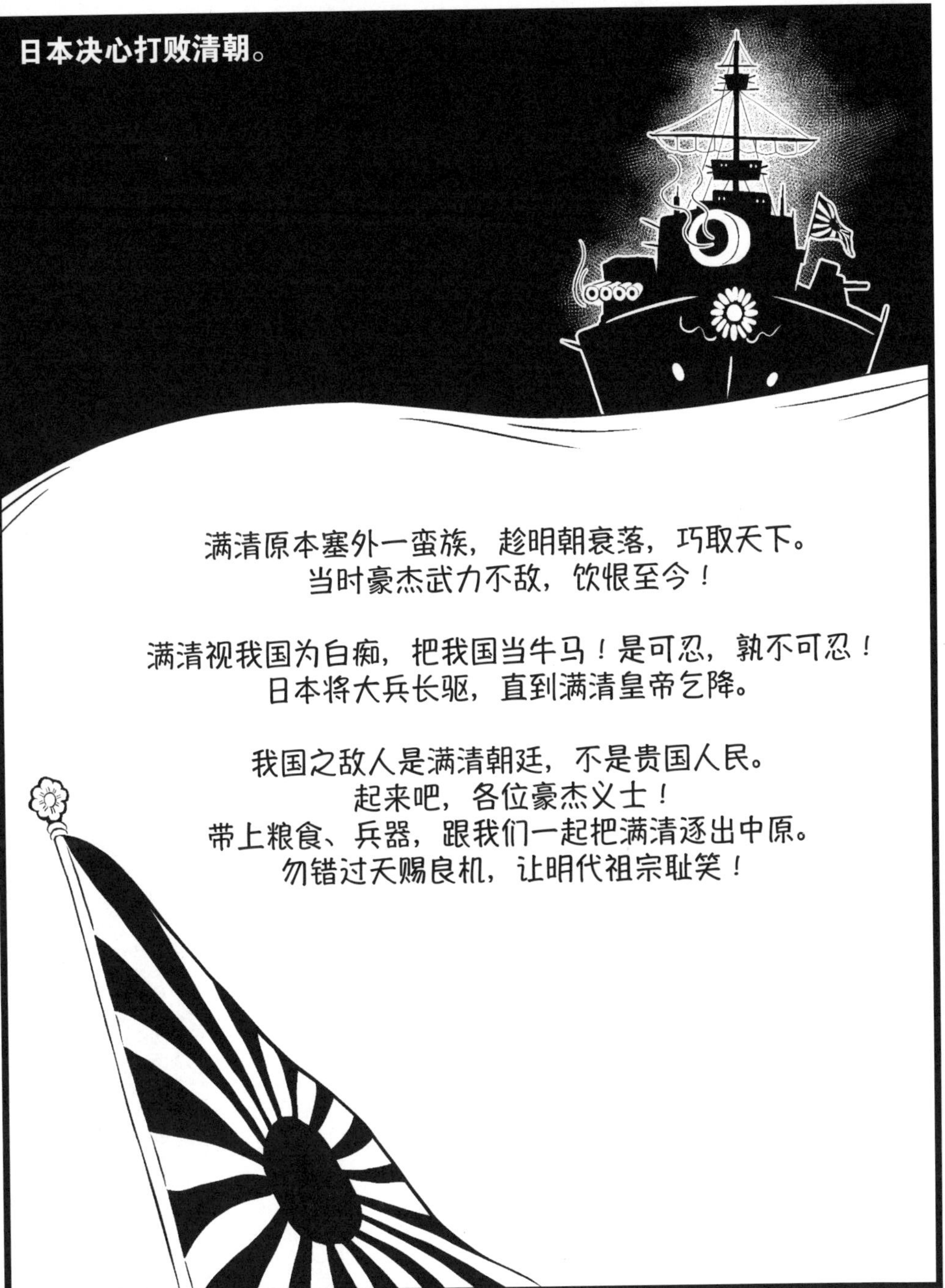
日本决心打败清朝。
满清原本塞外一蛮族，趁明朝衰落，巧取天下。
当时豪杰武力不敌，饮恨至今！
满清视我国为白痴，把我国当牛马！是可忍，孰不可忍！
日本将大兵长驱，直到满清皇帝乞降。
我国之敌人是满清朝廷，不是贵国人民。
起来吧，各位豪杰义士！
带上粮食、兵器，跟我们一起把满清逐出中原。
勿错过天赐良机，让明代祖宗耻笑！

当宣战的消息传到北洋舰队时，马吉芬正准备去美国病休。
他自愿留下，并给父亲写了一封信。
中日开战，我有可能再也见不到您。
如果真是那样，请记住我是为荣誉而留下的。
我在北洋水师任职10年，与学员朝夕相处，
不能现在离开他们。

水师统帅丁汝昌任命马吉芬指挥主力双舰之一的镇远。
开战以来，
我们天天训练，
船员大都充满斗志。

甲午海战
1894年9月17日，北洋舰队护送运兵船前往朝鲜。
清
鸭绿江
镇远
北京
旅顺
朝鲜
黄海
定远
（旗舰）
舰队天亮之前到达鸭绿江。
运兵船只继续沿江航行，
10艘大型军舰守卫江口。

今天早上天气晴朗，
风平浪静。

厨师正在准备午餐的时候，
瞭望哨兵发现远处的浓烟。

日本舰队！

距离6,400米，迅速靠近。
6,000
5,800
5,400!
把砂子撒在甲板上防滑。
用棉花堵住耳朵。

时间：12:50
开火！
开火！
报告，
炮塔转动系统失灵，
没人会修！

领航官，
我去查看机房。
你…
他人呢？
没时间了，炮塔不转，
大炮无法瞄准！
我们走！

机房全满了！
你藏别处吧。
我往下看，
正是我的领航官！

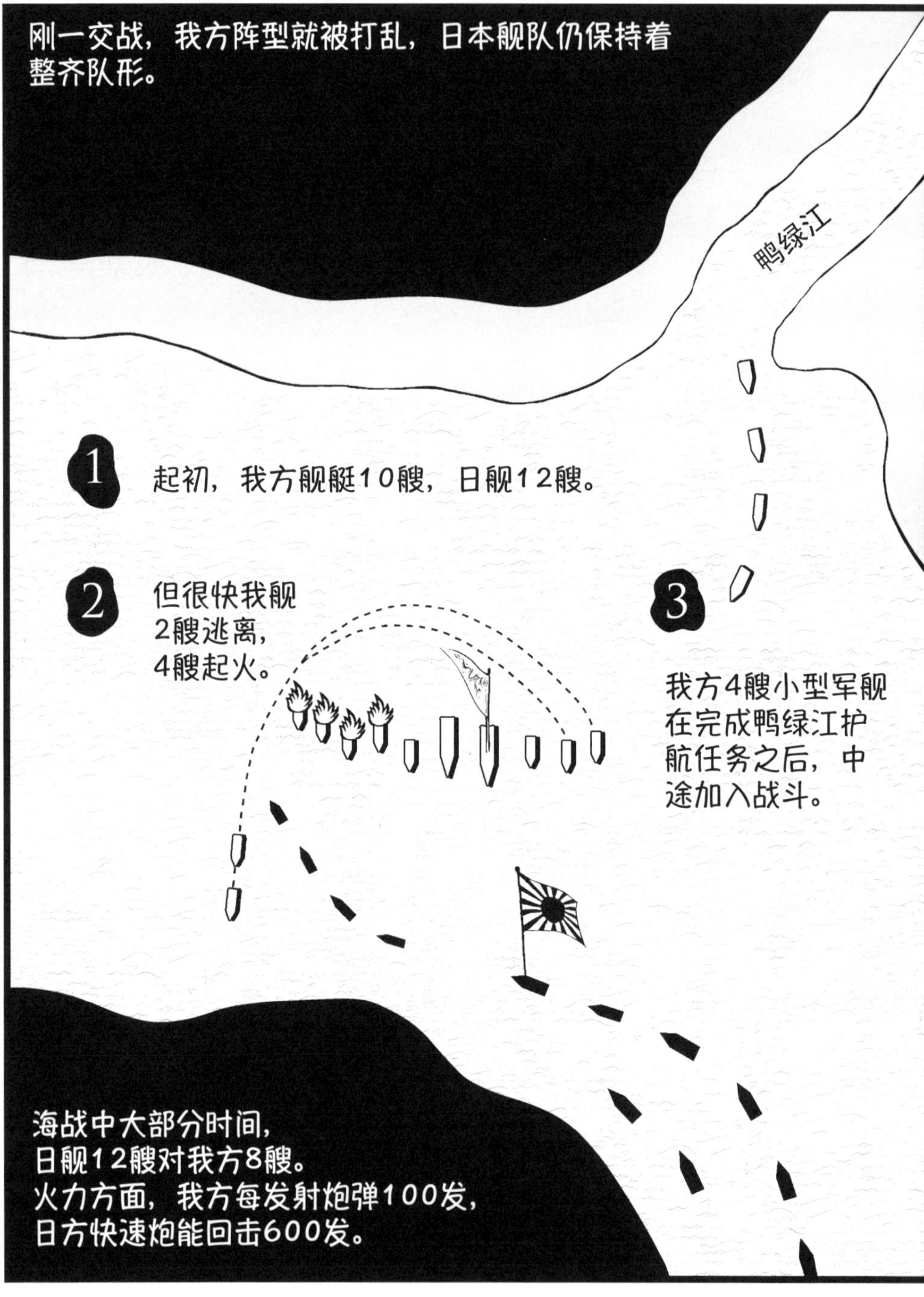

刚一交战，我方阵型就被打乱，日本舰队仍保持着整齐队形。
鸭绿江
1 起初，我方舰艇10艘，日舰12艘。
2 但很快我舰2艘逃离，4艘起火。
3 我方4艘小型军舰在完成鸭绿江护航任务之后，中途加入战斗。
海战中大部分时间，
日舰12艘对我方8艘。
火力方面，我方每发射炮弹100发，
日方快速炮能回击600发。

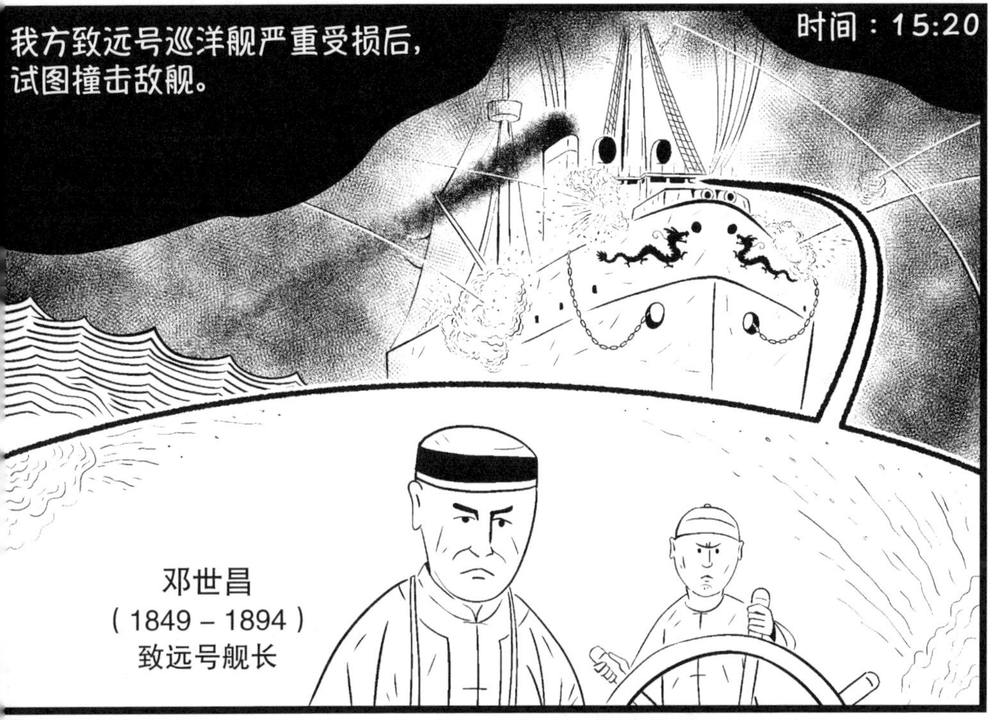
时间：15:20
我方致远号巡洋舰严重受损后，
试图撞击敌舰。
邓世昌
（1849 – 1894）
致远号舰长

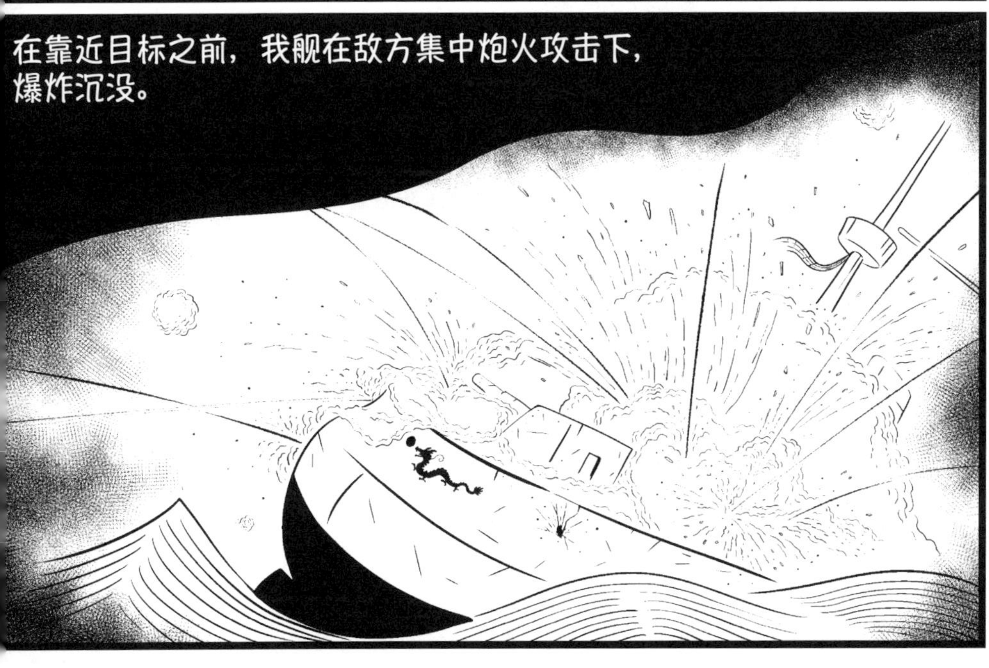
在靠近目标之前，我舰在敌方集中炮火攻击下，
爆炸沉没。

现在有5艘日本巡洋舰围攻
我方主力双舰。

在整个战斗中，
镇远一直在保护旗舰定远。

时间：15:30
瞄准日本旗舰。
开火！
敌旗舰中弹起火，
退出战斗！

船头甲板起火，
但敌人火力太猛，
没人敢上去！
我去灭火，
志愿者跟我来！

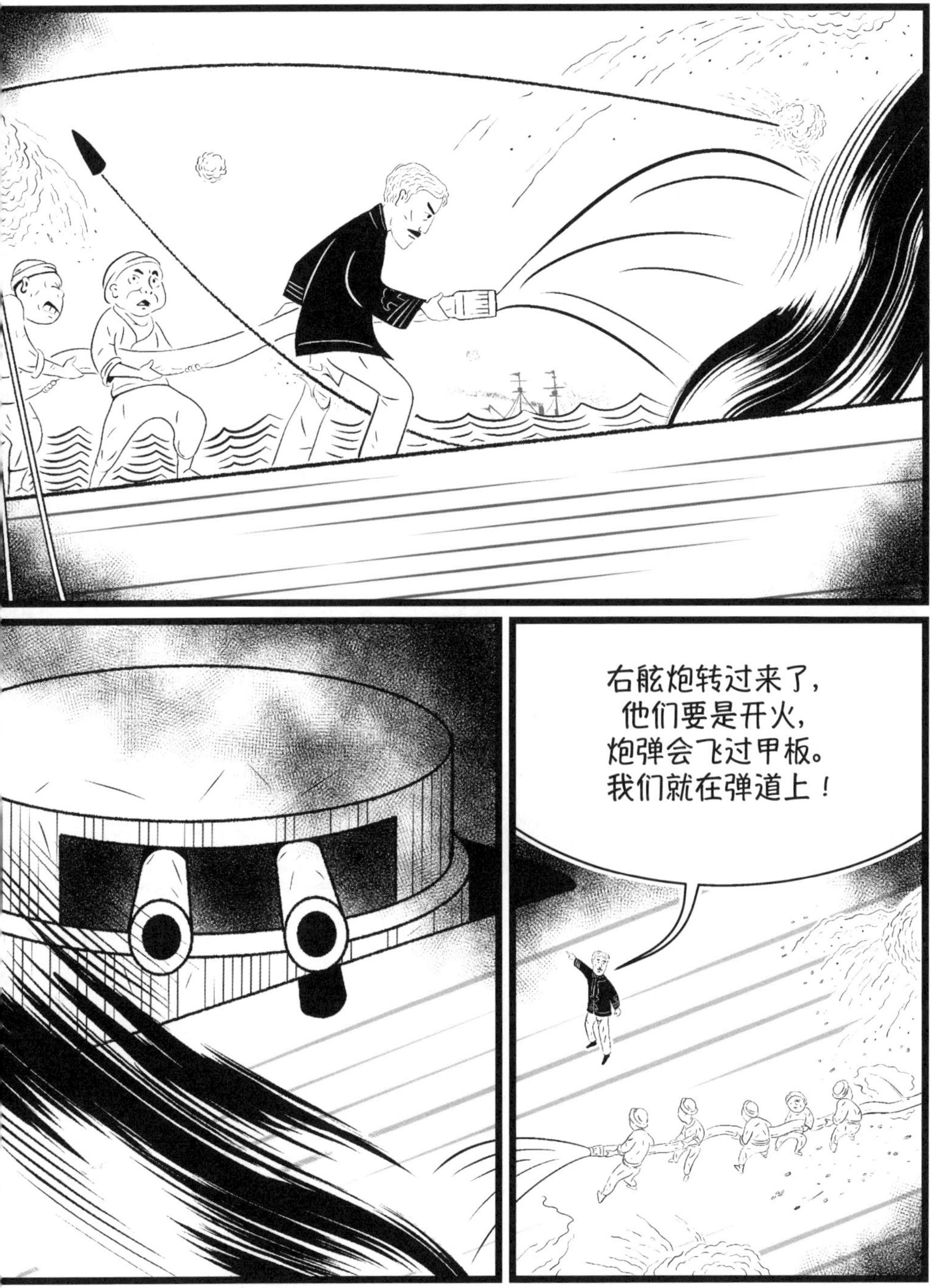
右舷炮转过来了，
他们要是开火，
炮弹会飞过甲板。
我们就在弹道上！

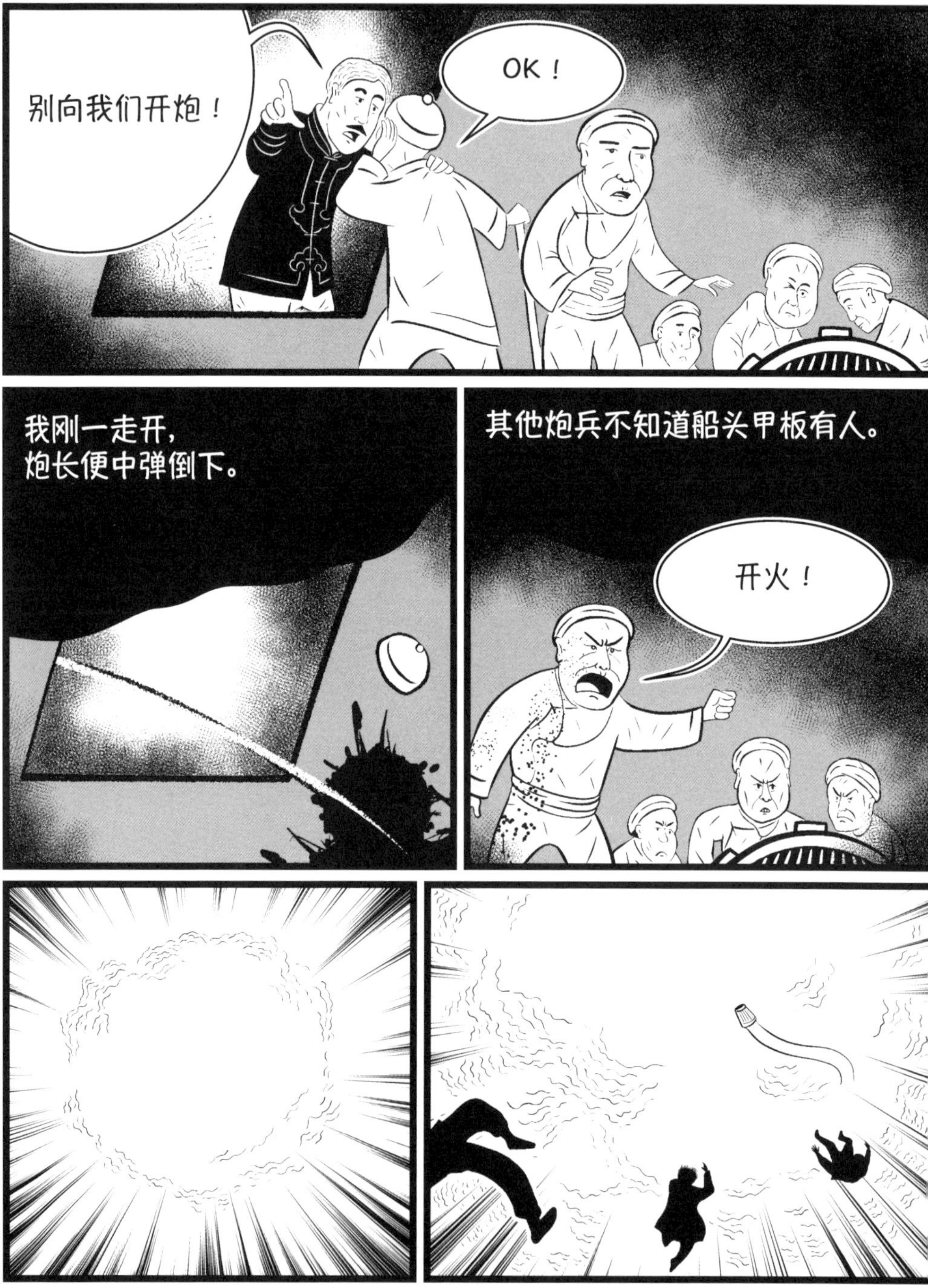
别向我们开炮！
OK！
我刚一走开，
炮长便中弹倒下。
其他炮兵不知道船头甲板有人。
开火！

我倒在二号炮前面，一号炮还在冒烟。我的头直对着炮管！
我赶紧退向下层甲板。
我刚翻身，
炮声响起。
带我去指挥塔。

战况对我们越来越不利。
我们的弹药有问题。
有的炮弹装了沙子，而不是炸药。
有的引信里装了煤渣。
一些士兵偷了火药，在黑市倒卖。
即使这些劣质炮弹也快用完了，敌人仍然火力充足。

幸好天色已黑，日本舰队撤出战斗。
时间：17:30
我方损失惨重。
5艘军舰沉没
3艘受损
伤亡1,350人
4艘受损
伤亡290人

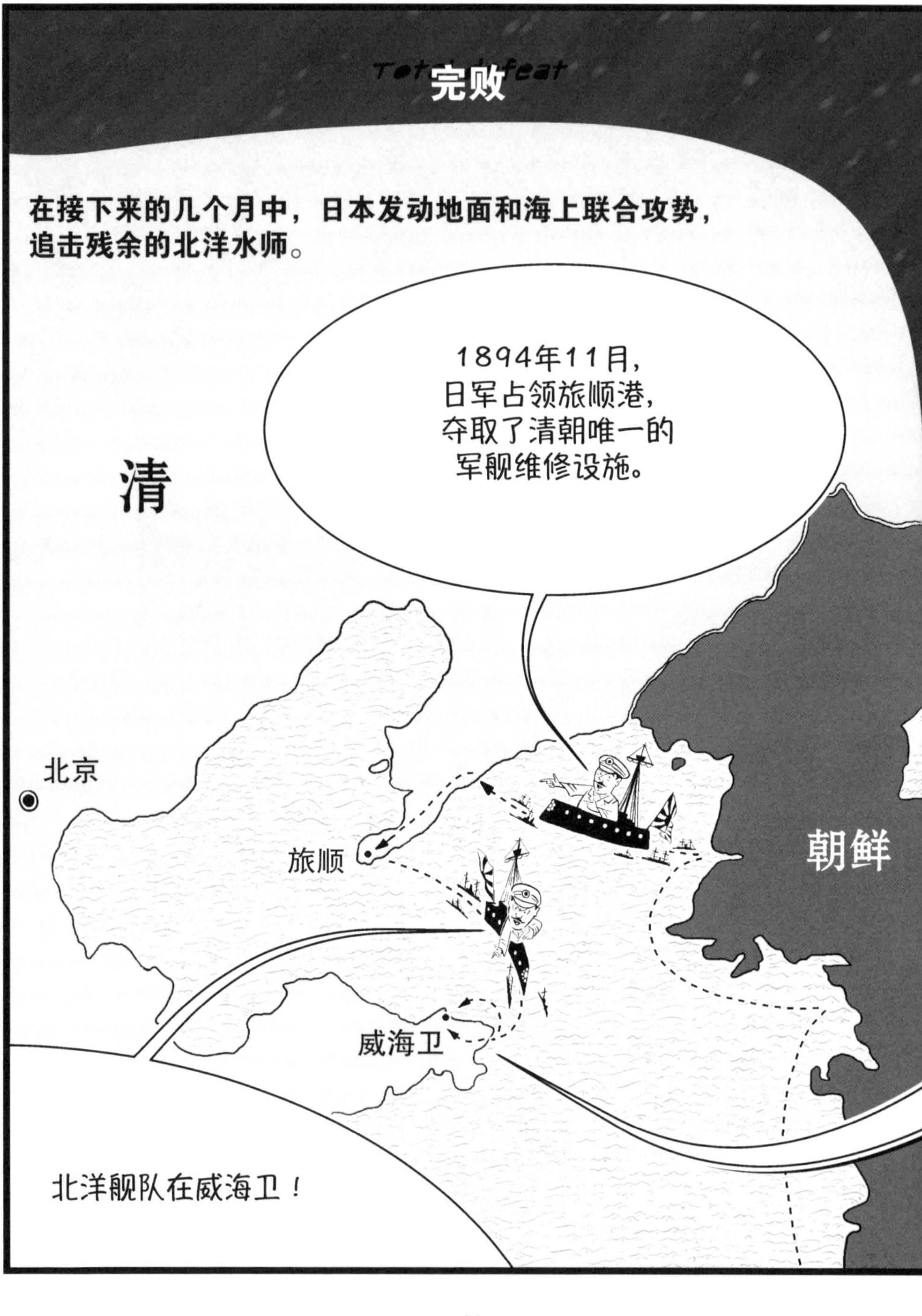
完败
在接下来的几个月中，日本发动地面和海上联合攻势，追击残余的北洋水师。
1894年11月，日军占领旅顺港，夺取了清朝唯一的军舰维修设施。
清
北京
旅顺
朝鲜
威海卫
北洋舰队在威海卫！

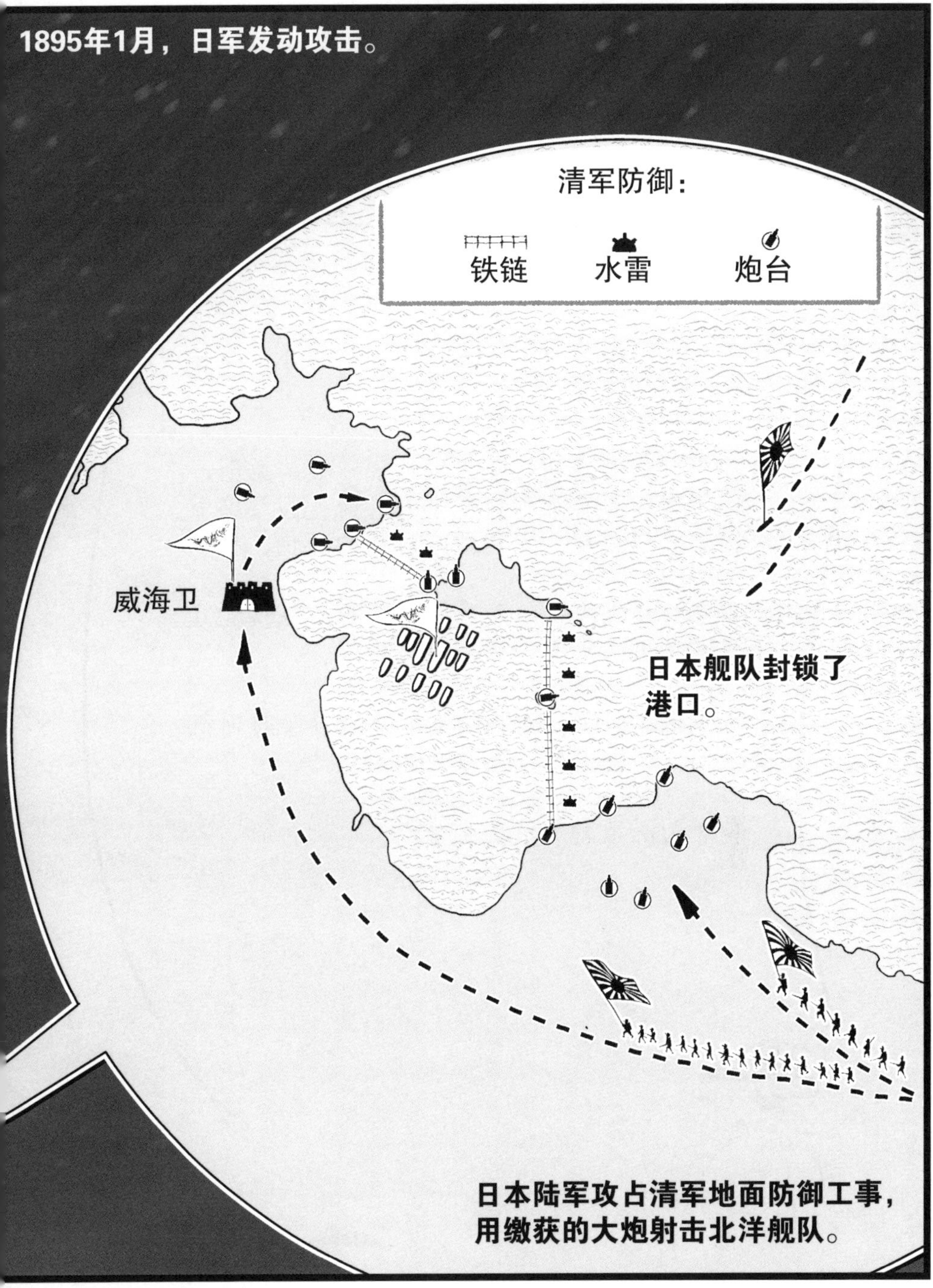

1895年1月，日军发动攻击。
清军防御：
铁链
水雷
炮台
威海卫
日本舰队封锁了港口。
日本陆军攻占清军地面防御工事，用缴获的大炮射击北洋舰队。

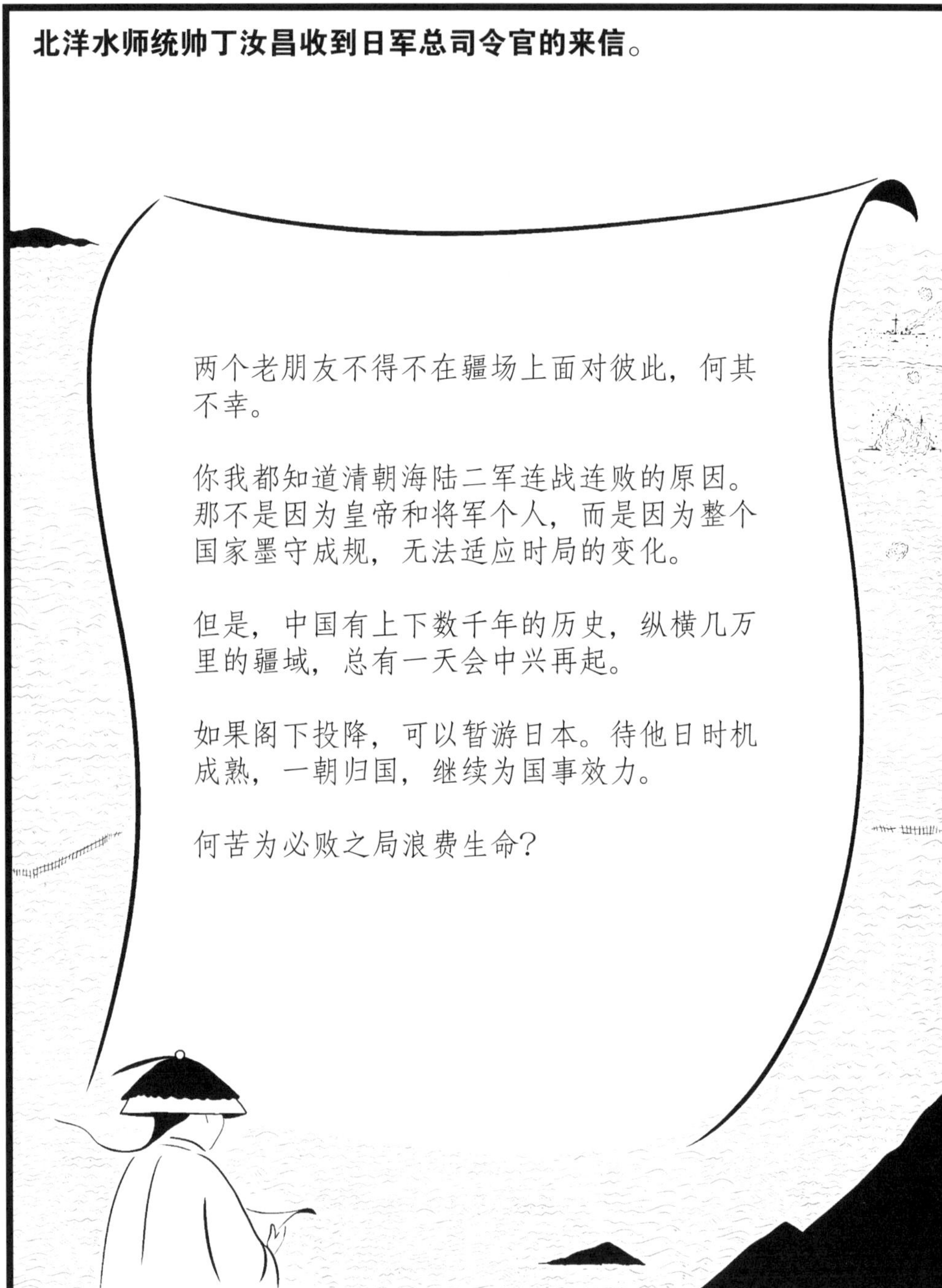
北洋水师统帅丁汝昌收到日军总司令官的来信。
两个老朋友不得不在疆场上面对彼此，何其不幸。
你我都知道清朝海陆二军连战连败的原因。那不是因为皇帝和将军个人，而是因为整个国家墨守成规，无法适应时局的变化。
但是，中国有上下数千年的历史，纵横几万里的疆域，总有一天会中兴再起。
如果阁下投降，可以暂游日本。待他日时机成熟，一朝归国，继续为国事效力。
何苦为必败之局浪费生命？

丁汝昌率舰队抵抗到底，之后自杀殉国。北洋水师，这支历时20多年打造的强大海军，完全覆灭。
朝廷将惨败归罪于北洋将领和外籍教官。马吉芬逃往美国，两年后的1897年，他在甲午海战的伤痛中去世。

清朝派李鸿章到
日本求和。
在谈判期间，李鸿
章被日本刺客射中
面部。
中日没有和平！
战争必须继续！
李鸿章幸免于难，
迅即恢复和谈。
1895年，两国签署
《马关条约》。
日本控制朝鲜。
清朝割让台湾等多
处领土，并赔偿日
本战争损失2亿两
白银。

继日本之后，西方列强也扩大了在华势力范围。
1898
俄罗斯
北京
清
德国
英国
法国
日本

寻找出路
百日维新
帝国主义瓜分大清，
我们要迅速找到出路！
不能只革新几个产业，
必须马上革新整个国家。
光绪皇帝
（1871 – 1908）
慈禧太后

经慈禧太后同意，光绪皇帝在1898年夏天颁布新政200多项。

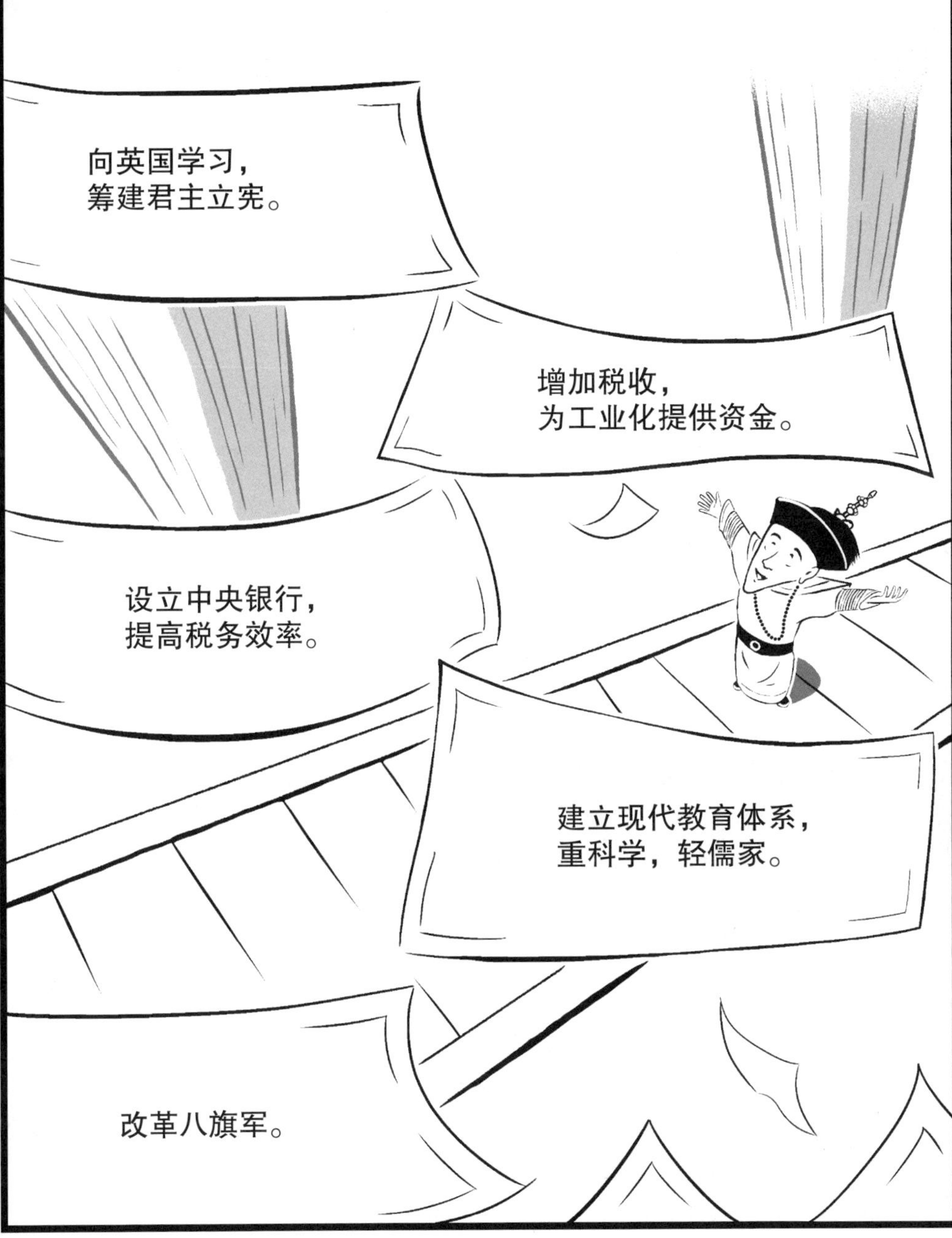

皇帝的改革计划受到各方利益阻碍。朝廷分成两派。
如此剧烈的变化，国家根本就没准备好。皇帝的政策不但不能救国，还会破坏我们的传统！
保守势力阻挠维新，慈禧是他们的后台，必须除掉她！

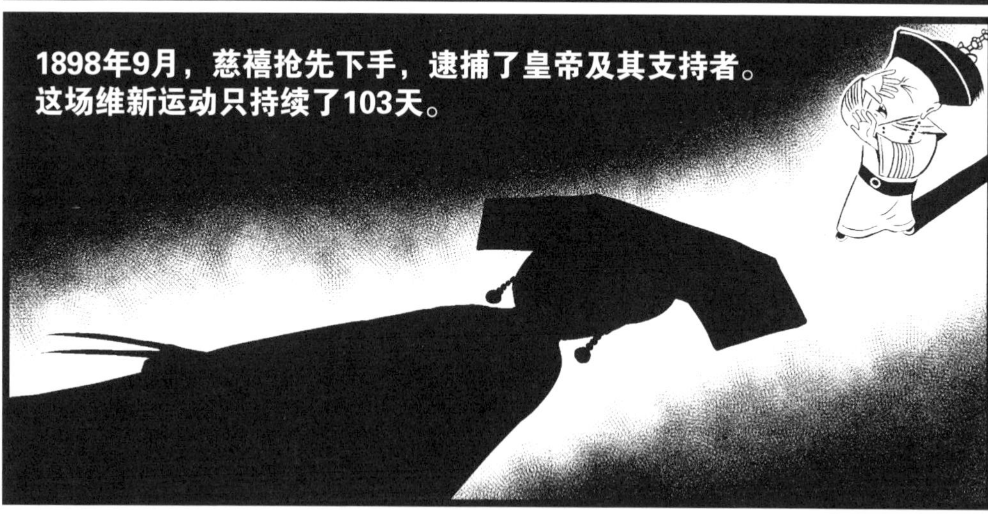
1898年9月，慈禧抢先下手，逮捕了皇帝及其支持者。这场维新运动只持续了103天。

保守派虽然推翻了维新派的政策，但面对国家的困境，却也拿不出具体的解决方案。
人们只得另寻出路。

分裂的社会
有些富裕家庭搬到外国管控的沿海城市。
这个城市有宽阔的街道，明亮的路灯，卫生的自来水，污水处理系统，和更好的学校！
新一代城市精英逐渐成长，但绝大多数民众仍在农村挣扎度日。

在人口过剩的农村，人均耕地从清初的大约6亩*下降到不足2亩，在历代主要王朝中处于最低水平。农民只好加紧耕种每一小片土地。
* 1亩＝666.67平方米
农民的传统副业，比如织布和灯油，已经失去市场，因为火车和轮船将更好更便宜的布料和燃油运往全国各地。
95%以上的清朝人口不识字，他们很难在城市中找到工作。

“现在你要归向上帝！“
西方传教士认为他们可以救赎
日益绝望的中国农民。
鸦片战争后，
清朝允许我们在各地传教。
我们的神圣职责是为大众
带来精神上的启迪！

然而，
现实让我们意识到任务的艰巨。
各地交通非常不便，
生活条件远远低于西方水平。

因为我们不同的相貌和信仰，
一些人会躲起来，
还有人向我们扔石头。

我们在偏远农村买地盖教堂。
这些都是新来的教民。
一个孤儿
一个急需西药的
病儿
一个流浪汉
一个受虐待的妻子
一个需要戒毒的
瘾君子
你一直被撒旦误导！
现在你要归向上帝！

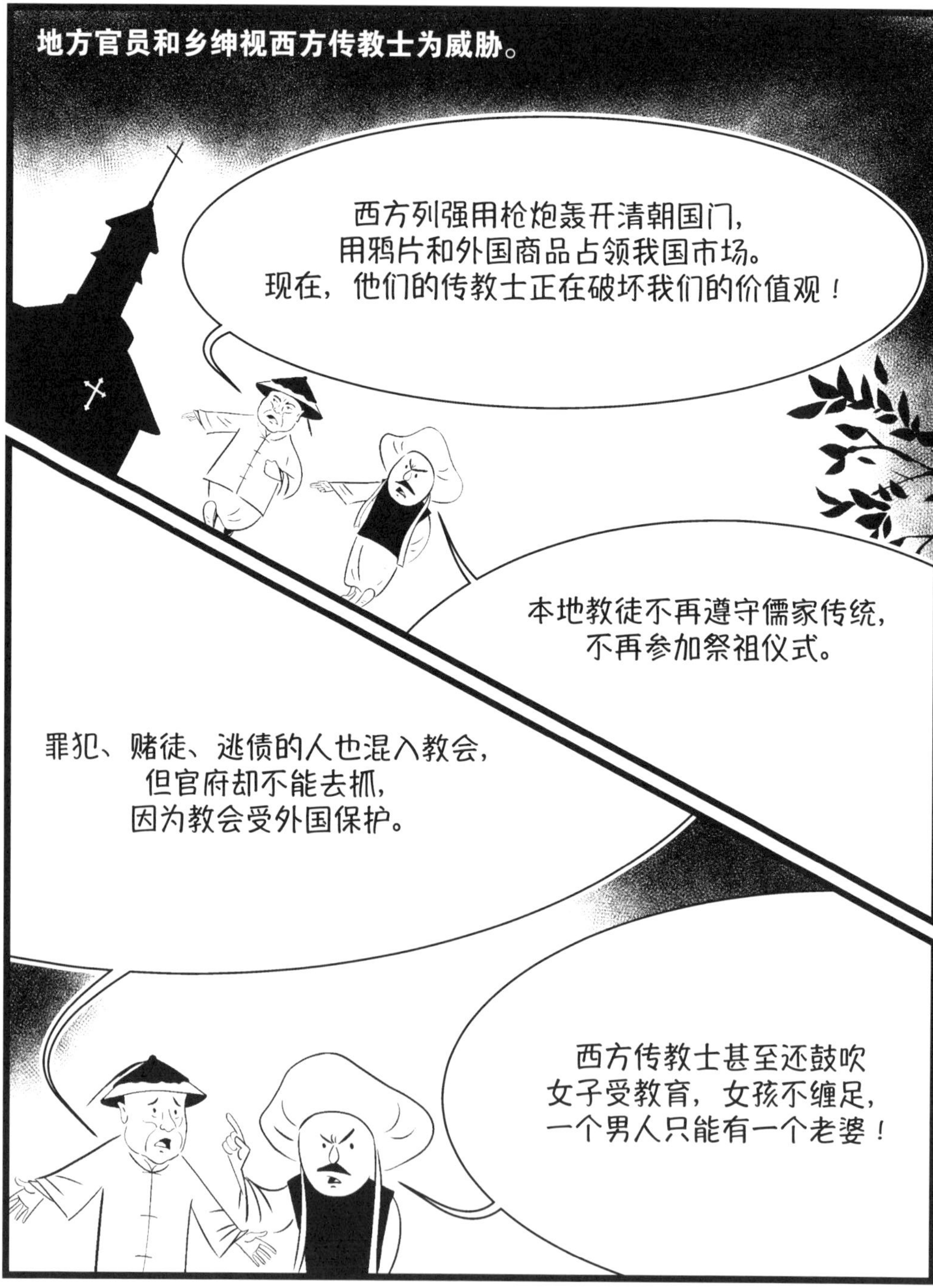
地方官员和乡绅视西方传教士为威胁。
西方列强用枪炮轰开清朝国门，用鸦片和外国商品占领我国市场。现在，他们的传教士正在破坏我们的价值观！
本地教徒不再遵守儒家传统，不再参加祭祖仪式。
罪犯、赌徒、逃债的人也混入教会，但官府却不能去抓，因为教会受外国保护。
西方传教士甚至还鼓吹女子受教育，女孩不缠足，一个男人只能有一个老婆！

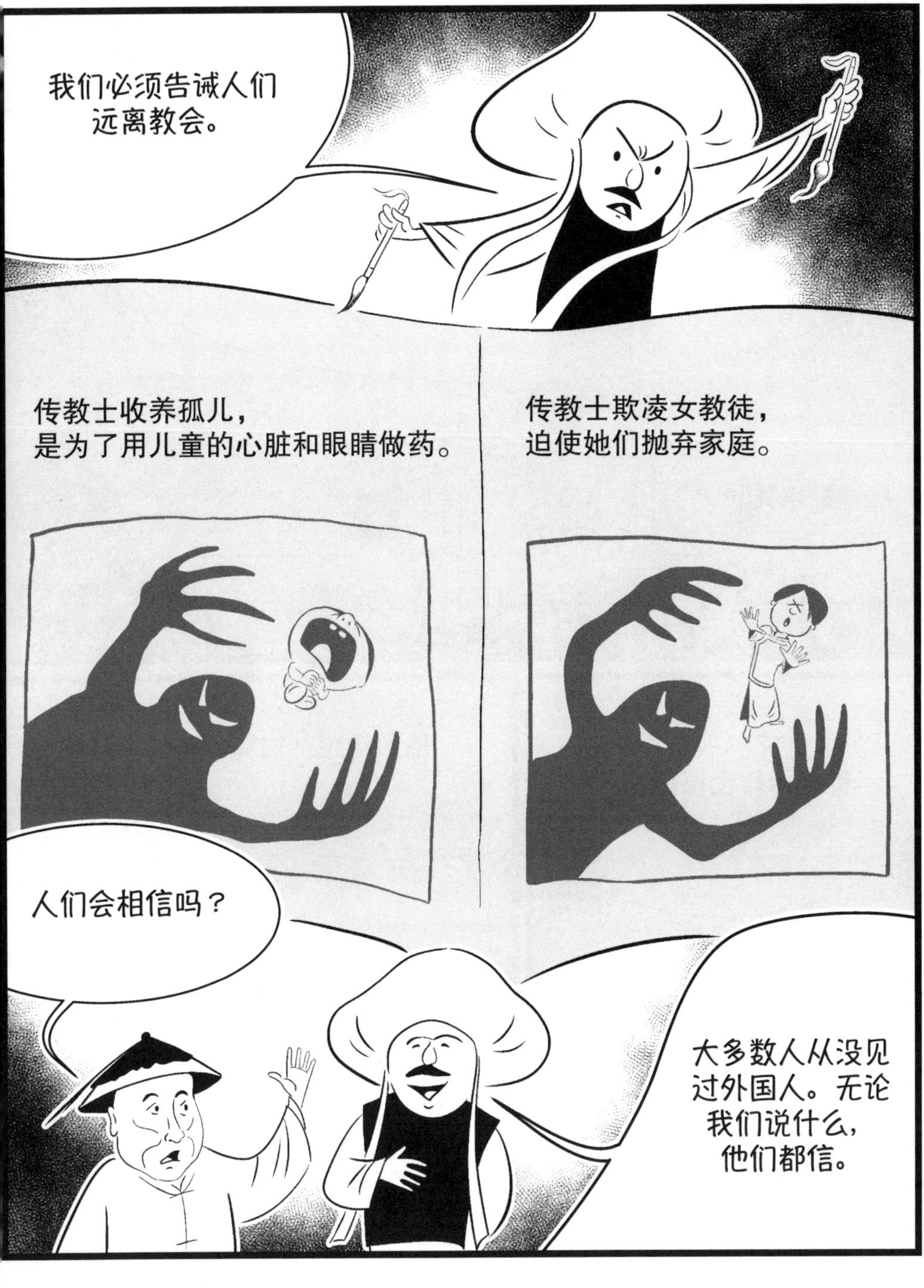
我们必须告诫人们
远离教会。
传教士收养孤儿，
是为了用儿童的心脏和眼睛做药。
传教士欺凌女教徒，
迫使她们抛弃家庭。
人们会相信吗？
大多数人从没见
过外国人。无论
我们说什么，
他们都信。

在孔子出生的山东省，传教士与当地人之间的紧张关系迅速升级。
外国人在1898年夺取山东，接着就是黄河发大水，然后又是严重干旱！
庄稼都快死了！
老天不下雨，都是传教士搞得鬼。
抬雨神跟他们算账！

滚出来！
不要什么事都怪我们！
黄河发水是因为官府没有拨款维修堤坝。
胡说！
那干旱又是怎么回事？
你全能的上帝在哪儿？
上帝从未离开过我们。
如果上帝拒绝结束干旱，那一定自有原因…

山东的官员们希望借用民愤赶走西方传教士。
快来参加民兵团，
尤其欢迎青少年！
练就武功。
穿着五颜六色的服装。
组建军乐队。

喝下这个符咒，
你就会被天兵天将附体，
变得刀枪不入。

我试试。
等等！
轰
啊
又是洋鬼子搞得鬼，
现在去跟他们算账！

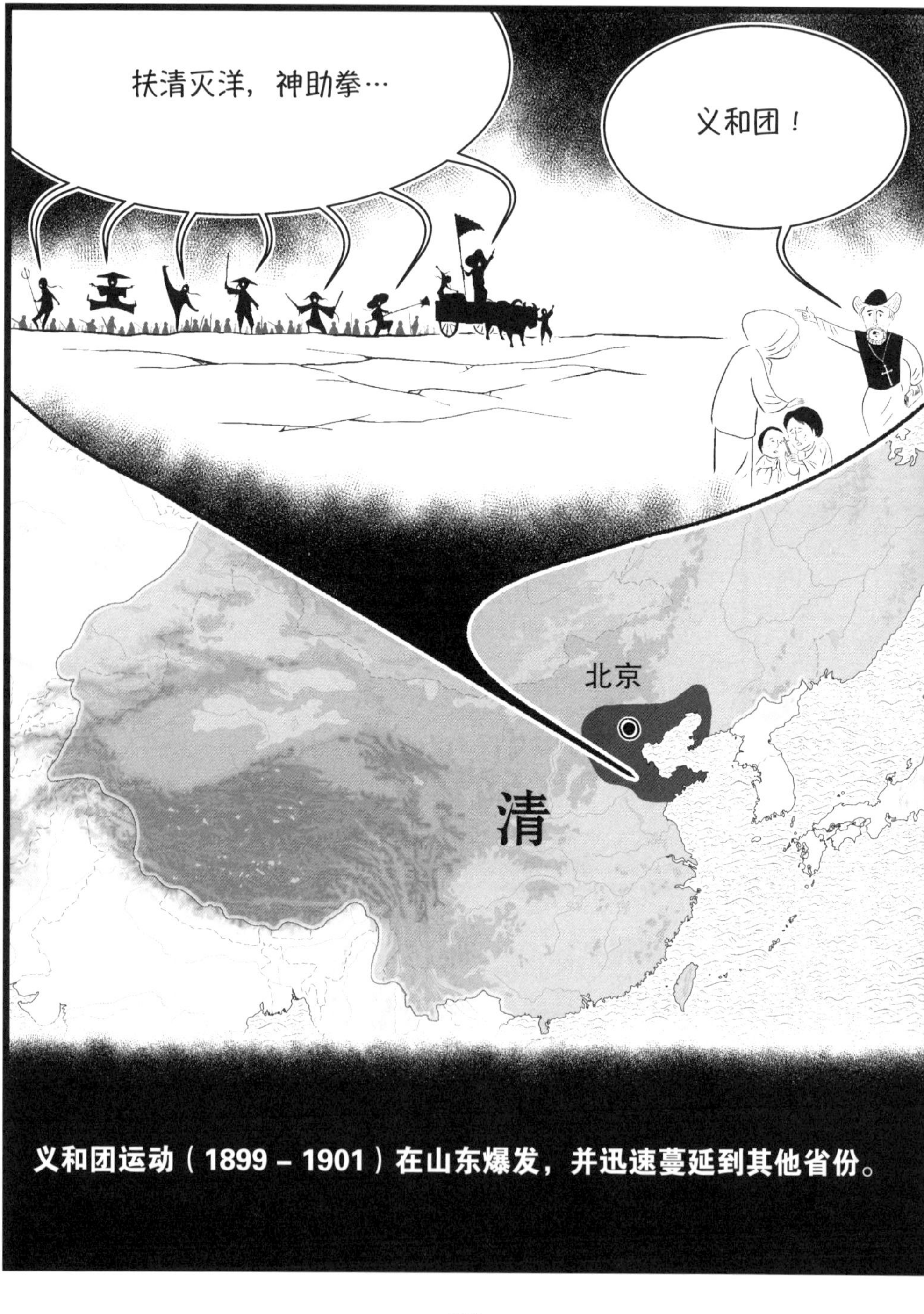
扶清灭洋，神助拳…
义和团！
北京
清
义和团运动（1899 – 1901）在山东爆发，并迅速蔓延到其他省份。

1900年的风暴
1900年1月，临近农历新年
北京紫禁城
百日维新之后，光绪皇帝被我软禁。他身体不好，又没有子女。
慈禧
端郡王是我的亲信，也是皇帝的堂兄弟。
端郡王
（1856 – 1922）
我把你的儿子定为皇位继承人。

我马上准备招待宴会，
把儿子介绍给各国使节。
没人到场支持
您的继承方案！
陛下。
何事？

各国使节来信。
他们抗议义和团对教会的暴力行为，
并要求朝廷立即出面制止，否则后果严重。
什么后果！
西方列强占了我们的领土，毁了我们的经济。
现在，他们反对端郡王之子成为太子，让我无法安心过年。
该承担后果的是他们。
让义和团进京！

北京之战
1900年6月，义和团约100,000人进入京城，围攻教堂和外国使馆。
鬼子大闹中原，强迫人们信教，阻止老天下雨！
诸神仙发怒！一同下凡，传给义和团神拳兵法。
我们要拆铁道，拔线杆，毁轮船，烧教堂，除尽洋鬼子！
扶清灭洋！

端郡王率军10,000人援助义和团。
不要忘了二鬼子 一 那些中国教徒，以及替洋人办事和喜欢买洋货的人。
除尽所有洋鬼子和二鬼子！

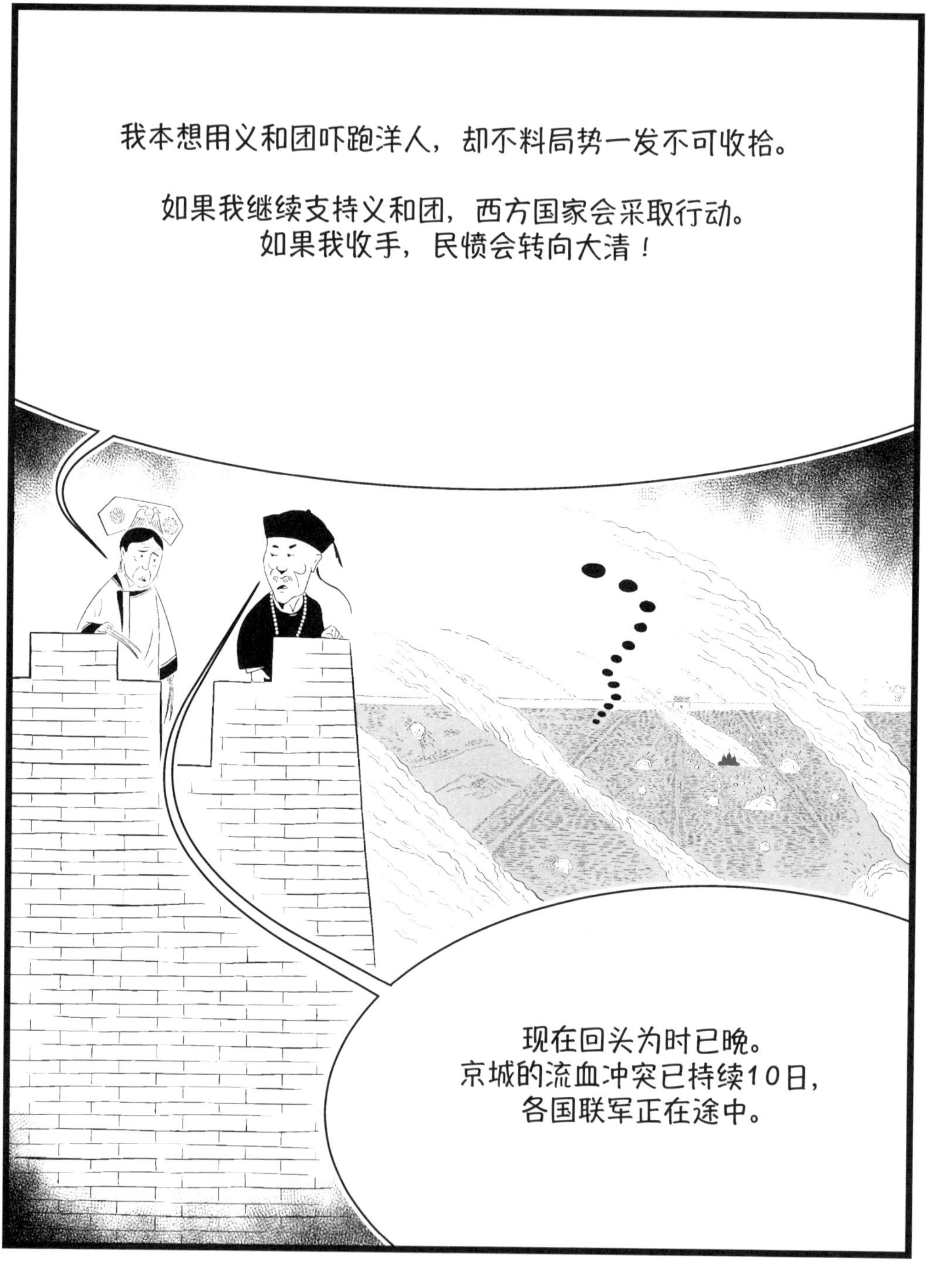
我本想用义和团吓跑洋人，却不料局势一发不可收拾。
如果我继续支持义和团，西方国家会采取行动。
如果我收手，民愤会转向大清！
现在回头为时已晚。
京城的流血冲突已持续10日，
各国联军正在途中。

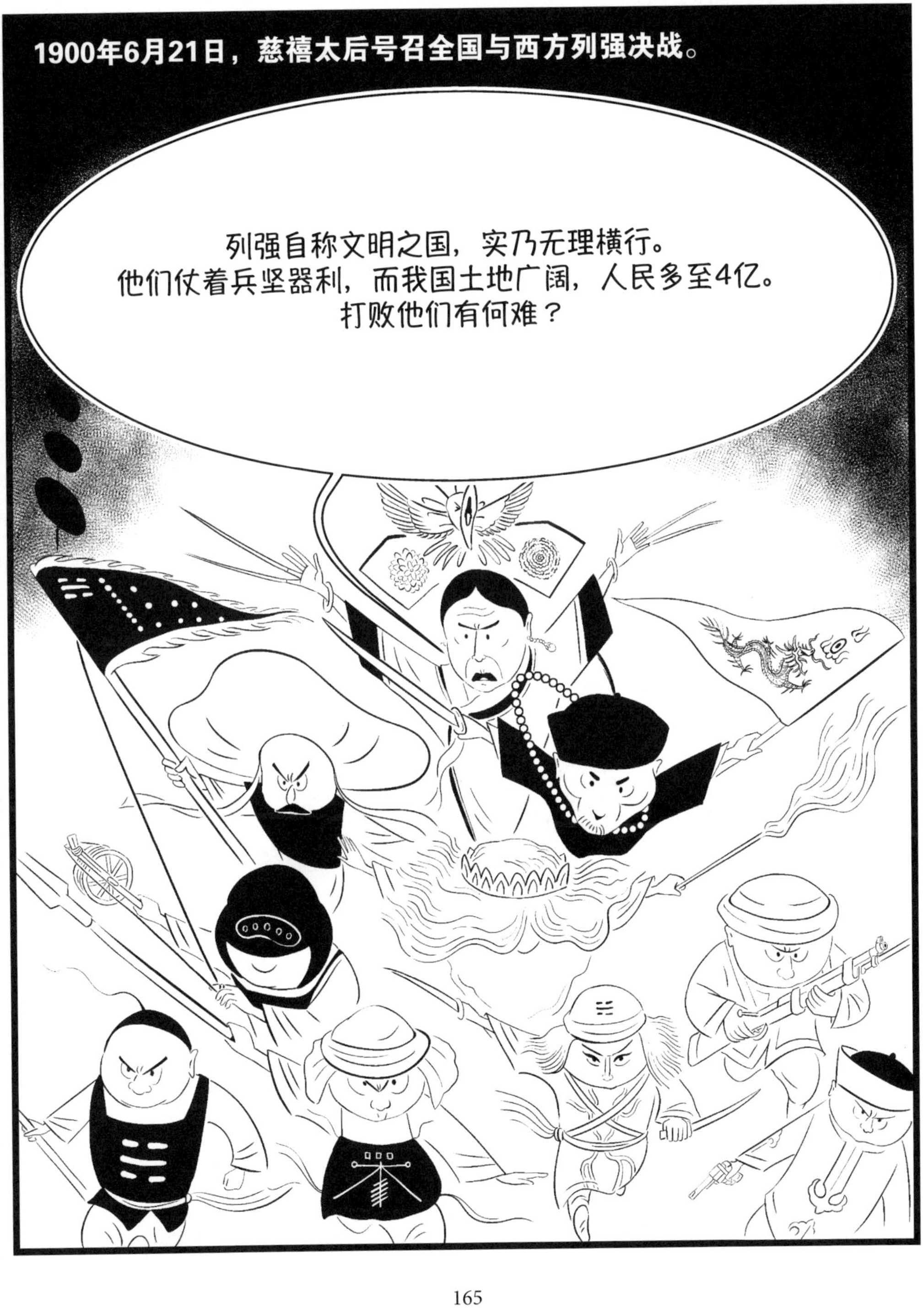
1900年6月21日，慈禧太后号召全国与西方列强决战。
列强自称文明之国，实乃无理横行。
他们仗着兵坚器利，而我国土地广阔，人民多至4亿。
打败他们有何难？

并非所有官员都服从慈禧。
这是胡乱下命令，我们不会参战！
疯子才会跟所有强国同时开战，我们要尽量缩小损失。
李鸿章
荣禄
（1836 – 1903）
统领90,000精锐部队，负责京城守卫。

命令部队包围使馆区，
防止义和团靠得太近。
士兵可以放空枪，
假装射击洋人，
但不能用重炮。
偷偷给使馆运送食物和水。

在混乱的围攻中，450名外国士兵保护475位外国平民及3,000多个中国教民，在北京坚持了55天。

位于华北农村的教会遭到灭顶之灾，传教士和教民被义和团四处追杀。

八国联军
1900年8月14日，八国联军攻入北京。
奥匈帝国
英国
法国
德国
意大利
日本
俄国
美国
最初，联军有18,000人。
后来各国援军陆续到达，总数很快增至105,000人。

最后的羞辱
清军已经分裂，有的抵抗联军入侵，有的镇压义和团，其余的撤离战区。
八国盟军占领北京后，一些外国军人向平民施暴，并洗劫京城。
让李鸿章处理这个烂摊子。
慈禧及大部分朝廷官员逃出北京。

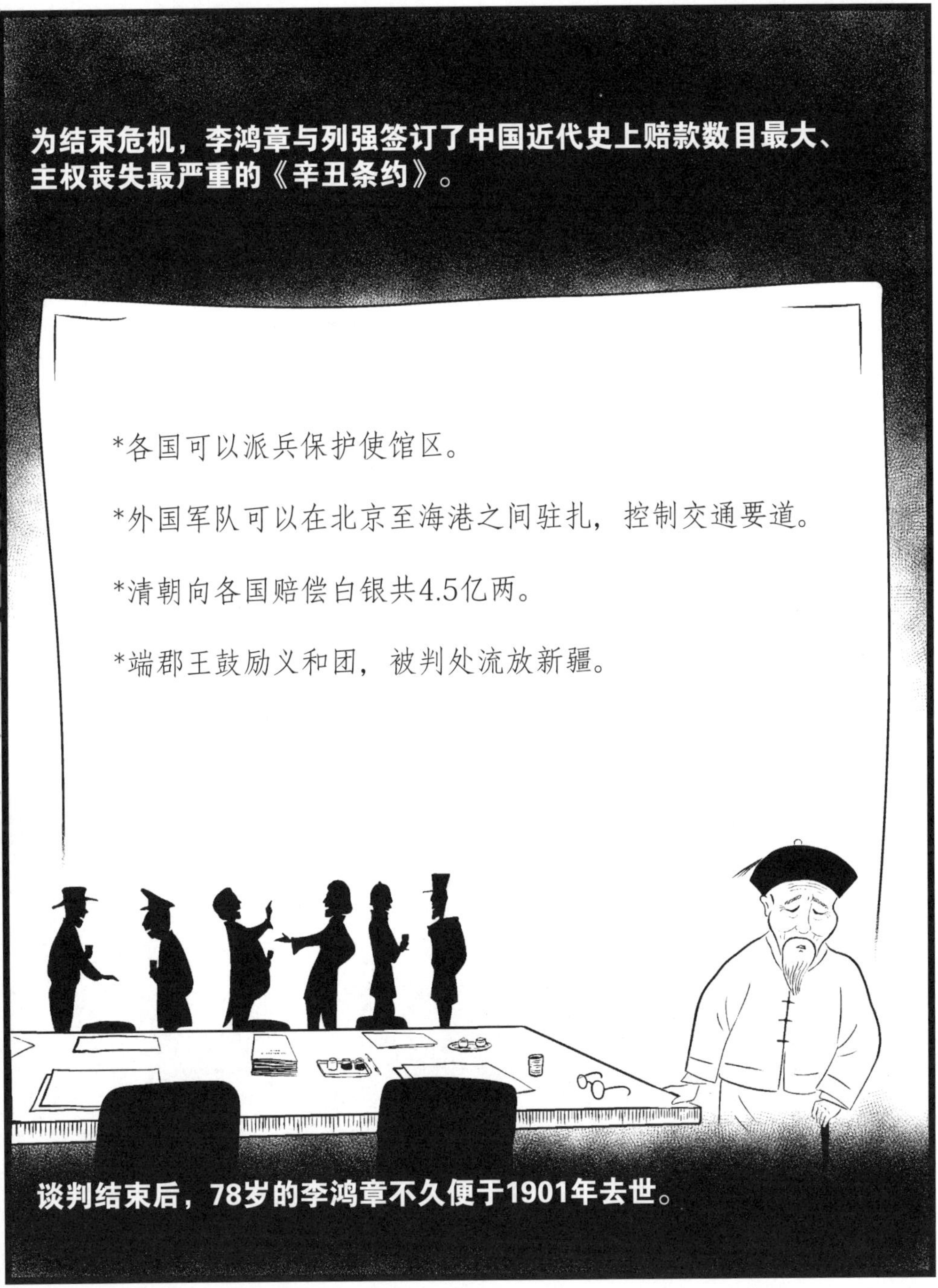
为结束危机，李鸿章与列强签订了中国近代史上赔款数目最大、主权丧失最严重的《辛丑条约》。
*各国可以派兵保护使馆区。
*外国军队可以在北京至海港之间驻扎，控制交通要道。
*清朝向各国赔偿白银共4.5亿两。
*端郡王鼓励义和团，被判处流放新疆。
谈判结束后，78岁的李鸿章不久便于1901年去世。

在义和团运动中，大约300名外国人死亡，其中包括241名传教士，另有中国教民20,000多人丧生。义和团和平民的伤亡人数没有准确记录。

西方传教士致力于传播上帝的爱，但是传教士跟着炮舰和鸦片商人来到中国，他们的使命与中国传统价值观的冲突从一开始就已注定。

在1900年的风暴中，义和团为天命而战，传教士为上帝献身。双方互不相容的理想猛烈对撞，中国传统社会对西方宗教的抵触很快升级为一个农业帝国与工业化国家的对抗。

清廷试图利用义和团来摆脱外国控制，列强借口针对传教士的暴力行为夺取更多的在华利益。

如果第一次鸦片战争是“百年耻辱”的开端，八国联军占领北京就是西方列强瓜分中国的高潮。

《辛丑条约》把清朝推向更深的债务危机。
债务
甲午战争的钱还没赔完，现在又加上这个？！
这次赔款连带利息，我们至少要花40年才能付清。

在20世纪的前10年里，清朝的首要任务就是日复一日地凑钱还债。
1911年，朝廷需要从外国银行贷款。
作为交换，
你可以运营中国内地的铁路。
但是，那些铁路是私有的。
我们可以接管地方铁路，再用政府债券补偿私人投资者。

投资者对政府补偿不满，纷纷上街示威游行。革命者趁机加入抗议活动，并与警方发生冲突。
保路运动很快演变成大规模的反清浪潮。

慈禧太后已于1908去世，
不用再面对这场危机。
光绪皇帝在慈禧死的前一天
中毒身亡。
清朝末代皇帝还是一个孩子。
溥仪
（1906 – 1967）

革命
一位医生结束了清朝的痛苦。
我的哥哥移居美国，他资助我在夏威夷和香港上学。之后，我成为一名医生。
孙中山
（1866 – 1925）
很快我意识到中国最需要的不是医术。于是我放弃行医，投身革命。
我在日本创立了中国同盟会，筹集海外资金，资助国内的反清起义。

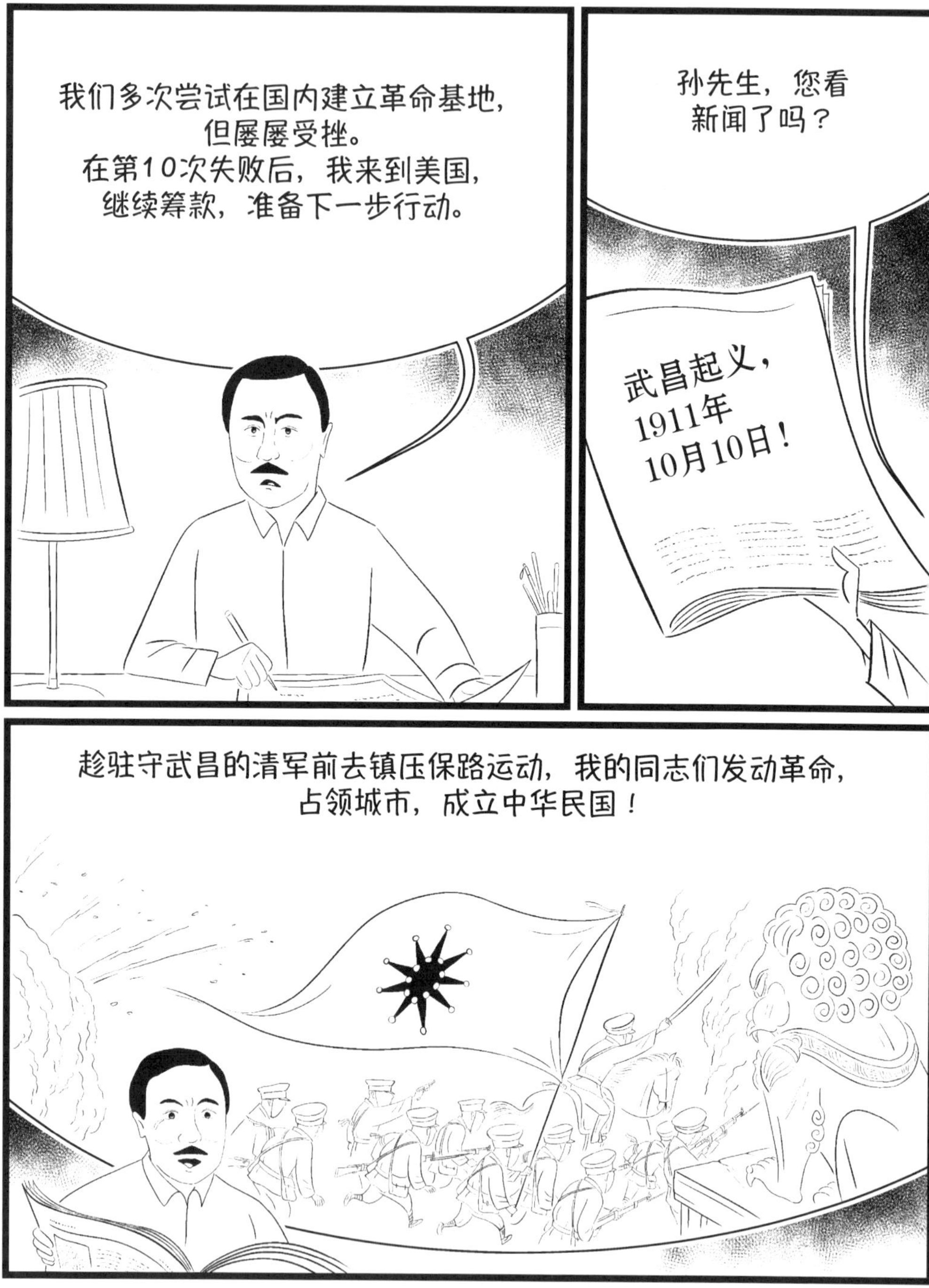
我们多次尝试在国内建立革命基地，
但屡屡受挫。
在第10次失败后，我来到美国，
继续筹款，准备下一步行动。
孙先生，您看
新闻了吗？
武昌起义，
1911年
10月10日！
趁驻守武昌的清军前去镇压保路运动，我的同志们发动革命，
占领城市，成立中华民国！

武昌起义后的2个月内，15个省份宣布从清朝独立。各省代表齐聚南京，推选孙中山为中华民国临时大总统。
朝廷调兵进剿，但清军将领私下与革命军谈判。
如果你让我当总统，我就让皇帝退位。
我同意！这是推翻清朝最快而且流血最少的方法。
袁世凯（1859 – 1916）

1912年2月12日，朝廷颁布皇帝退位诏书，清朝正式结束。

但是，民国伊始，仍然举步维艰。前清的将领们割据地方，更多的内战和外国入侵接踵而来。

经济崩溃，税收枯竭，国家已无力保护其国土和人民的安全。

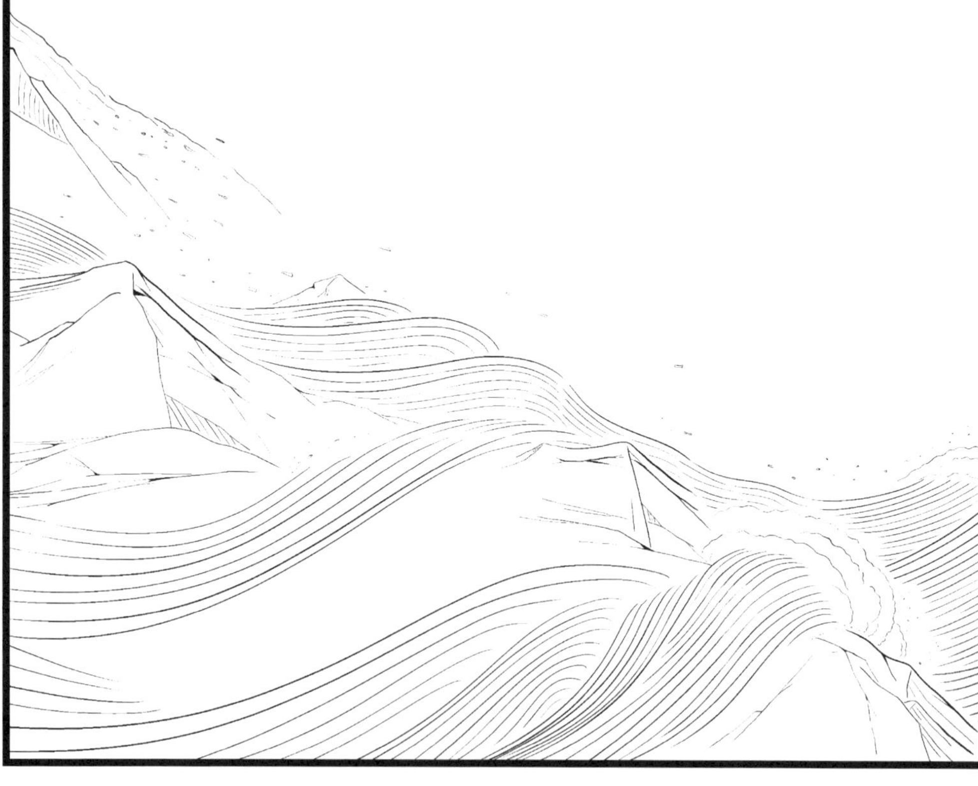

绝望之中，越来越多的人们走上革命者指出的道路。革命逐渐动摇根深蒂固的文化传统，社会开始从下至上发生转变。在无数人的艰苦奋斗和巨大牺牲之后，中国终于准备好，从一个千年未变的小农经济体，飞跃到一个工业强国。

清朝之后，各方势力曾多次试图拥立皇帝重登宝座。但是，社会已经巨变，皇权再也无法在已经统治了2,132年的土地上站稳脚跟。中国终于摆脱了朝代循环，向一个现代化国家迈进。

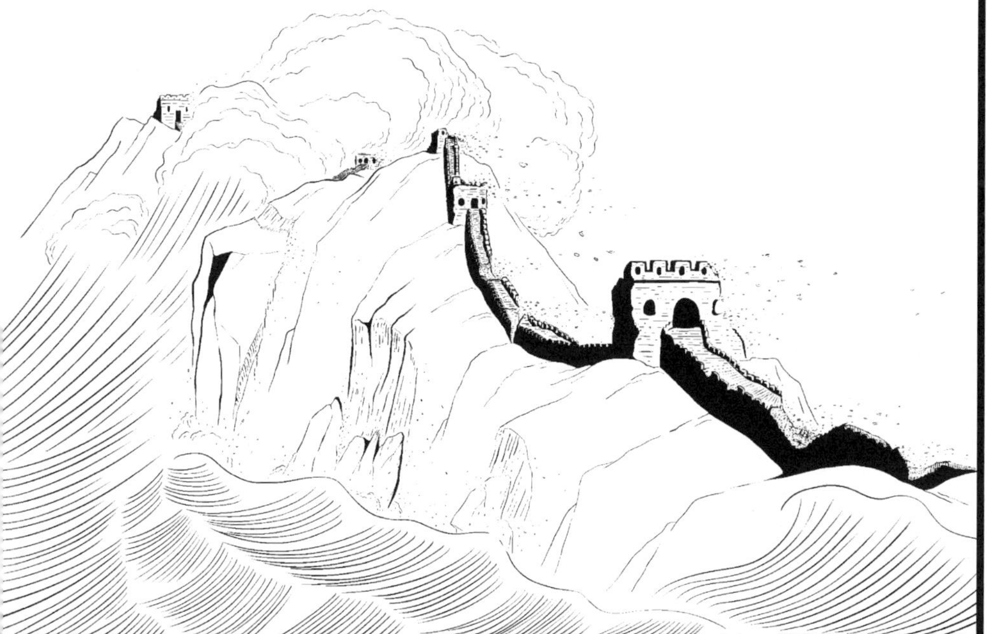

鏢人

DIE KLINGEN DER WÄCHTER

VON XU XIANHZE

Die erfolgreichste chinesische Comic-Reihe der letzten zwei Jahre!

Die Figuren sind ungemein faszinierend, die Handlung rauscht in rasantem Tempo einem Wind gleich vorbei, es strotzt dabei nur so vor interessanten Einfällen. An dieser Reihe findet sich absolut nichts, was man bemängeln könnte.
– Rumiko Takahashi, berühmte japanische Comic-Künstlerin (Mangaka), Schöpferin von Klassikern wie „Ranma 1/2", „Urusei Yatsura" oder „Inu Yasha"

Die Erzählweise besitzt eine gewaltige Sogwirkung, so dass man es nicht über sich bringt, das Buch wegzulegen, man muss es einfach an einem Stück bis zu Ende lesen.
– Toru Fujisawa, berühmter japanischer Comiczeichner (Mangaka), Schöpfer der Reihe „Great Teacher Onizuka (GTO)"

Eine heissblütige Comicreihe aus China, die die vergangene Zeitepoche der Dynastien der Sui und Tang wiederauferstehen lässt.

Band 1
ISBN: 9783905816945

Drittes Jahr der Daye-Ära (607 n. Chr.). Unter der Tyrannei des Kaisers Yang Guang (Yangdi) der Sui-Dynastie lebt die Bevölkerung in tiefster Not. Der übe aussergewöhnliche kämpferische Fähigkeiten verfügende Glücksritter Daoma verdingt sich als Kopfgeldjäger und Geleitschützer in den Wüstengebieten der westlichen Regionen und muss sich gleichzeitig vor den Strafverfolgern des chinesischen Kaiserhofes in Acht nehmen, die auf ihn Jagd machen. Dann nimmt er jedoch den Auftrag an, einen mysteriösen, maskierten Reisenden bis zur chinesischen Hauptstadt Chang'an zu eskortieren. Der vermeintlich ganz gewöhnliche Auftrag entpuppt sich als hochgefährliches Unterfangen, und unterwegs lauern überall Gefahren und tun sich klaffende Abgründe auf. Damit geht der Vorhang auf für eine Reise, die auf das Schicksal der ganzen Welt Einfluss nehmen wird ....

MEIN WEG

VON JIDI

In „Mein Weg" begeben sich ein mysteriöser Mann und ein junges Mädchen auf eine lange Reise und begegnen dabei den unterschiedlichsten Menschen, lassen sich deren Lebensgeschichten erzählen und werden Zeuge ihrer Schicksale. Die miteinander verwobenen Episoden befassen sich mit Fragen der menschlichen Existenz, mit dem Leben, der Suche nach Glück, der Liebe und dem Tod. Der Künstlerin, die in jungen Jahren ihre Mutter verloren hat, geht es bei der Reihe auch darum, ihre eigene Trauer aufzuarbeiten. Jidis Sprache ist voller Poesie und ihre farbintensiven, ausdrucksstarken Bildwelten besitzen einen seltenen Zauber. Wer bereit ist, sich auf die Reihe einzulassen, den erwarten grossartige Momente der Transzendenz und der Spiritualität.

Das deutschsprachige Publikum konnte Jidi bereits durch ihre autobiographische Reihe „Der freie Vogel fliegt", eine Zusammenarbeit mit der Künstlerin Ageng, kennenlernen. Mit „Mein Weg" haben deutschsprachige Leser nun auch die Chance, Jidis Hauptwerk kennenzulernen.

Band 1
ISBN: 9783038870005

Band 1
ISBN: 9783038870012

Weitere Informationen über die Künstlerin: www.manhua.ch

In tiefen Wäldern Träumen lauschen

VON ZHANG JING

Eine Erzählung in der Erzählung, eine ungewöhnliche Liebesgeschichte, ein eigenwilliger Genremix aus schriller Komödie, Mystery und Drama – von einer der talentiertesten Comic-Künstlerinnen Chinas!

In der Abgeschiedenheit eines alten Tempels in einer tief abgelegenen bewaldeten Gebirgsregion begegnen sich zwei Fremde – eine junge Frau und ein geheimnisvoller junger Mann, der sein Gesicht hinter einer Affenmaske verbirgt – als sie vor einem Unwetter Unterschlupf suchen. Um das Ausharren vor dem strömenden Regen im Tempel angenehmer zu gestalten, bittet die Frau den Mann, ihr eine Geschichte zu erzählen …

Eine grillenhafte Prinzessin in einem fiktiven chinesischen Königreich stiehlt sich eines Abends heimlich aus dem Palast, um einen Jahrmarkt zu besuchen. Dort begegnet sie zufällig einem jungen mysteriösen Mann, der eine ätherische, überirdische Schönheit besitzt, und verliebt sich auf den ersten Blick in ihn. Die Prinzessin ist es gewohnt, all ihre Wünsche erfüllt zu bekommen, und beschließt kurzerhand, dass dies ihr Gatte werden müsse. Der junge Mann ist stumm, wie sich später herausstellt, und es scheint, er birgt ein Geheimnis. Derweil bahnt sich eine gefährliche Konfrontation zwischen der Prinzessin und einem Halbbruder an, die seit Kindestagen einander spinnefeind sind…

Band 1: 9783905816877

Band 2: 9783905816884

Band 3: 9783905816891

Band 4: 9783905816907

SEITEN
AUS
BAND 4

HELDEN
DER ÖSTLICHEN ZHOU-ZEIT

Ins Deutsche übersetzt von Marc Hermann
Zweisprachige Ausgaben Chinesisch-Deutsch

Band 1: Wege zum Ruhm
ISBN: 9783905816662

Band 2: Wiedersehen in der Unterwelt
ISBN: 9783905816679

Band 3: Der Kranichkönig
ISBN: 9783905816686

Die Trilogie *Helden der Östlichen Zhou-Zeit*, ein großer Klassiker des taiwanesischen Comics und ausgezeichnet mit dem Sonderpreis der japanischen Mangaka-Vereinigung, ist ein Meilenstein im Werk von Chen Uen (1958-2017), der sich damit als erster taiwanesischer Comic-Autor auf dem japanischen Markt etabliert hat.

In seinem Werk erweckt Chen Uen die dramatischste Zeit der chinesischen Geschichte zu neuem Leben: Eine Zeit des politischen Chaos, aber auch der kulturellen Blüte. Vor dem Auge des Lesers nimmt diese Zeit in einer Reihe von packenden Porträts Gestalt an – Porträts von Attentätern und Kriegern, Strategen und Denkern, mächtigen Herrschern und betörenden Schönheiten.

DER ERSTE KAISER

Chen Uen begibt sich in dieser Comic-Biographie auf die Spuren von Qin Shihuang, dem ersten Kaiser und Reichseiniger von China, dessen Kindheit und Jugendjahre er bereits im ersten Band der Trilogie *Helden der Östlichen Zhou-Zeit* schilderte.

Im ersten Teil von „Der erste Kaiser" erzählt Chen Uen über die Beziehung und Freundschaft Ying Zhengs zum Staatsphilosophen Han Feizi. Im zweiten Teil trifft Ying Zheng bei seinen Eroberungsbestrebungen auf den starken Widerstand des Generals Li Mu des Staates Zhao. Li Mu wird zum wichtigsten Gegenspieler und Kontrahenten von Ying Zheng und seinen Ambitionen. Zwischen den beiden wird sich ein dramatischer Showdown entwickeln, von dessen Ausgang über die weitere Zukunft Chinas entschieden wird.

Ins Deutsche übersetzt von Marc Hermann
Zweisprachige Ausgaben Chinesisch-Deutsch
ISBN: 9783905816822